Game Law in Practice

게임법 실무

변호사 박병훈 · 성수민 · 이용민 · 이정훈 · 이철우

박영사

머리말

2022년 문화예술진흥법 일부개정안은 문화예술의 범위에 '게임'을 추가하였습니다. 게임은 단순한 오락의 수단을 넘어, 사회적·문화적·경제적으로 막대한 영향을 미치는 콘텐츠 산업의 중심축으로 자리 잡고 있습니다. 이러한 현실 속에서 게임산업을 규율하는 법제는 단순한 규제가 아닌, 게임산업 진흥과 이용자 보호, 그리고 공공의 가치를 조화롭게 실현하는 도구로 기능해야 합니다.

『게임법 실무』는 게임산업법을 정면으로 다룬 게임법 영역에서의 '유일무이한 기본서'를 만들어 보자는 목적에서 다섯 명의 공저자가 힘을 모아 집필하였습니다. 게임산업법을 중심으로 등급분류 제도, 자체등급분류사업자, 확률형 아이템, 이용자 보호 등 여러 주제를 포괄하며, 관련 법령과 판례까지 종합적으로 담아내고자 노력하였습니다. 게임산업과 법의 경계에서 고군분투하는 실무자, 정책 담당자, 연구자, 그리고 게임 이용자들에게 이 책이 현실적 해답이자 유용한 지침서가 되기를 바랍니다.

끝으로, 다양한 관점과 경험을 가진 다섯 명의 공저자가 한 권의 책을 완성할 수 있었던 것은 공저자들의 수많은 토론과 협업 덕분입니다. 바쁜 일정 속에서도 함께 집필의 과정을 이끌어 주신 저자 여러분께 깊이 감사드리며, 이 책의 완성을 응원해 준 가족과 동료들, 박영사 관계자 분들, 특히 편집에 수고해 주신 박세연 편집자님께 고마운 마음을 전합니다.

2025년 여름, 부산 거제동에서

박병훈, 성수민, 이용민, 이정훈, 이철우

차례

9장. 청소년 및 이용자 보호제도

10장. 해외등급분류기관

제1장

게임산업법 일반론

Section 01

게임산업법 관련 법령

01 게임산업진흥에 관한 법률, 시행령, 시행규칙

「게임산업진흥에 관한 법률」(이하 '게임산업법')은 게임산업의 기반을 조성하고 게임물의 이용에 관한 사항을 정하여 게임산업의 진흥 및 국민의 건전한 게임문화를 확립함으로써 국민경제의 발전과 국민의 문화적 삶의 질 향상에 이바지함을 목적으로 하며, 게임산업의 진흥을 위한 방안, 등급분류의 절차 및 게임이용자의 보호를 위한 여러 규정을 포함하고 있는 법률이다.

게임산업법의 시행령은 게임산업법의 내용을 구체화하고 있고, 웹보드 게임의 사행화 방지를 위한 규제 내용, 확률형 아이템 공급 확률 정보, 상호, 등급, 게임물 내용정보표시 및 운영정보 표시장치 등의 표시내용 및 표시방법, 과태료의 부과 기준 등을 별표에서 포함하고 있다.

게임산업법 시행규칙은 별표에서 행정처분의 기준, 과징금의 금액 산정 기준을 다루고 있으며, 별지 서식으로 게임업과 관련된 등록 신청서, 허가 신고서 등을 포함하고 있다.

02 게임물관리위원회 등급분류규정

게임물관리위원회 등급분류규정은 게임산업법, 동법 시행령 및 시행규칙에서 위임된 사항과 그 시행에 필요한 사항을 규정함을 목적으로 하는 규정으로 <개정 2024. 2.29.> 등급분류의 대상 및 등급분류기준에 관한 내용을 담고 있다.

03 사행행위 등 규제 및 처벌특례법

사행행위 등 규제 및 처벌특례법(이하 '사행행위법')은 건전한 국민생활을 해치는 지나친 사행심(射倖心)의 유발을 방지하고 선량한 풍속을 유지하기 위하여 사행행위 관련 영업에 대한 지도와 규제에 관한 사항, 사행행위 관련 영업 외에 투전기(投錢機)나 사행성(射倖性) 유기기구(遊技機具)로 사행행위를 하는 자 등에 대한 처벌의 특례에 관한 사항을 규정하고 있다.

Section

02 게임산업법 개정 경과

게임산업법은 2006. 4. 28. 제정되었고, 2006. 10. 29. 처음 시행되었다(법률 제7941호). 그로부터 수많은 개정이 있었으나 주요 개정 내용은 다음과 같다.

2007. 1. 19.자 일부개정안은 사행성게임물의 구체적 정의(사행성게임물은 베팅이나 배당을 내용으로 하는 게임물, 우연적인 방법으로 결과가 결정되는 게임물 등에 해당하는 게임물로서 그 결과에 따라 재산상 이익 또는 손실을 주는 게임물로 정의함) 조항을 신설하였다. 또한 게임물 등급분류를 세분화하여 사후관리를 강화하며, 사행성 게임물에 해당되는 경우 등급분류를 거부할 수 있도록 해 시장에서 유통되지 않도록 하며, 일반게임제공업을 허가제로, 인터넷컴퓨터게임시설제공업(PC방)을 등록제로 전환하여 관리를 강화하고, 청소년이용불가 게임물의 경품 제공을 금지하며, 게임 결과물의 환전업 등을 금지하도록 하였다.

2011. 7. 21. 일부개정안은 게임 과몰입, 중독 예방조치에 관한 규정과 게임물 이용 교육 지원에 관한 규정을 추가하였다. 구체적으로 게임물 관련 사업자는 청소년이 회원으로 가입할 때 친권자의 동의 확보, 청소년 게임 이용시간 제한 등 과도한 게임 이용 방지 조치를 하도록 의무화하고, 문화체육관광부 장관은 게임물 관련 사업자에게 예방조치와 관련한 자료를 제출하거나 보고하도록 하여 그 내용을 평가한 결과, 예방조치가 충분하지 아니하다고 인정되면 해당 게임물 관련 사업자에게 시정을 명할 수 있도록 하였고(안 제12조의3 신설), 정부는 게임물의 올바른 이용에 관한 교육에 필요한 지원을 하고, 문화체육관광부 장관은 교육과학기술부 장관에게 초·중등학교 교육과정에서 올바른 게임물 이

용에 관한 교육이 이루어지도록 협력을 요청할 수 있도록 하였다(안 제12조의4 신설).

2013. 5. 22. 일부개정안에서는 게임물등급위원회를 폐지하고 청소년이용불가 게임물의 등급분류 및 게임물의 사후관리 등을 전담하는 게임물관리위원회를 신설하였고(안 제16조), 신설되는 게임물관리위원회에 법인격을 부여하였다(안 제16조의2 신설). 게임물관리위원회의 공정한 업무수행을 감사·감독하기 위하여 현재 비상임감사를 상임으로 변경하였다(안 제17조제2항). 등급분류 업무의 민간위탁 대상을 현행 온라인 게임물에서 아케이드 게임물로 확대하되, 청소년이용불가 게임물은 민간위탁 대상에서 제외하였다(안 제24조의2). 문화체육관광부장관의 사후관리 권한을 위원회에 위탁할 수 있도록 법적 근거를 마련하였다(안 제42조제2항)(법률 제11785호).

2018. 12. 24. 일부개정안은 게임물의 유통질서를 저해하는 행위를 처벌할 수 있도록 하여 건전한 게임문화를 조성하고 게임물 이용자와 관련 사업자를 보호하기 위하여 현행법상의 불법게임물 등의 유통 금지행위에 '게임물 관련 사업자가 승인하지 아니한 방법으로 게임물의 점수·성과 등을 대신 획득하여 주는 용역의 알선 또는 제공을 업으로 함으로써 게임물의 정상적인 운영을 방해하는 행위'를 추가하고, 이를 위반한 경우 2년 이하의 징역 또는 2천만 원 이하의 벌금에 처하도록 하였다.

2020. 12. 8. 일부개정안은 게임물 이용자의 권익을 보호하기 위하여 정부의 게임물 이용자 권익보호 정책에 대한 게임물 사업자의 협조 의무를 규정하고, 게임 개발자의 창작 의욕을 고취하기 위하여 청소년이용불가 등급의 기준에 해당하는 내용을 포함한 게임물을 제외한 비영리 목적의 게임물에 대하여 등급분류를 면제할 수 있는 근거를 마련하며, 게임물 등급분류 절차의 효율성을 제고하기 위하여 게임물 등급분류 절차를 간소화하는 등 현행 제도의 운영상 나타난 일부 미비점을 개선·보완하였다.

2023. 3. 21. 일부개정안은 확률형 아이템의 정의 및 정보공개, 표시의무 부과 조항을 신설하였다. 청소년의 정의 또한 18세 미만의 자(「초·중등교육법」 제2조의 규정에 의한 고등학교에 재학 중인 학생을 포함한다)에서 「청소년 보호법」 제2조 제1호에 따른 청소년으로 변경하였다(제2조제10호). 확률형 아이템의 정의를 신

설하고, 게임물을 제작, 배급 또는 제공하는 자는 해당 게임물과 그 인터넷 홈페이지 및 광고·선전물마다 확률형 아이템의 종류 및 종류별 공급 확률정보를 표시하도록 하였다. 위반 시 문화체육관광부장관이 시정 방안을 정하여 권고하거나 시정을 명할 수 있도록 하며, 시정명령 미이행 시 처벌할 수 있도록 하였다(제2조제11호·제33조제2항·제38조제9항 신설 및 제45조).

게임산업의 특성상 법령이 자주 개정되는 편으로, 게임산업법, 동법 시행령, 시행규칙, 게임물관리위원회의 등급분류규정 변경 여부를 항상 확인할 필요가 있다.

Section 03 용어의 정의

01 게임물

> 1. "게임물"이라 함은 컴퓨터프로그램 등 정보처리 기술이나 기계장치를 이용하여 오락을 할 수 있게 하거나 이에 부수하여 여가선용, 학습 및 운동효과 등을 높일 수 있도록 제작된 영상물 또는 그 영상물의 이용을 주된 목적으로 제작된 기기 및 장치를 말한다.

게임산업법상 '게임물'이란 컴퓨터 프로그램 등 정보처리 기술이나 기계장치를 이용하여 오락을 할 수 있게 하거나 이에 부수하여 여가선용, 학습 및 운동효과 등을 높일 수 있도록 제작된 ① 영상물 또는 ② 그 영상물의 이용을 주된 목적으로 제작된 기기 및 ③ 장치를 의미한다.

게임산업법 제2조 제1호 본문의 해석과 관련하여, '기기 및 장치'가 그 영상물의 이용을 주된 목적으로 제작된 것이어야 하는지 문제 된다. 대법원은 위 '장치'는 '그 영상물의 이용을 주된 목적으로 제작된 장치'에 한정되지 않는다고 판시하였다(대법원 2010. 6. 24. 선고 2010도3358 판결).[1]

---

1 대법원 2010. 6. 24. 선고 2010도3358 판결('인형뽑기'가 게임물에 해당한다고 본 판결)
게임산업진흥에 관한 법률은 게임물이 음반, 비디오물과 함께 '구 음반·비디오물 및 게임물에 관한 법률'(2006. 4. 28. 법률 제7943호 영화 및 비디오물의 진흥에 관한 법률 부칙 제3조로 폐지)에 규정되어 게임물만의 고유한 특성이 반영되지 못한 데 대하여 게임물에 관한 독자적인 법체

한편, 게임물은 다양한 방법에 따라 분류될 수 있다. 게임물관리위원회의 「등급분류 규정」에 의하면, 등급분류 대상 게임물을 ① 개인용 컴퓨터(PC) 게임물, ② 비디오 게임물, ③ 모바일 게임물, ④ 아케이드 게임물, ⑤ 기타 게임물 등으로 분류하고 있다. 이는 게임이 제공되는 플랫폼을 기준으로 분류한 것이다.

02 게임물 제외

> 다만, 다음 각 목의 어느 하나에 해당하는 것은 제외한다.
> 가. 사행성게임물
> 나. 「관광진흥법」 제3조에 따른 관광사업의 규율대상이 되는 것. 다만, 게임물의 성격이 섞여 있는 유기시설(遊技施設) 또는 유기기구(遊技機具)는 제외한다.
> 다. 게임물과 게임물이 아닌 것이 섞여 있는 것으로서 문화체육관광부장관이 정하여 고시하는 것

계를 정비하려는 목적으로 입법되었고, 그 입법 과정에서 게임물에 관한 기본적인 규제체제가 게임산업진흥에 관한 법률에서도 그대로 유지된 점, 구 음반·비디오물 및 게임물에 관한 법률의 게임물의 정의에서 '기기'는 영상물의 이용을 주된 목적으로 제작된 것에 한정되지 않음은 문언상 명백한 점, 게임산업진흥에 관한 법률은 이와 같은 게임물에 관한 정의규정을 이어 받아 구 음반·비디오물 및 게임물에 관한 법률상의 '영상물 및 기기'를 '영상물 또는 그 영상물의 이용을 주된 목적으로 제작된 기기 및 장치'로 구체화한 것으로 볼 수 있는 점, 게임산업진흥에 관한 법률 조항을 전체적·종합적으로 살펴보더라도 구 음반·비디오물 및 게임물에 관한 법률을 대체한 이 법이 종전에 구 음반·비디오물 및 게임물에 관한 법률 하에서 게임물의 범주에 포섭되었던 것을 게임물에서 제외하는 등으로 게임물의 범위를 축소하였다고 볼 만한 사정은 없는 점 등에 비추어 보면, 게임산업진흥에 관한 법률 제2조 제1호 본문의 '그 영상물의 이용을 주된 목적으로 제작된 기기 및 장치'는 '그 영상물의 이용을 주된 목적으로 제작된 기기'와 '장치'를 의미하는 것으로, 당해 장치가 영상물의 이용을 주된 목적으로 제작되지 않았더라도 컴퓨터프로그램 등 정보처리 기술이나 기계장치를 이용하여 오락을 할 수 있게 하거나 이에 부수하여 여가선용, 학습 및 운동효과 등을 높일 수 있도록 제작된 것이라면 같은 법 제2조 제1호의 '게임물'에 해당하는 것으로 해석하여야 한다.

1의2. “사행성게임물”이라 함은 다음 각 목에 해당하는 게임물로서, 그 결과에 따라 재산상 이익 또는 손실을 주는 것을 말한다.
가. 베팅이나 배당을 내용으로 하는 게임물
나. 우연적인 방법으로 결과가 결정되는 게임물
다. 「한국마사회법」에서 규율하는 경마와 이를 모사한 게임물
라. 「경륜 · 경정법」에서 규율하는 경륜 · 경정과 이를 모사한 게임물
마. 「관광진흥법」에서 규율하는 카지노와 이를 모사한 게임물
바. 그 밖에 대통령령으로 정하는 게임물

‘사행성게임물’은 게임산업법에서 정하는 게임물의 범위에서 제외된다. ‘사행성게임물’이란 ① 법 제2조 제1호의2 각목에 해당하는 게임물로서, ② 그 결과에 따라 재산상 이익 또는 손실을 주는 것을 말한다. 사행성게임물은 위 2가지 요건을 모두 충족하여야 하므로, 비록 게임내용이나 방법이 ①요건에 해당하더라도 게임기기가 직접 금전이나 재산상 이익을 제공하거나 손실을 입히는 것이 아니라면 사행성게임물에 해당하지 않는다(대법원 2010. 1. 28. 선고 2009도11666 판결).[2] 따라서 사행성게임물을 이용하여 사행행위를 하게 하거나 경품 등을 제공한 행위를 게임산업법 제44조 제1항 제1호, 제1의2호에 의해 처벌할 수 없다(대법원 2010. 2. 25. 선고 2009도12117 판결).

게임산업법은 ‘사행성게임물’을 게임물의 범위에서 제외하고 있으므로, 사행성게임물에 해당하면 등급분류를 거부하게 된다. 2006년 ‘바다이야기’ 사태 이후 반성적 고려로 개정 게임법이 취하고 있는 이러한 이분론에 따라 종래 사행성의 ‘다소’에 따라 등급분류를 하던 시스템은 폐기되었고, 등급분류기구는 오직 게임법이 정하는 사행성게임물의 정의에 따라 사행성 ‘유무’만을 판단하는

2 대법원 2010. 1. 28. 선고 2009도11666 판결
게임산업법의 적용대상이 되는 게임물에서 제외되는 ‘사행성 게임물’이라 함은 게임의 진행이 게임산업법 제2조 제1호의2에서 제한적으로 열거한 내용 또는 방법에 의하여 이루어져야 할 뿐만 아니라, 게임의 결과에 따라 게임기기 또는 장치에 설치된 지급장치를 통하여 게임이용자에게 직접 금전이나 경품 등의 재산상 이익을 제공하거나 손실을 입도록 만들어진 게임기기 또는 장치를 의미하는 것이고, 게임제공업자가 게임이용자에게 게임결과에 따라 시상하거나 경품을 제공하는 등 간접적인 방법에 의하여 재산상 이익이나 손실이 주는 경우에는 비록 게임내용이나 방법이 게임산업법 제2조 제1호의2에서 열거하고 있는 것이라고 하더라도 사행행위 등 규제 및 처벌특례법에서의 사행성 유기기구에 해당함은 별론으로 하고 이를 ‘사행성 게임물’이라고 할 수는 없다.

시스템이 자리를 잡게 되었다. 이에 따라 사행성이 있으면 등급분류 자체가 거부됨으로써, 자연히 등급분류를 받지 못한 게임물들은 이용에 제공될 수 없게 되는 프로세스가 정착되었다.[3]

03 게임제작업, 게임배급업

4. "게임제작업"이라 함은 게임물을 기획하거나 복제하여 제작하는 영업을 말한다.
5. "게임배급업"이라 함은 게임물을 수입(원판수입을 포함한다)하거나 그 저작권을 소유·관리하면서 게임제공업을 하는 자 등에게 게임물을 공급하는 영업을 말한다.

제25조(게임제작업 등의 등록) ① 게임제작업 또는 게임배급업을 영위하고자 하는 자는 문화체육관광부령으로 정하는 바에 따라 특별자치시장·특별자치도지사·시장·군수·구청장에게 등록하여야 한다.

'게임제작업'이란 게임물을 기획하거나 복제하여 제작하는 영업을 말하며, 실제로 게임물을 기획하고 프로그램을 통하여 만들어 내는 영업을 의미한다.

'게임배급업'이란 게임물을 수입하거나 소유·관리하면서 게임제공업을 하는 자 등에게 게임물을 공급하는 영업을 의미하며, 통상적으로 해외 게임물을 외국으로부터 반입하여 배포하거나, 저작권 이용허락 계약을 통해 국내에서 유통시키는 영업이 여기에 해당한다.

게임제작업 또는 게임배급업을 영위하고자 하는 자는 문화체육관광부령이 정하는 바에 따라 시장·군수·구청장에게 등록하여야 하고(제25조), 등록을 하지 않고 영업할 경우 형사처벌 대상이다(제45조).

3 문기탁, "게임물 등급분류의 문제점과 법적 과제", 법학연구 통권 제54집, 전북대학교 법학연구소, 2017. 11., 139면.

04 게임제공업

> 6. "게임제공업"이라 함은 공중이 게임물을 이용할 수 있도록 이를 제공하는 영업을 말한다.
> 6의2. 제6호의 게임제공업 중 일정한 물리적 장소에서 필요한 설비를 갖추고 게임물을 제공하는 영업은 다음 각 호와 같다.
> 가. 청소년게임제공업: 제21조의 규정에 따라 등급분류된 게임물 중 전체이용가 게임물을 설치하여 공중의 이용에 제공하는 영업
> 나. 일반게임제공업: 제21조의 규정에 따라 등급분류된 게임물 중 청소년이용불가 게임물과 전체이용가 게임물을 설치하여 공중의 이용에 제공하는 영업

> **제21조(등급분류)** ③ 제2항에도 불구하고 청소년게임제공업과 일반게임제공업에 제공되는 게임물은 전체이용가와 청소년이용불가 게임물로 분류한다.

가 의의

'게임제공업'은 게임산업법 제2조 제6호에 따라 공중이 게임물을 이용할 수 있도록 제공하는 영업을 말하며, 청소년게임제공업, 일반게임제공업, 인터넷컴퓨터게임시설제공업, 복합유통게임제공업으로 구분되어 있다. 일반게임제공업을 영위하고자 하는 자는 허가의 기준·절차 등에 관하여 대통령령이 정하는 바에 따라 시장·군수·구청장의 허가를 받아야 한다(제26조).

나 분류

게임제공업은 ① 일정한 물리적 장소에서 필요한 설비를 갖추고 게임물을 제공하는 영업, ② 그밖에 온라인 등을 통해서 게임물을 제공하는 영업으로 나눌 수 있다.

전자의 경우에는 아케이드 게임물이 제공되는데, 아케이드 게임물에 대한 등급분류는 전체이용가와 청소년이용불가로만 이루어진다(법제21조 제3항). 따라서 청소년게임제공업은 전체이용가 게임물만 설치하여 공중의 이용에 제공할 수

있을 뿐이고, 일반게임제공업은 전체이용가 게임물뿐만 아니라 청소년이용불가 게임물도 설치하여 공중의 이용에 제공할 수 있다.

다 게임제공업 제외

다만, 다음 각 목의 어느 하나에 해당하는 경우는 제외한다.

가. 「관광진흥법」에 의한 카지노업을 하는 경우

나. 「사행행위 등 규제 및 처벌특례법」에 의한 사행기구를 갖추어 사행행위를 하는 경우

다. 제4호부터 제6호까지, 제6호의2, 제7호 및 제8호에서 규정한 영업 외의 영업을 하면서 고객의 유치 또는 광고 등을 목적으로 해당 영업소의 고객이 게임물을 이용할 수 있도록 하는 경우로서 대통령령으로 정하는 종류 및 방법 등에 의하여 게임물을 제공하는 경우

라. 제7호에 따른 인터넷컴퓨터게임시설제공업의 경우

마. 제22조제2항의 규정에 따라 사행성게임물에 해당되어 등급분류 거부결정을 받은 게임물을 제공하는 경우

바. 제1호나목 단서에 따른 게임물로서 「관광진흥법」에 따른 유기시설 또는 유기기구를 이용에 제공하는 경우. 다만, 안전성 관리 필요성이 크지 아니한 유기시설 또는 유기기구로서 문화체육관광부장관이 정하여 고시하는 것은 제외한다.

05 인터넷컴퓨터게임시설제공업

7. "인터넷컴퓨터게임시설제공업"이라 함은 컴퓨터 등 필요한 기자재를 갖추고 공중이 게임물을 이용하게 하거나 부수적으로 그 밖의 정보제공물을 이용할 수 있도록 하는 영업을 말한다. 다만, 제4호부터 제6호까지, 제6호의2, 제7호 및 제8호에서 규정한 영업 외의 영업을 하면서 고객의 유치 또는 광고 등을 목적으로 컴퓨터 등 필요한 기자재를 갖추고 해당 영업소의 고객이 게임물을 이용하게 하거나 부수적으로 정보제공물을 이용할 수 있도록 하는 경우로서 대통령령으로 정하는 종류 및 방법 등에 따라 게임물을 제공하는 경우는 제외한다.

'인터넷컴퓨터게임시설제공업'은 소위 PC방 영업을 의미하며, 인터넷이 연결된 컴퓨터를 일정 시간 제공하고 이용자는 자유롭게 게임, 웹서핑, 기타 콘텐츠를 이용하는 방식으로 운영되는 점에서 게임제공업과 구분된다.

게임물관리위원회가 발간한 '2024 게임물 등급분류 및 사후관리 연감'에 의하면,[4] 2023년 한 해 동안 신규로 등록·허가된 게임제공업소는 총 3,579개소로서, 이 중 인터넷컴퓨터게임시설제공업 2,709개소(75.7%)가 가장 많았고, 다음으로 일반게임제공업 365개소(10.2%), 청소년게임제공업 350개소(9.8%), 복합유통게임제공업 155개소(4.3%) 순으로 등록·허가 되었다. 지역별로 살펴보면, 강원·수도권에서 1,587개소(44.4%), 대전·충청권 634개소(17.7%), 부산·경남권 630개소(17.6%), 광주·전라권 369개소(10.3%), 대구·경북권 359개소(10.0%) 순으로 신규 게임제공장소가 허가·등록하여 영업 중이다.

이에 따라 2023년 12월을 기준으로 영업 중인 게임제공업소는 총 28,176개소이며, 업종별로 살펴보면 일반게임제공업 2,302개소(8.2%), 청소년게임제공업 4,990개소(17.7%), 인터넷컴퓨터게임시설제공업 19,558개소(69.4%), 복합유통게임제공업 1,326개소(4.7%)로 나타났다.

그림 1.1 **2019~2023년 전국 게임제공업소 신규 등록·허가 추이(단위: 건)**

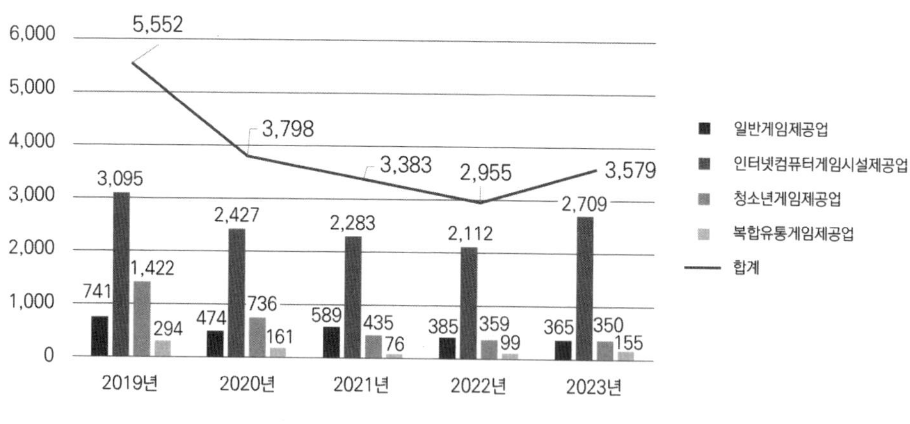

출처: 2024 게임물 등급분류 및 사후관리 연감

4 2024 게임물 등급분류 및 사후관리 연감, 176면 참조

06 복합유통게임제공업

> 8. "복합유통게임제공업"이라 함은 청소년게임제공업 또는 인터넷컴퓨터게임시설제공업과 이 법에 의한 다른 영업 또는 다른 법률에 의한 영업을 동일한 장소에서 함께 영위하는 영업을 말한다.

'복합유통게임제공업'이란, 청소년게임제공업 또는 인터넷컴퓨터게임시설제공업과 게임산업법에 의한 다른 영업 또는 다른 법률에 의한 영업을 동일한 장소에서 함께 영위하는 영업을 말한다.

동일한 영업장에서 노래연습장업, 비디오물 시청제공업 등과 인터넷컴퓨터게임시설제공업을 함께 운영하는 경우가 여기에 해당한다. 예를 들어, 오락실이나 PC방을 운영하면서 휴게음식점업, 노래연습장업, 도서대여점업 등을 영위하는 형태이다.

복합유통게임제공업 등록 또는 신고를 하려는 자는 게임산업법 시행규칙 별표4의 시설기준을 갖추어야 한다.

게임산업진흥에 관한 법률 시행규칙 [별표4] 〈개정 2020. 12. 1.〉

시설기준(제20조 관련)

1. 공통사항

시설기준
가. 영업장 내에는 게임물 이용을 위한 밀실이나 밀폐된 공간을 설치하여서는 아니된다. 나. 영업장 전체의 실내 조명은 40럭스 이상이 되도록 유지하여야 한다. 다. 투명한 유리창을 설치하여 외부에서 실내를 볼 수 있도록 하여야 한다. 라. 선량한 풍속을 해치고 청소년에게 유해할 우려가 있는 사진, 광고물, 장식 그 밖의 설비를 하여서는 아니된다. 마. 소음, 조명 또는 진동으로 인하여 게임제공업소 주변의 평온을 해치지 아니하여

야 한다.

바. 삭제 〈2014.12.31.〉

사. 업소 명칭과 간판에는 특별자치시장·특별자치도지사·시장·군수·구청장에게 등록하거나 신고한 상호를 표시하여야 한다.

2. 복합유통게임제공업(추가사항)

가. 2개 이상의 업종을 동일한 장소에서 하는 경우

1) 전체 영업면적에서 청소년게임제공업 또는 인터넷컴퓨터게임시설제공업의 면적비율이 20퍼센트 이상이어야 한다.

2) 각 영업장(출입문 시설은 제외한다)의 시설기준은 관계 법령에 따른 업종별 시설기준을 준수하여야 한다.

3) 각 영업장은 영업장별로 구획되어야 하며, 각 영업장을 구획하기 어려운 경우에는 투명한 유리창을 설치하여 외부에서 실내를 볼 수 있도록 하여야 한다.

나. 1개의 기기에서 게임, 노래연습, 영화감상 등 다양한 콘텐츠를 함께 제공하는 경우(「영화 및 비디오물의 진흥에 관한 법률 시행규칙」 별표 2 제3호 공통사항의 시설기준란 가목에 해당하는 경우는 제외한다)

1) 통로를 접한 면 중 하나의 면에는 바닥으로부터 1.3m부터 2m까지의 부분 중 좌우 대비 2분의 1 이상의 면적을 투명유리창으로 설치하여 외부에서 실내를 볼 수 있도록 해야 한다.

2) 출입문은 출입문 바닥에서 1.3m 높이의 부분부터 출입문 상단까지의 부분 중 2분의 1 이상의 면적을 투명유리창으로 설치해야 하고, 출입문의 투명유리창을 가리거나 출입문에 잠금장치를 해서는 안 된다.

3) 청소년이 이용할 수 있는 시설을 별도로 설치할 수 없으며, 출입구에는 "청소년 출입금지" 표시판을 부착해야 한다.

다. 콘텐츠를 이용하는 공간에 화장실, 욕조 및 주차장 시설을 설치해서는 안 된다.

라. 콘텐츠를 이용하는 공간에 침대 또는 침대형태로 변형된 의자나 3인용 이상의 소파를 두어서는 안 된다.

07 확률형 아이템

11. "확률형 아이템"이란 게임물 이용자가 직접적·간접적으로 유상으로 구매하는 게임아이템[유상으로 구매하는 게임아이템(게임의 진행을 위하여 게임 내에서 사용되는 도구를 말한다. 이하 같다)과 무상으로 얻는 게임아이템을 결합하여 얻는 게임아이템을 포함한다] 중 구체적 종류, 효과 및 성능 등이 우연적 요소에 의하여 결정되는 것을 말한다.

제33조(표시의무) ② 게임물을 유통시키거나 이용에 제공할 목적으로 게임물을 제작, 배급 또는 제공하는 자는 해당 게임물과 그 인터넷 홈페이지 및 광고·선전물마다 해당 게임물 내에서 사용되는 확률형 아이템의 종류와 종류별 공급 확률정보 및 그 밖에 대통령령으로 정하는 사항을 표시하여야 한다.

확률형 아이템은 게임물 이용자가 직간접적으로 유상으로 구매하는 아이템 중 구체적 종류, 효과, 성능이 우연적 요소에 의해 결정되는 것을 뜻한다. 아이템을 사용하여 확률에 따라서 장비를 강화하거나 역량을 높여 주는 것 등 이용자에게 효과를 줄 수 있는 아이템을 총칭하는 개념으로,[5] 넓은 의미로 보면 이용자가 게임의 이용과정에서 게임사업자로부터 아이템을 취득할 때에 그 유형이나 기능을 미리 알 수 없는 아이템을 말한다.[6]

게임이용자 입장에서는 확률형 아이템을 통해 높은 능력치의 아이템을 얻거나 게임의 재미요소를 높일 수 있기 때문에 게임업계의 주요 수익모델(BM)로 자리매김해 왔지만, 이용자들의 과도한 결제를 유도하고 사행성을 조장할 수 있다는 점에서 문제가 되어 왔다.

2023. 3. 게임산업법 개정을 통하여 확률형 아이템의 정보공개가 의무화되었으며, 게임사는 확률형 아이템의 종류, 확률정보 등을 게임물과 홈페이지 등에 의무적으로 표시하여야 한다(제33조 제2항).

---

5 김윤명, "확률형 게임아이템의 법률문제", 법학논총 제38권 제1호, 2014, 333면.

6 정해상, "확률형 게임아이템에 관한 사행성 규제의 한계", 법학논총 제21권 제2호, 2014, 145면.

제2장

등급분류

Section
01 등급분류제도 개관

현행 게임산업법은 사전등급분류제도를 채택하고 있는데, 이는 게임물을 적법하게 제작 또는 배급하기 위해서는 반드시 사전에 등급분류가 이루어져야 함을 의미한다.

등급분류를 받지 않은 게임물(등급미필게임물)을 유통 또는 이용에 제공하는 경우 뿐만 아니라 이를 위해 진열·보관하는 행위 또한 형사처벌 대상이 된다(게임산업법 제32조 제1항 제1호, 제44조 제1항 제2호).

이때 등급분류가 이루어지는 대상은 게임물 그 자체나 프로그램 소스가 아니라 "게임물의 내용"이다. 등급분류 대상인 게임물의 내용을 확인하고 특정하기 위한 기준은 등급분류신청 당시 제출된 신청서 및 이에 첨부된 게임물내용설명서이다. 따라서 등급분류신청 당시 제출된 신청서, 게임물내용설명서 등에 기재된 게임물의 내용을 대상으로 등급분류심사가 이루어지게 된다.

이와 관련하여 실무적으로 가장 문제 되는 사항은 게임물 관련사업자가 게임물을 제공하는 운영방식도 게임물의 내용에 포함되는지 여부이다. 이는 주로 등급분류 당시 제출된 신청서와 게임물내용설명서에는 명시되지 않은 방법으로 게임물을 제공하거나 사업장을 운영하여 사행행위를 하는 경우이다.

예를 들어, 등급분류신청서와 게임물내용설명서에서는 통상적인 레이싱 게임으로 설명이 되었고 그에 따라 등급분류가 이루어졌음에도, 각 스테이지의 배경에 무작위로 등장하는 동물이나 배경음악 등에 따라 일정한 재산상 이익이 주어지는 방식으로 운영되는 경우, 이는 게임산업법에서 금지하고 있는 "등급을 받은 내용과 다른 내용의 게임물을 이용에 제공하는 행위"에 해당한다(게임산업법 제32조 제1항 제2호). 즉, 게임물 그 자체의 내용뿐만 아니라 "게임물의 내용 구현과 밀접한 관련이 있는 게임물의 운영방식" 또한 등급분류의 대상에 포함되는 것이다.

제주지방법원 2022. 9. 22. 선고 2022노95 판결

등급분류의 대상은 게임물이나 프로그램 소스 자체가 아닌 게임물의 내용, 즉 신청서나 그에 첨부된 설명서의 기재내용이라고 할 것이므로, 등급분류를 받은 이후에 등급분류 받은 자가 게임물을 제작하면서 임의로 등급분류를 신청하면서 제출한 신청서나 그에 첨부된 설명서의 내용을 변경하는 것은 물론 위 신청서나 설명서에 기재되어 있지 아니한 중요기능을 부가하는 것은 '등급분류를 받은 게임물과 다른 내용의 것을 제작'한 경우에 해당하고(대법원 2007. 11. 29. 선고 2007도7467 판결 등 참조), 게임물 자체의 내용뿐만 아니라 게임물의 내용 구현과 밀접한 관련이 있는 게임물의 운영방식을 등급분류신청서나 그에 첨부된 게임물내용설명서에 기재된 내용과 다르게 변경하여 이용에 제공하는 행위도 게임산업진흥에 관한 법률 제32조 제1항 제2호에서 정한 '등급을 받은 내용과 다른 내용의 게임물을 이용에 제공하는 행위'에 해당한다고 보아야 한다(대법원 2014. 11. 13. 선고 2013도9831 판결 등 참조).

반면, 대법원은 "게임물 이용자의 게임물 이용을 보조할 뿐 게임물의 내용에 변경을 가져올 여지가 전혀 없는 별개의 외장기기를 제공하는 행위"는 등급을 받은 내용과 다른 내용의 게임물을 이용에 제공하는 행위에 해당하지 않는다고 판시하였는데, 이는 소위 "똑딱이"로 불리는 버튼자동누름장치가 설치·사용된 사안이다.

즉, 게임물 기기의 버튼 위에 올려놓고 자체 전원 스위치를 켜면 손님들의 손을 대신하여 단순·반복적으로 게임물 기기의 버튼을 눌러 주는 역할을 하는 외장기기(똑딱이)는, 게임물의 진행방식 자체에 어떠한 변경을 가져오지는 아니하고 위 버튼 자체의 구조·기능상의 변경 없이 손님들에 의해 언제든지 쉽게 설치·제거될 수 있도록 제작된 것임을 고려할 때, 단순히 게임물 기기의 버튼조작을 보조하는 별개의 외장기기에 불과하다고 판단한 것이다.

대법원 2014. 5. 29. 선고 2014도12 판결

게임산업진흥에 관한 법률(이하, '게임산업법'이라 한다)이 규정하는 등급분류의 대상은 게임물이나 프로그램 소스 자체가 아닌 게임물의 내용, 즉 등급분류신청서나 그에 첨부된 게임물내용설명서의 기재내용이다. 따라서 게임산업법 제32조 제1항 제2호에서 정하는 '등급을 받은 내용과 다른 내용의 게임물을 이용에 제공하는 행위'에, 등급분류를 신청하면서 제출한 신청서나 그에 첨부된 설명서의 내용을 변경하는 행위는 물론 위 신청서나 설명서에 기재되어 있지 아니한 중요기능을 부가하는 행위는 포함되지만(대법원 2007. 11. 29. 선고 2007도7467 판결 등 참조), 게임물 이용자의 게임물 이용을 보조할 뿐 게임물의 내용에 변경을 가져올 여지가 전혀 없는 별개의 외장기기를 제공하는 행위까지 포함된다고 볼 수는 없다.

그러나 위 대법원 판결은 게임산업법 제32조 제1항 제2호에서 정한 "등급을 받은 내용과 다른 내용의 게임물을 이용에 제공하는 행위"에 해당하는지 여부에 대한 판단일 뿐, 똑딱이를 설치·사용하였음을 이유로 한 영업정지처분의 적법성이 다투어진 사안에서는 똑딱이의 사용을 금지하는 게임산업법 시행령 [별표2] 제9호는 위헌이라고 볼 수 없으며, 위 똑딱이는 사행성이 없는 게임물에 사행성을 부여하거나, 이용자의 사행심을 확대, 조장하는 장치에 해당한다고 판시하였음을 주의하여야 한다.

따라서 똑딱이를 사용한 게임물의 운영방식은 등급분류 받은 내용과 다른 내용의 게임물을 이용에 제공한 경우에는 해당하지 아니하나, 게임산업법 제28조에서 정하는 게임물 관련사업자의 준수사항을 위반한 것으로서 금지된다.

Section
02 등급분류 주체

01 게임물관리위원회

과거 게임물의 등급분류에 대한 업무는 "공연윤리위원회", "(사)한국컴퓨터게임산업중앙회", "한국공연예술진흥협의회", "영상물등급위원회" 등에서 순차로 수행하여 왔으나, 게임물만의 고유한 특성이 반영되지 못하고 게임이용문화가 제대로 정착되지 못하였다는 지속적인 비판이 존재하였다. 이에 2006. 4. 28. 게임산업법의 제정에 따라 게임물의 윤리성 및 공공성을 확보하고 청소년을 보호하기 위한 "게임물등급위원회"가 설치되었다.

위 게임물등급위원회는 게임물의 사전등급분류 및 사후관리 업무를 담당하는 공공기관으로 기능하였으며, 게임물 등급분류 기능의 민간위탁 범위가 대폭 확대에 따라 2013. 5. 22. 개정 게임산업법을 통해 게임물등급위원회를 폐지하면서 2013. 12. 23. 게임물관리위원회(본 항에서는 이하 "위원회"라 한다)가 신설되었다. 또한 위 개정 게임산업법은 위원회의 감사를 상임으로 변경하는 한편, 국고지원 시한을 삭제함으로써 위원회 운영에 필요한 지원이 안정적으로 이루어질 수 있도록 하였다.

이에 따라 위원회는 그 설립일부터 종전 게임물등급위원회가 가진 모든 권리·의무 및 재산을 승계하였으며, 종전 게임물등급위원회에서 받은 등급분류는 위원회에서 받은 등급분류로 간주되었다.

위원회는 게임물의 윤리성 및 공공성을 확보하고 사행심 유발 또는 조장을 방지하며 청소년을 보호하고 불법 게임물의 유통을 방지함을 목적으로 하며, 게임물의 등급분류에 관한 사항, 청소년 유해성 확인에 관한 사항, 게임물의 사행성 확인에 관한 사항, 등급분류의 사후관리에 관한 사항 등에 대하여 심의·의결한다(게임산업법 제16조 제1항 및 제2항).

위원회는 위원장 1명을 포함한 9명 이내의 위원으로 구성되며, 위원들의 호선으로 선출된 위원장은 위원회를 대표하고 위원회 회의를 소집하며 그 의장이 된다. 위원회 위원은 문화예술·문화산업·청소년·법률·교육·언론·정보통신·역사 분야에 종사하거나 「비영리민간단체 지원법」에 따른 비영리민간단체에서 활동하는 사람으로서 게임산업·아동 또는 청소년에 대한 전문성과 경험이 있는 사람 중에서 성별 등을 고려하여 게임산업법 시행령 제11조 제1항에서 정하는 단체의 장이 추천하는 사람을 문화체육관광부장관이 위촉한다. 위원장을 포함한 위원의 임기는 3년이며, 위원장은 상임이다. 위원회의 위원은 이사의 직을 겸한다.

위원회는 등급분류에 관한 사항의 심의·의결을 위해 매주 1회 정기적으로 게임물관리위원회 회의를 개최하고 있으며, 위 회의에서 의결된 등급분류 또는 등급분류거부에 대한 이의신청이 있는 경우 등급재분류자문위원회를 개최하고 있다. 그 외에도 아케이드 게임물의 전문적 검토 및 감별을 위한 기술심의특별위원회, 공정하고 합리적인 등급분류 기준수립을 위한 등급분류기준정비위원회 등이 운영되고 있다.

위원회 회의에 앞서, 위원장은 각 위원에게 회의개시 전까지 등급분류에 대한 사항을 포함하여 안건과 관련된 자료를 서면, 전자우편, 팩스 등으로 통보한다. 또한 위원회는 일반시민에 대한 정보 제공을 위하여 홈페이지에 위원회 회의 개최 일정을 사전 공지하고 있다. 등급분류를 포함한 각 안건은 재적위원 과반수 출석과 출석위원 과반수의 찬성으로 의결되며, 위원장이 필요하다고 인정하는 경우에는 서면으로도 의결할 수 있다.

위원회는 「공공기관의 운영에 관한 법률」에 따른 기타공공기관으로 지정되었으며, 그 구성 및 운영에 관하여 필요한 사항은 위원회규정으로 정하도록 위임하고 있다.

위원회는 문화체육관광부장관이 임명하는 1명의 상임감사를 두며, 위 감사의 임기는 3년이다. 위원회의 사무국은 위원회 사무보조 및 등급분류 사후관리에 관한 사항 점검 등을 수행하며, 그 조직과 운영에 필요한 사항은 위원회규정으로 정한다. 사무국의 사무는 위원장이 위원회의 동의를 얻어 임명하는 사무국장이 관장한다.

제16조(게임물관리위원회) ① 게임물의 윤리성 및 공공성을 확보하고 사행심 유발 또는 조장을 방지하며 청소년을 보호하고 불법 게임물의 유통을 방지하기 위하여 게임물관리위원회(이하 "위원회"라 한다)를 둔다.

② 위원회는 다음 각 호의 사항을 심의·의결한다.

1. 게임물의 등급분류에 관한 사항
2. 청소년 유해성 확인에 관한 사항
3. 게임물의 사행성 확인에 관한 사항
4. 게임물의 등급분류에 따른 제작·유통 또는 이용제공 여부의 확인 등 등급분류의 사후관리에 관한 사항
5. 게임물의 등급분류의 객관성 확보를 위한 조사·연구에 관한 사항

5의2. 제21조의3제1항제7호에 따른 교육 및 게임물 이용자와 게임물 관련 사업자 교육에 관한 사항

6. 위원회규정의 제정·개정 및 폐지에 관한 사항
7. 제17조의2제2항의 규정에 따른 위원의 기피신청에 관한 사항
8. 정보통신망을 통하여 제공되는 게임물 또는 광고·선전물 등이 제38조제7항의 시정권고 대상이 되는지의 여부에 관한 사항

③ 위원회는 위원장 1명을 포함한 9명 이내의 위원으로 구성하되, 위원장은 상임으로 한다.

④ 위원회의 위원은 문화예술·문화산업·청소년·법률·교육·언론·정보통신·역사 분야에 종사하거나 「비영리민간단체 지원법」에 따른 비영리민간단체에서 활동하는 사람으로서 게임산업·아동 또는 청소년에 대한 전문성과 경험이 있는 사람 중에서 성별 등 대통령령으로 정하는 사항을 고려하여 대통령령으로 정하는 단체의 장이 추천하는 사람을 문화체육관광부장관이 위촉하며, 위원장은 위원 중에서 호선한다.

⑤ 위원장 및 위원의 임기는 3년으로 한다.

⑥ 위원회의 업무를 효율적으로 수행하기 위하여 필요한 경우 분과위원회를 둘 수 있다.

⑦ 위원회의 구성·운영에 관하여 필요한 사항은 위원회규정으로 정한다.

제17조(감사) ① 위원회의 업무 및 회계에 관한 사항을 감사하기 위하여 위원회에 감사 1인을 둔다.
② 감사는 문화체육관광부장관이 임명하며, 상임으로 한다.
③ 감사의 임기는 3년으로 한다.

제18조(사무국) ① 위원회의 사무 보조 및 등급분류 사후관리에 관한 사항 점검 등을 위하여 위원회에 사무국을 둔다.
② 사무국에 사무국장 1인을 두며, 위원장이 위원회의 동의를 얻어 임명한다.
③ 사무국의 등급분류의 사후관리 업무에 필요한 사항은 대통령령으로 정하고, 조직과 운영에 필요한 사항은 위원회규정으로 정한다.

02 그 외 등급분류 주체

위원회 이외에 등급분류 업무를 수행하는 기관으로는 게임콘텐츠등급분류위원회(GCRB)와 자체등급분류사업자가 있다.

게임콘텐츠등급분류위원회(GCRB)는 게임산업법 제24조의2에 따라 위원회로부터 청소년이용불가 등급을 제외한 게임물(전체이용가, 12세이용가, 15세이용가)에 대한 등급분류 업무를 위탁 받은 민간기구이다.

자체등급분류사업자는 자체적으로 등급분류를 할 수 있는 권한을 부여받은 사업자로서, 자체등급분류사업자로부터 등급분류를 받은 게임물은 위원회의 등급분류를 받은 것으로 간주된다(게임산업법 제21조 제1항 본문, 제21조의4 제1항 본문). 단, 자체등급분류사업자가 수행하는 등급분류 업무의 대상에서 청소년이용불가 등급의 게임물과 청소년게임제공업 및 일반게임제공업에 제공되는 게임물은 제외된다.

게임콘텐츠등급분류위원회는 독자적인 등급분류권한을 보유한 것이 아니라 위원회로부터 등급분류 업무를 위탁받아 수행하는 것에 불과하나, 자체등급분류사업자는 게임산업법에서 정하고 있는 위원회와 구별되는 독립적인 등급분류의 주체라는 점에서 본질적인 차이가 존재한다.

이상의 사항을 정리하면, 청소년이용불가 등급의 게임물에 대해서는 위원회만이 등급분류업무를 수행할 수 있으며, 그 외의 게임물에 대해서는 게임콘텐츠등급분류위원회와 자체등급분류사업자(게임제공업에 제공되는 게임물은 제외)가 위원회와 함께 등급분류업무의 주체에 해당한다.

이와 관련하여, 현재 정부의 게임산업 정책은 게임물관리위원회의 등급분류 권한을 단계적으로 민간으로 이양하는 방향으로 추진되고 있다. 따라서 모바일 게임을 시작으로 향후 청소년이용불가 등급 게임물 등 대부분의 등급분류업무를 게임콘텐츠등급분류위원회가 담당하게 될 것으로 예상되나, 엄격한 규제가 요구되는 일부 게임물(사행성 모사 등)에 대해서는 여전히 게임물관리위원회가 등급분류 업무를 수행할 수밖에 없을 것이다.

Section 03 등급분류 대상

01 등급분류 대상 게임물

원칙적으로 국내에서 유통·제공되는 모든 게임물은 사전 등급분류의무의 대상에 해당한다(게임산업법 제21조 제1항 본문). 따라서 해당 게임물의 서버가 해외 위치하고 있는지 여부는 사전 등급분류의무에 영향을 미치지 않으며, 법원은 게임산업법에서 등급분류 대상인 게임물의 범위를 게임물관리위원회에 위임하고 있지 않음에도 게임물관리위원회 내부 규정으로 그 범위를 제한하는 것은 허용되지 않는다고 판시한 바 있다.

대법원 2008. 10. 23. 선고 2008도3970 판결

게임산업법의 입법 목적이나 위 규정들의 취지 및 내용 등에 비추어 볼 때, 게임산업법 제21조 제1항 단서에서 인정하고 있는 예외사유에 해당하지 않는 한 게임물을 유통 또는 이용에 제공하기 위하여서는 반드시 게임산업법에 따른 등급분류를 받아야 할 것이고, 이는 해당 게임물의 서버가 국내에 있는지 해외에 있는지 여부에 따라 달리 볼 것이 아니다.

게임산업법 제21조에 의하여 게임물등급위원회가 등급분류를 함에 있어 그 구체적인 절차와 기준 등에 관하여 정하고 있는 게임물등급위원회의 구(구) 등급분류심의규정(2007. 12. 26. 개정되기 전의 것. 이하 같다) 제3조 제2항 제3호에서 게임물등급위원회의 심의대상이 되는 게임물에 관하여 '국내서버로 한정'한다고 규정하고 있는 것은(2007. 12. 26. 개정된 현행 등급분류심의규정에서는 위와 같은 '국내서버로 한정'한다는 문구가 삭제되었다) 단지 해당 게임물의 서버가 국내서버가 아닌 경우에는 등급분류 심의대상에서 제외한다는 취지일 뿐이고, 따라서 해당 게임물의 서버가 국내서버가 아니어서 등급분류를 받지 못하는 경우 그 결과로서 해당 게임물을 유통 또는 이용에 제공할 수 없게 된다고 해석하여야 할 것이지, 위 구 등급분류심의규정의 위 문구를 근거로 해당 게임물의 서버가 국내서버가 아닌 경우에는 등급분류를 받지 아니한 채로 해당 게임물을 유통 또는 이용에 제공할 수 있다고 해석할 수는 없는 것이다(관할 행정관청의 내부규정에 불과한 구 등급분류심의규정에, 게임산업법이 정하고 있는 '등급분류를 받아야 유통 또는 이용에 제공할 수 있는 게임물의 범위'를 임의로 축소하여 '해외에 서버가 위치한 게임물'에 대하여는 등급분류를 받지 아니한 채 이를 유통 또는 이용에 제공할 수 있도록 허용하는 규정을 둘 수는 없다).

현행 게임산업법은 사행성게임물을 게임물의 범위에서 제외하고 있으므로(게임산업법 제2조 제1호 가목), 사행성게임물은 등급분류 대상에 해당하지 않는다. 때문에 게임산업법은 "등급분류를 받지 않은 게임물을 유통 또는 이용에 제공하거나 이를 위하여 진열·보관하는 행위"와 "사행성게임물에 해당되어 등급분류가 거부된 게임물을 유통시키거나 이용에 제공하는 행위 또는 유통·이용제공의 목적으로 진열·보관하는 행위"를 구분하고 있다(게임산업법 제32조 제1항 제1호, 제4호).

사행성게임물에 대한 등급분류신청은 거부되며, 사행성게임물에 대하여 등급분류가 이루질 경우 해당 등급분류결정은 취소되어야 하는데, 이는 사행성게임물이 등급분류의 대상인 게임물에 해당하지 않기 때문이며, 등급분류 대상인 게임물에 해당함에도 예외적으로 등급분류를 받지 않고 유통·제공할 수 있는 "등급분류 대상 제외 게임물"과는 구분된다.

02 등급분류 대상 제외 게임물

현행 게임산업법상의 등급분류제도는 게임물의 유통·제공 등을 위해서는 반드시 사전에 등급분류를 받도록 정하고 있다. 다만, 예외적으로 등급분류를 받지 않아도 유통·제공이 가능한 게임물이 있는데, 이는 아래와 같다(게임산업법 제21조 제1항 단서).

제21조(등급분류) ① 게임물을 유통시키거나 이용에 제공하게 할 목적으로 게임물을 제작 또는 배급하고자 하는 자는 해당 게임물을 제작 또는 배급하기 전에 위원회 또는 제21조의2제1항에 따라 지정을 받은 사업자로부터 그 게임물의 내용에 관하여 등급분류를 받아야 한다. 다만, 다음 각 호의 어느 하나에 해당하는 게임물의 경우에는 그러하지 아니하다.

1. 중앙행정기관의 장이 추천하는 게임대회 또는 전시회 등에 이용·전시할 목적으로 제작·배급하는 게임물
2. 교육·학습·종교 또는 공익적 홍보활동 등의 용도로 제작·배급하는 게임물로서 대통령령으로 정하는 것
3. 게임물 개발과정에서 성능·안전성·이용자만족도 등을 평가하기 위한 시험용 게임물로서 대통령령으로 정하는 대상·기준과 절차 등에 따른 게임물
4. 영리를 목적으로 하지 아니하고 제작·배급하는 게임물로서 대통령령으로 정하는 것. 다만, 제2항 제4호에 따른 청소년이용불가 등급의 기준에 해당하는 내용을 포함하는 게임물은 제외한다.

게임산업진흥에 관한 법률 시행령

제11조의3(등급분류를 받지 않는 게임물) ① 법 제21조제1항제2호에서 "대통령령이 정하는 것"이란 다음 각 호의 어느 하나에 해당하는 게임물을 말한다.

1. 법 제25조제1항제1호부터 제3호까지의 규정에 따라 제작·배급하는 게임물
2. 법 제25조제1항제1호부터 제3호까지의 규정에 해당하는 자 외의 자가 국내에서 영리를 목적으로 하지 않고 제작·배급하는 게임물. 다만, 법 제21조제2항제4호에 따른 청소년이용불가 등급의 기준에 해당하는 내용을 포함하는 게임물은 제외한다.

② 법 제21조제1항제4호에서 "대통령령으로 정하는 것"이란 개인·동호회 등이 국내에서 단순 공개를 목적으로 창작한 게임물을 말한다.

③ 게임물을 제작 또는 배급하려는 자는 해당 게임물이 제1항 각 호 또는 제2항의 게임물에 해당되는지를 미리 위원회에 확인받을 수 있다.

즉, ① 중앙행정기관의 장이 추천하는 게임대회, 전시회 등에 이용·전시되는 게임물, ② 교육, 학습, 종교, 공익적 홍보활동 등의 용도로, 국가·지방자치단체·교

육기관·연수기관·공공기관 및 국내에서 영리를 목적으로 하지 않는 자가 제작·배급하는 게임물, ③ 개발 및 평가를 위한 시험용게임물, ④ 영리를 목적으로 하지 않고 개인·동호회 등이 국내에서 단순 공개를 목적으로 창작한 청소년이용불가 등급 이외의 게임물이 이에 해당한다.

Section

04 등급분류 절차

01 등급분류의 신청

등급분류의 신청은 등급분류를 받으려는 자(이하 “신청인”이라 한다)가 게임물등급분류신청서에 ① 게임물내용설명서, ② 게임물의 주요 진행과정을 촬영한 동영상물 및 사진, ③ 실행 가능한 게임물, ④ 게임물 내용정보 기술서를 각 첨부하여 제출함으로써 이루어진다. 이때 전용게임기기·장치에서 구현되는 게임물은 당해 게임기기·장치의 사진(주로 게임제공업에 제공되는 게임물이 이에 해당한다), 정보통신망을 통하여 제공되는 게임물은 당해 게임물에 접속하여 이용할 수 있는 계정을 기재한 서류, 「전기용품안전관리법 시행규칙」 별표2의 안전인증대상 전기용품은 전기용품안전확인신고 증명서를 각 추가로 첨부·제출하여야 한다(게임산업법 시행규칙 제9조 제1항).

위원회는 위 자료 이외에도 등급분류 업무의 수행을 위하여 필요하다고 판단되는 자료의 제출을 요구할 수 있으며, 신청인이 상당한 기간 내에 보완을 완료하지 않은 경우 그 이유를 밝혀 접수된 신청을 반려할 수 있다(게임산업법 시행규칙 제9조 제2항).

게임산업진흥에 관한 법률 시행규칙

제9조(등급분류의 신청 등) ① 법 제21조제1항에 따라 등급분류를 받으려는 자는 게임물 등급분류신청서에 게임물내용설명서와 다음 각 호의 자료를 첨부하여 관리위원회에 제출하여야 한다. 다만, 제7호의 서류는 등급분류를 받은 후 등급분류증명서를 교부받을 때에 제출할 수 있다.

② 관리위원회는 등급분류심사를 위하여 필요하다고 인정되는 경우에는 제1항 각 호의 자료 외에 추가로 자료의 제출을 요구할 수 있다.

신청인은 등급분류 결정을 위한 회의의 개최일 1일 전까지 등급분류 신청을 자유롭게 철회할 수 있으며, 위 신청철회의 효력은 그 의사표시가 위원회에 도달한 때에 즉시 발생한다.

02 등급분류 심의

위원회는 등급분류 신청을 받은 날부터 15일 이내에 등급분류 결정을 하여야 하는데, 부득이한 사유로 위 기간 내에 결정을 할 수 없는 경우에는 신청인에게 그 사유 및 심의예정일을 서면으로 통보하여야 한다(게임산업법 시행규칙 제9조 제3항).

게임산업진흥에 관한 법률 시행규칙

제9조(등급분류의 신청 등)

③ 관리위원회는 제1항에 따른 신청을 받은 날부터 15일 이내에 등급분류 결정을 하여야 한다. 다만, 부득이한 사유로 인하여 해당 기간 내에 결정을 할 수 없는 경우에는 신청인에게 그 사유 및 심의예정일을 서면으로 통보하여야 한다.

단, 등급분류 업무의 수행을 위한 추가 자료의 제출을 요청하거나 제출된 자료가 미흡하여 보완을 명한 경우, 이를 위해 소요되는 기간(보완을 위한 서면을 발송한 날과 보완이 완료된 날을 포함한다)은 위 처리기한에 산입되지 않는다.

게임제공업에 제공되는 게임물(아케이드 게임물)로서 게임산업법 제2조 제1호의2 가목 내지 바목에 해당하는 게임물, 게임산업법 제28조 제3호 단서에 따라 경품을 지급하는 청소년게임제공업의 전체이용가 게임물에 대해서는 기술심의가 추가로 진행된다. 게임물관리위원회는 등급분류신청이 접수된 날로부터 15일 이내에 기술심의 여부를 결정한다.

제12조(게임물의 기술심의) ① 위원회는 법 제21조제8항에 따라 등급분류를 신청한 게임물이 다음 각 호의 어느 하나에 해당하는 경우 해당 게임물에 대하여 기술심의를 할 수 있다.

1. 게임제공업에 제공되는 게임물(이하 "게임제공업소용 게임물"이라 한다)로서 법 제2조제1호의2가목부터 바목까지의 어느 하나에 해당하는 게임물에 대하여 등급분류를 하려는 경우
2. 법 제28조제3호 단서에 따라 경품을 지급하는 청소년게임제공업의 전체이용가 게임물(위원회가 해당 게임물이 그 등급분류와 다르게 제작·유통 또는 이용제공될 우려가 없다고 확인한 게임물은 제외한다)로 등급분류를 하려는 경우

② 위원회는 제1항에 따라 기술심의를 하는 경우에는 게임물이 다음 각 호의 기능을 갖추었는지를 확인해야 한다.

1. 게임물 운영 소프트웨어의 개조 및 변조 방지 기능
2. 화폐의 위조 및 변조 식별 기능
3. 법 제33조제3항에 따라 게임물의 운영에 관한 정보를 표시하는 장치(이하 "운영정보표시장치"라 한다)의 작동 기능

③ 제1항 및 제2항에 따른 심의의 실시방법 그 밖에 심의에 관하여 필요한 사항은 위원회의 위원장이 문화체육관광부장관과 산업통상자원부장관의 협의를 거쳐 정한다.

제2조(정의) 이 법에서 사용하는 용어의 정의는 다음과 같다.

1의2. "사행성게임물"이라 함은 다음 각 목에 해당하는 게임물로서, 그 결과에 따라 재산상 이익 또는 손실을 주는 것을 말한다.

가. 베팅이나 배당을 내용으로 하는 게임물

나. 우연적인 방법으로 결과가 결정되는 게임물

다. 「한국마사회법」에서 규율하는 경마와 이를 모사한 게임물
라. 「경륜·경정법」에서 규율하는 경륜·경정과 이를 모사한 게임물
마. 「관광진흥법」에서 규율하는 카지노와 이를 모사한 게임물
바. 그 밖에 대통령령으로 정하는 게임물

제28조(게임물 관련사업자의 준수사항) 게임물 관련사업자는 다음 각 호의 사항을 지켜야 한다.

3. 경품 등을 제공하여 사행성을 조장하지 아니할 것. 다만, 청소년게임제공업의 전체이용가 게임물에 대하여 대통령령으로 정하는 경품의 종류(완구류 및 문구류 등. 다만, 현금, 상품권 및 유가증권은 제외한다)·지급기준·제공방법 등에 의한 경우에는 그러하지 아니하다.

기술심의에서는 게임물 운영 소프트웨어의 개조 및 변조 방지 기능 확인(게임물내용설명서에 기술되지 않은 별도의 파일 호출 여부, 시리얼 통신을 포함한 유·무선 LAN 카드 및 근거리통신을 이용한 네트워크 기능 등이 포함되어 게임의 내용에 영향을 줄 수 있는지 여부, 등급분류를 받지 않은 장치를 이용하여 게임의 내용을 변경할 수 있는지 여부), 화폐의 위조 및 변조 식별 기능 확인, 게임물 운영정보표시장치의 작동 기능 확인 등이 이루어지며, 기술심의특별위원회의 자문을 구할 수 있다.

기술심의 결과는 적합과 부적합으로 구분되며, 기술심의특별위원회는 45일 이내에 기술심의 결과를 게임물관리위원회에 제출하여야 한다. 단, 기술심의를 위한 자료의 보완이 필요할 경우에는 그 자료의 제출을 요구할 수 있으며, 이에 따른 보완에 소요되는 기간은 위 처리기간에 포함되지 않는다.

등급분류를 위한 회의는 통상 주 1회 개최되며, 재적위원 과반수의 출석과 출석위원 과반수의 찬성으로 의결한다. 회의 내용에 대해서는 회의록이 작성되며, 회의록은 공개함이 원칙이나 「공공기관의 정보공개에 관한 법률」 제9조 제1항 각 호에 해당하는 경우에는 위원회 의결을 통해 공개하지 않을 수 있다.

공공기관의 정보공개에 관한 법률

제9조(비공개 대상 정보) ① 공공기관이 보유·관리하는 정보는 공개 대상이 된다. 다만, 다음 각 호의 어느 하나에 해당하는 정보는 공개하지 아니할 수 있다.

1. 다른 법률 또는 법률에서 위임한 명령(국회규칙·대법원규칙·헌법재판소규칙·중앙선거관리위원회규칙·대통령령 및 조례로 한정한다)에 따라 비밀이나 비공개 사항으로 규정된 정보
2. 국가안전보장·국방·통일·외교관계 등에 관한 사항으로서 공개될 경우 국가의 중대한 이익을 현저히 해칠 우려가 있다고 인정되는 정보
3. 공개될 경우 국민의 생명·신체 및 재산의 보호에 현저한 지장을 초래할 우려가 있다고 인정되는 정보
4. 진행 중인 재판에 관련된 정보와 범죄의 예방, 수사, 공소의 제기 및 유지, 형의 집행, 교정(矯正), 보안처분에 관한 사항으로서 공개될 경우 그 직무수행을 현저히 곤란하게 하거나 형사피고인의 공정한 재판을 받을 권리를 침해한다고 인정할 만한 상당한 이유가 있는 정보
5. 감사·감독·검사·시험·규제·입찰계약·기술개발·인사관리에 관한 사항이나 의사결정 과정 또는 내부검토 과정에 있는 사항 등으로서 공개될 경우 업무의 공정한 수행이나 연구·개발에 현저한 지장을 초래한다고 인정할 만한 상당한 이유가 있는 정보. 다만, 의사결정 과정 또는 내부검토 과정을 이유로 비공개할 경우에는 제13조제5항에 따라 통지를 할 때 의사결정 과정 또는 내부검토 과정의 단계 및 종료 예정일을 함께 안내하여야 하며, 의사결정 과정 및 내부검토 과정이 종료되면 제10조에 따른 청구인에게 이를 통지하여야 한다.
6. 해당 정보에 포함되어 있는 성명·주민등록번호 등 「개인정보 보호법」 제2조제1호에 따른 개인정보로서 공개될 경우 사생활의 비밀 또는 자유를 침해할 우려가 있다고 인정되는 정보. 다만, 다음 각 목에 열거한 사항은 제외한다.
   가. 법령에서 정하는 바에 따라 열람할 수 있는 정보
   나. 공공기관이 공표를 목적으로 작성하거나 취득한 정보로서 사생활의 비밀 또는 자유를 부당하게 침해하지 아니하는 정보
   다. 공공기관이 작성하거나 취득한 정보로서 공개하는 것이 공익이나 개인의 권리 구제를 위하여 필요하다고 인정되는 정보
   라. 직무를 수행한 공무원의 성명·직위
   마. 공개하는 것이 공익을 위하여 필요한 경우로서 법령에 따라 국가 또는 지방자치단체가 업무의 일부를 위탁 또는 위촉한 개인의 성명·직업
7. 법인·단체 또는 개인(이하 "법인등"이라 한다)의 경영상·영업상 비밀에 관한 사항으로

서 공개될 경우 법인등의 정당한 이익을 현저히 해칠 우려가 있다고 인정되는 정보. 다만, 다음 각 목에 열거한 정보는 제외한다.

가. 사업활동에 의하여 발생하는 위해(危害)로부터 사람의 생명·신체 또는 건강을 보호하기 위하여 공개할 필요가 있는 정보

나. 위법·부당한 사업활동으로부터 국민의 재산 또는 생활을 보호하기 위하여 공개할 필요가 있는 정보

8. 공개될 경우 부동산 투기, 매점매석 등으로 특정인에게 이익 또는 불이익을 줄 우려가 있다고 인정되는 정보

서울행정법원 2014. 12. 18. 선고 2014구합64681 판결

그렇다면 위 회의록이 공개될 경우 원고나 제3자가 향후 이 사건 게임물의 내용변경과 관련하여 새롭게 등급분류 신청을 하거나, 위 회의에서 논의된 특정의 방법으로 변경하여 등급분류 신청을 한다면 피고로서는 위 회의에서 가정적으로 논의한 내용에 판단이 구속될 가능성이 있고, 원고도 위 회의록을 근거로 피고에게 특정 결론을 요청할 가능성도 있다. 따라서 이 사건 회의록은 '의사결정 과정 또는 내부검토 과정에 있는 사항 등으로서 공개될 경우 업무의 공정한 수행이 객관적으로 현저하게 지장을 받을 것이라는 고도의 개연성이 존재하는 경우'에 해당한다. 따라서 이 사건 회의록 내용의 특수한 사정을 고려하여 보면 이를 비공개함으로써 보호되는 업무수행의 공정성 등 이익이 공개로 보호되는 국민의 알권리 보장과 국정운영의 투명성 확보 등 이익보다 크다고 봄이 상당하므로 이 사건 회의록 공개를 거부한 이 사건 처분은 적법하다.

게임물관리위원회는 게임물에 대한 등급분류결정을 한 경우, 신청인에게 등급분류증명서를 교부하고 등급분류결정서를 통보한다. 이 중 등급분류결정서에는 등급분류 결정근거, 결정사유, 게임물 내용정보를 명시한다(게임산업법 시행규칙 제11조). 이후 등급분류 받은 게임물에 대한 명의, 상호, 대표자명 등이 변경될 경우 신청인은 게임물관리위원회에 변경신청서를 제출하여야 하며, 게임물관리위원회는 15일 이내에 변경절차를 처리한다.

게임산업진흥에 관한 법률 시행규칙

제11조(등급분류증명서 등) ① 관리위원회는 법 제22조제3항에 따라 등급분류결정을 하는 경우에는 그 이유를 구체적으로 기재한 서류와 별지 제3호서식의 등급분류증명서를 신청인에게 교부하여야 한다.

② 제1항에 따라 등급분류증명서를 교부받은 자가 등급분류증명서를 잃어버리거나 등급분류증명서가 헐어 못 쓰게 되어 재발급받으려는 경우에는 다음 각 호의 구분에 따른 서류를 첨부하여 관리위원회에 신청하여야 한다.

1. 잃어버린 경우: 분실 사유서
2. 헐어 못 쓰게 된 경우: 등급분류증명서

03 등급분류 시스템의 도입

청소년이용불가 등급의 게임물 또는 청소년게임제공업과 일반게임제공업에 제공되는 게임물이 아니라면, 게임물관리위원회가 구축한 온라인 업무처리 시스템 및 이와 연계된 "등급분류 시스템"을 통한 등급분류 업무의 신청이 가능하게 되었다(게임산업법 제21조의10). 이는 등급분류 시스템을 통해 등급분류를 신청한 시스템등급분류신청자가 시스템상의 설문에 답변하는 방식으로 해당 게임물의 주요 내용 등을 입력하면 이를 기초로 등급분류 결과가 도출되는 방식이다.

따라서 시스템등급분류신청자의 정확하고 성실한 정보입력과 자료제출이 요구되며, 등급분류 시스템을 악용하여 게임물이 위법한 등급으로 결정·유통되지 않도록 철저한 사후관리가 함께 이루어져야 한다(게임산업법 제21조의11, 게임산업법 시행규칙 제9조의8). 이를 위해 게임물관리위원회는 등급분류 기준에 적합하지 않거나 등급분류 거부대상이라고 판단되는 경우 직권으로 등급분류 결정을 하거나 그 결과를 취소할 수 있으나, 이에 앞서 반드시 해당 시스템등급분류신청자에게 그 이유를 통지하고 의견진술의 기회를 주어야 한다(게임산업법 제21조의10 제3항, 게임산업법 시행규칙 제9조의7).

제21조의10(등급분류 절차의 간소화) ① 위원회는 게임물을 유통시키거나 이용에 제공하고자 하는 자가 제21조제1항에 따른 등급분류를 신청하는 경우 위원회 및 등급분류기관이 구축한 온라인 업무처리 시스템 또는 이와 연계된 시스템(이하 "등급분류 시스템"이라 한다)을 통하여 등급분류를 하도록 할 수 있다. 다만, 제21조제2항제4호에 해당하거나 청소년게임제공업과 일반게임제공업에 제공되는 게임물은 제외한다.
② 제1항에 따라 등급분류 시스템을 통하여 등급분류를 신청한 자(이하 "시스템등급분류신청자"라 한다)는 등급분류 시스템에 해당 게임물의 주요 내용, 등급 관련 자료 및 등급분류 결과를 입력하여야 한다.
③ 위원회 및 등급분류기관은 시스템등급분류신청자의 등급분류 결과가 제21조제7항의 등급분류 기준에 적합하지 아니하거나 제22조제2항에 따른 등급분류 거부 대상이 된다고 판단하는 경우 직권으로 등급분류 결정을 하거나 그 등급분류 결과를 취소할 수 있다.
④ 위원회 및 등급분류기관은 제3항에 따라 직권으로 등급분류 결정을 하거나 그 등급분류 결과를 취소한 경우 이를 시스템등급분류신청자에게 지체 없이 통보하여야 한다.
⑤ 위원회 및 등급분류기관은 제2항에 따라 입력된 자료의 추가·보완이 필요하거나 제3항에 따른 등급분류 기준에의 적합 여부 등의 검토를 위하여 필요하다고 인정하는 경우 시스템등급분류신청자에게 관련 자료의 제출을 요구할 수 있다.
⑥ 제3항에 따른 직권에 의한 등급분류 결정 또는 취소의 절차, 제4항에 따른 통보의 절차, 제5항에 따른 자료 제출 요구에 필요한 사항은 문화체육관광부령으로 정한다.

제21조의11(시스템등급분류신청자의 준수사항) 시스템등급분류신청자는 다음 각 호의 사항을 준수하여야 한다.
1. 등급분류 시스템에 따른 등급분류 기준에 따라 등급분류를 할 것
2. 등급분류 및 사후관리와 관련된 위원회 및 등급분류기관의 자료 요구에 따를 것
3. 그 밖에 등급분류 및 사후관리에 필요한 사항으로서 문화체육관광부령으로 정하는 사항을 준수할 것

게임산업진흥에 관한 법률 시행규칙

제9조의7(등급분류시스템을 통한 직권에 의한 등급분류 결정 등) ① 관리위원회 및 법 제24조의2에 따라 등급분류 업무를 위탁받은 기관(이하 "등급분류기관"이라 한다)은 법 제21조의10제3항에 따라 직권으로 등급분류 결정을 하거나 그 등급분류 결과를 취소하려는 경우에는 같은 조 제2항에 따른 시스템등급분류신청자(이하 "시스템등급분류신청자"라 한

다)에게 그 이유를 통지하고 의견진술의 기회를 주어야 한다.
② 관리위원회 및 등급분류기관은 법 제21조의10제4항에 따라 통보하려는 경우에는 시스템등급분류신청자에게 직권으로 등급분류 결정을 하거나 그 등급분류 결과를 취소한 이유를 통지해야 한다.
③ 제1항 및 제2항에 따른 통지는 시스템등급분류신청자가 미리 동의한 경우 전자적 방법으로 할 수 있다.

제9조의8(시스템등급분류신청자의 준수사항) 법 제21조의11제3호에서 "문화체육관광부령으로 정하는 사항"이란 등급분류시스템에 입력한 정보가 변경될 경우 즉시 등급분류시스템에 변경된 정보를 입력할 것을 말한다.

04 등급분류에 대한 이의 및 재분류

게임물에 대한 등급분류 결정 또는 등급분류 거부결정에 대해서는 게임물관리위원회에 이의를 제기할 수 있다. 이때 이의신청은 위 결정을 통지받은 날로부터 30일 이내에 구체적인 이의신청사유를 명시한 이의신청서를 게임물관리위원회에 제출하는 방법으로 이루어진다(게임산업법 제23조 제1항, 게임산업법 시행규칙 제13조 제1항).

게임물관리위원회는 등급재분류 자문위원회의 자문을 거쳐 이의 신청에 대한 심사를 진행한 후, 결정내용 및 사유가 구체적으로 기재된 서면을 신청인에게 교부한다. 이의신청에 이유가 있어 등급분류 결정을 다시 한 경우에는 그 결정에 따른 새로운 등급분류증명서를 교부하고, 이의신청에 이유가 없는 경우에는 이유 없음을 통지한다.

제23조(등급의 재분류 등) ① 위원회 또는 등급분류기관의 제21조에 따른 등급분류 결정 또는 제22조에 따른 등급분류 거부결정에 대하여 이의가 있는 자는 그 결정의 통지를 받은 날부터 30일 이내에 구체적인 사유를 명시하여 위원회에 이의를 신청하여 등급분류를

다시 받을 수 있다.

② 위원회는 제1항에 따른 이의신청을 받은 때에는 이를 심사하여 그 신청에 이유가 있는 경우에는 신청서 접수일부터 15일 이내에 등급분류를 다시 하고 그 결과를 신청인 또는 대리인에게 통지하여야 하며, 이유가 없는 경우에는 이유없음을 통지하여야 한다.

③ 제1항 및 제2항에 따른 신청의 절차 및 결정통지 등에 관하여 필요한 사항은 문화체육관광부령으로 정한다.

④ 제1항부터 제3항까지에서 규정한 사항 외에 이의신청에 관한 사항은 「행정기본법」 제36조(제2항 단서는 제외한다)에 따른다.

게임산업진흥에 관한 법률 시행규칙

제13조(이의신청의 절차 등) ① 법 제23조제1항에 따라 이의신청을 하는 자는 이의신청서에 이의신청사유를 기재하여 관리위원회에 제출하여야 한다.

② 관리위원회는 이의신청의 심사의 공정성과 전문성 등을 확보하기 위하여 자문위원회를 둘 수 있다.

③ 관리위원회는 제1항에 따른 신청을 받은 때에는 관계 전문가 또는 자문위원회의 자문을 거쳐 심사를 하여야 한다.

④ 관리위원회는 이의신청에 대한 심사를 완료한 때에는 결정내용 및 사유가 구체적으로 기재된 서면을 신청인에게 교부하여야 한다. 이 경우 등급분류결정을 다시 한 경우에는 그 결정에 따른 새로운 등급분류증명서를 함께 교부하여야 한다.

⑤ 제1항 내지 제4항에 정한 것 외에 이의신청의 절차 및 결정 통지 등에 관하여 필요한 사항은 관리위원회규정으로 정한다.

게임물관리위원회는 이의신청서 접수일로부터 15일 이내에 서면으로 등급재분류 심사 결과를 통지하여야 하나, 필요한 경우 이의신청서 또는 제출자료의 보완을 명할 수 있고 위 보완에 소요되는 기간은 처리기간에 포함되지 않는다.

그림 2.1 업무처리절차

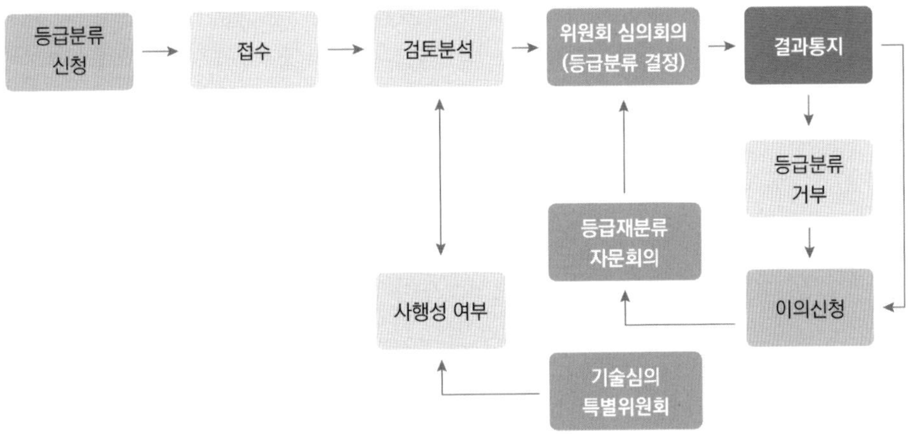

출처: 게임물관리위원회 홈페이지

Section
05 벌칙

게임산업법은 등급분류 의무 등을 위반한 자에 대한 형사처벌규정을 두고 있는데, 등급을 받지 아니한 게임물을 유통 또는 이용에 제공하거나 이를 위하여 진열·보관하는 행위 및 사행성게임물에 해당되어 등급분류가 거부된 게임물을 유통시키거나 이용에 제공하는 행위 또는 유통·이용제공의 목적으로 진열·보관하는 행위를 한 자는 5년 이하의 징역 또는 5천만 원 이하의 벌금에, 등급을 받은 내용과 다른 내용의 게임물을 유통 또는 이용에 제공하거나 이를 위하여 진열·보관하는 행위 및 등급분류증명서를 매매·증여 또는 대여하는 행위를 한 자는 2년 이하의 징역 또는 2천만 원 이하의 벌금에, 등급을 받은 게임물의 등급구분을 위반하여 이용에 제공하는 행위를 한 자는 1년 이하의 징역 또는 1천만 원 이하의 벌금에 각 처해진다(게임산업법 제32조 제1항, 제44조 내지 제46조).

이때 법인의 대표자나 법인 또는 개인의 대리인·사용인 그 밖의 종업원이 그 법인 또는 개인의 업무에 관하여 위와 같은 위반행위를 한 때에는, 행위자를 벌하는 외에 양벌규정에 따라 그 법인 또는 개인에 대하여도 벌금형이 부과된다(게임산업법 제47조).

제44조(벌칙) ① 다음 각 호의 어느 하나에 해당하는 자는 5년 이하의 징역 또는 5천만원 이하의 벌금에 처한다.

2. 제32조제1항제1호·제4호·제7호·제9호 또는 제10호에 해당하는 행위를 한 자

제45조(벌칙) 다음 각 호의 어느 하나에 해당하는 자는 2년 이하의 징역 또는 2천만원 이하의 벌금에 처한다.

4. 제32조제1항제2호의 규정을 위반하여 등급분류를 받은 게임물과 다른 내용의 게임물을 유통 또는 이용제공 및 전시·보관한 자
5. 제32조제1항제5호의 규정을 위반하여 등급분류증명서를 매매·증여 또는 대여한 자

제46조(벌칙) 다음 각 호의 어느 하나에 해당하는 자는 1년 이하의 징역 또는 1천만원 이하의 벌금에 처한다.

3. 제32조제1항제3호에 따른 제21조제2항제4호의 등급구분을 위반하여 게임물을 제공한 자

제32조(불법게임물 등의 유통금지 등) ① 누구든지 게임물의 유통질서를 저해하는 다음 각 호의 행위를 하여서는 아니 된다. 다만, 제4호의 경우 「사행행위 등 규제 및 처벌특례법」에 따라 사행행위영업을 하는 자는 제외한다.

1. 제21조제1항 또는 제21조의10제1항에 따라 등급을 받지 아니한 게임물을 유통 또는 이용에 제공하거나 이를 위하여 진열·보관하는 행위
2. 제21조제1항 또는 제21조의10제1항에 따라 등급을 받은 내용과 다른 내용의 게임물을 유통 또는 이용에 제공하거나 이를 위하여 진열·보관하는 행위
3. 등급을 받은 게임물을 제21조제2항 각 호의 등급구분을 위반하여 이용에 제공하는 행위
4. 제22조제2항의 규정에 따라 사행성게임물에 해당되어 등급분류가 거부된 게임물을 유통시키거나 이용에 제공하는 행위 또는 유통·이용제공의 목적으로 진열·보관하는 행위
5. 제22조제3항제1호에 따른 등급분류증명서를 매매·증여 또는 대여하는 행위

제3장

등급분류 기준과 내용정보표시

Section
01 등급분류 기준

01 등급분류의 기본원칙

게임물관리위원회의 등급분류규정 제2조는 등급분류의 기본정신을, 제3조는 등급분류의 기본원칙을 정하고 있다.

제2조(기본정신) 게임물관리위원회(이하 '위원회' 라 한다)는 게임법 제21조에 따라, 등급분류를 함에 있어 게임물의 윤리성·공공성을 확보하고, 사행심 유발 또는 조장을 방지하며, 청소년을 보호하고 불법게임물의 유통을 방지한다.

제3조(등급분류의 원칙)

① 등급분류는 국제적 보편적 가치를 지향하고, 객관성과 합리성을 확보하여야 한다.

② 등급분류는 사회통념을 존중하며, 시대의 흐름에 부합하여야 한다.

③ 등급분류는 게임물의 창작성과 자율성을 존중하여야 한다.

④ 등급분류는 일관성과 형평성을 유지하여야 한다.

⑤ 등급분류는 최소한의 규제 및 보충적 규제를 지향하여야 한다.

⑥ 등급분류는 게임물의 전체적인 맥락, 상황 등을 종합적으로 검토하여야 한다.

⑦ 등급분류 시 신청정보에 대한 비밀을 보호하여야 한다.

등급분류의 원칙은 국제적 보편적 가치의 지향, 객관성과 합리성의 확보, 사회통념의 존중, 시대 흐름의 부합, 창작성과 자율성의 존중, 일관성과 형평성의 유지, 최소한의 규제 및 보충적 규제, 전체적인 맥락, 상황 등의 종합적 검토, 신청정보에 대한 비밀의 보호로 요약할 수 있다. 이 중 실무적으로는 게임물의 전체적인 맥락, 상황 등을 종합적으로 검토하는 편이다.

02 등급분류의 대상과 효력

국내, 유통, 이용제공을 목적으로 한 게임물은 등급분류를 받아야 한다. 게임산업법 제2조 제1호는 "게임물"이라 함은 컴퓨터프로그램 등 정보처리 기술이나 기계장치를 이용하여 오락을 할 수 있게 하거나 이에 부수하여 여가선용, 학습 및 운동효과 등을 높일 수 있도록 제작된 영상물 또는 그 영상물의 이용을 주된 목적으로 제작된 기기 및 장치를 말하나, 동 조 각 목의 어느 하나에 해당하는 것은 제외하는 것으로 규정하고 있다.

따라서, 게임산업법상 게임물이 아니거나, 국외 유통 이용제공을 목적으로 한 게임물은 등급분류 대상이 아니다. 후자는 비교적 명백하나, 전자의 경우 논의의 대상이 되는 경우가 종종 있다. 등급분류를 받아야 하는 게임물은 개인용 컴퓨터 게임물, 비디오 게임물, 모바일 게임물, 아케이드 게임물, 기타 게임물로 구분된다.

아케이드 게임물은 게임산업법 제26조에 따라 일반게임제공업 및 청소년게임제공업에 설치·운영되는 외장기기 일체형 게임물을 말하며, 게임산업법 제21조 제3항에 따라 '전체이용가'와 '청소년이용불가' 등급으로 분류되고 있다.[1]

PC온라인 게임물은 네트워크를 통해 제공되는 온라인 게임물, CD 또는 DVD 등 별도의 매체를 통해 제공되는 PC 패키지 게임물, 네트워크를 통해 설치되지만 게임 진행은 패키지 게임물과 유사하게 진행되는 GOD(Game On Demand)

1 2024 게임물 등급분류 및 사후관리 연감 90면, 게임물관리위원회

게임물, 별도의 클라이언트 없이 웹브라우저에서 실행되는 웹게임, IPTV(스마트TV 포함)를 이용하여 즐길 수 있는 IPTV용 게임물 등을 포함한다.[2]

비디오·콘솔 게임물은 게임 실행을 위하여 별도로 제작된 기기(PlayStation, Xbox 등)에서 구동되는 게임물을 말한다. 비디오·콘솔 게임물 역시 PC온라인 플랫폼과 마찬가지로, 청소년이 이용 가능한 게임물의 등급분류는 게임콘텐츠등급분류위원회에서 담당하고 있으며, '청소년이용불가' 게임물은 위원회로 신청하여 등급분류 되고 있다.[3]

제4조(등급분류 대상)

① 게임산업법 제2조 제1호에서 규정한 게임물로서, 국내 유통·이용제공을 목적으로 제작된 게임물은 동 법 제21조 제1항에 따라 그 게임물의 내용에 관하여 등급분류를 받아야 한다.

② 제1항의 대상은 정보통신 플랫폼(게임물 이용을 위한 것으로 정보처리 능력을 가진 전자적 장치 또는 체계를 말한다. 이하 '플랫폼'이라 한다)에 따라 다음 각 호와 같이 구분할 수 있다.

1. 개인용 컴퓨터(PC) 게임물(PC에서 구동되는 게임물)
2. 비디오 게임물(게임이용을 주된 목적으로 하는 기기에서 구동되는 게임물)
3. 모바일 게임물(모바일 기기에서 작동하는 게임물)
4. 아케이드 게임물(게임산업법 제2조제6호의2 규정에 의한 게임제공업용 게임물)
5. 기타게임물

제4조의2(등급분류 효력) 제4조에 따라 새롭게 등급분류 받거나, 등급분류 받은 게임물을 다른 플랫폼으로도 이용·제공 하려는 경우 별표6의 기준에 따라 기존의 등급분류 효력을 유지한다.

등급분류 규정 제4조의 2는 등급분류받은 게임물을 다른 플랫폼으로 이용, 제공하려는 경우 별표6의 기준에 해당하는 경우 등급분류 효력을 유지한다고 규정하고 있다. 이는 여러 플랫폼에 서비스하는 같은 게임물의 경우, 중복하여

---

2 2024 게임물 등급분류 및 사후관리 연감 91면, 게임물관리위원회

3 2024 게임물 등급분류 및 사후관리 연감 92면, 게임물관리위원회

등급분류를 받지 않도록 하기 위한 게임사의 편의를 위한 규정이다.

게임물 내용상 등급의 변경을 요하지 않을 정도에 한하여 원칙적으로 등급분류 효력이 유지되나, 청소년게임제공업과 일반게임제공업에 제공되는 게임물과, 게임산업법 제2조 제1의 2호의 사행성게임물, 구체적으로 베팅이나 배당을 내용으로 하는 게임물, 우연적인 방법으로 결과가 결정되는 게임물, 「한국마사회법」에서 규율하는 경마와 이를 모사한 게임물, 「경륜·경정법」에서 규율하는 경륜·경정과 이를 모사한 게임물, 「관광진흥법」에서 규율하는 카지노와 이를 모사한 게임물, 그 밖에 대통령령령으로 정하는 게임물은 등급분류 효력 유지 대상이 아니다.

다만, 시행령 별표2 제8호의 정보통신망을 통하여 베팅이나 배당의 내용을 모사한 카드게임, 화투놀이 또는 스포츠 승부예측 게임 등의 게임물, 소위 웹보드 게임물의 경우에는 등급분류 효력이 유지된다.

별표6

등급분류 효력 유지기준(제4조의2관련)

게임물 내용상 등급의 변경을 요하지 않을 정도에 한하여 각호에 따라 등급분류 효력을 유지한다.

1. 등급분류효력 유지 가능 플랫폼
   가. 'PC 게임물', '비디오 게임물', '모바일 게임물', '기타게임물' 중 어느 하나로 등급분류 받은 게임물은 다른 플랫폼으로도 등급분류 효력을 유지한다. (중략)
2. 등급분류 효력 유지 플랫폼 제외 대상
   가. 청소년게임제공업과 일반게임제공업에 제공되는 게임물
   나. 게임산업법 제2조제1의2호 가목 ~ 바목에 해당하는 게임물. 단, 동법 시행령 별표2 제8호에 해당하는 게임물은 제외한다. 〈개정 2022. 12. 22., 2024. 2. 29.〉

03 등급분류 기준

가 등급분류 고려사항

등급분류를 할 때 고려되는 사안들은 선정성, 폭력성 및 공포, 범죄 및 약물, 부적절한 언어, 사행행위 등 모사가 있다. 내용정보표시 사항에서는 선정성, 폭력성, 공포, 범죄, 약물, 언어, 사행성으로 표시된다.

> **제5조(고려사항)** 등급을 정함에 있어 다음 각 호의 사안들이 종합적으로 고려되어야 한다.
> 1. 선정성: 키스, 포옹, 신체노출, 성행위, 훔쳐보는 행위, 나체, 성을 상기시키는 언어, 불륜, 근친상간, 강간, 배설, 매매춘 묘사 등
> 2. 폭력성 및 공포: 출혈, 신체절단, 신체결손, 사체, 공포, 싸움 묘사 등
> 3. 범죄 및 약물: 범죄조장, 마약, 학대행위, 음주 및 흡연 묘사 등
> 4. 부적절한 언어: 언어 및 사상과 관련한 부적절한 묘사 등
> 5. 사행행위 등 모사: 사행적 풍속, 사행행위 및 기기 묘사 등

나 등급분류 구분

일반적인 게임물의 등급은, 전체이용가, 12세이용가, 15세이용가, 청소년이용불가로 구분된다. 다만, 아케이드 게임물의 경우 전체이용가, 청소년이용불가 2단계로 구분된다. 아케이드 게임물의 경우에도 일반 게임물과 같은 4단계의 등급구분을 하여 통일적으로 운영하자는 의견이 있다. 반면, 아케이드 게임물의 경우 게임물을 서비스하는 게임제공업장의 특성상 4단계의 등급분류가 의미가 적으므로 현행과 같이 2단계로 구분하는 것이 적절하다는 의견이 있다.

> **제6조(등급분류구분)** ① 게임물의 등급은 다음 각 호와 같다.
> 1. 전체이용가: 누구나 이용할 수 있는 게임물
> 2. 12세이용가: 12세 미만은 이용할 수 없는 게임물
> 3. 15세이용가: 15세 미만은 이용할 수 없는 게임물

4. 청소년이용불가: 청소년은 이용할 수 없는 게임물

② 제1항의 규정에 불구하고 아케이드 게임물은 다음 각 호와 같이 등급을 구분한다.

1. 전체이용가: 누구나 이용할 수 있는 게임물

2. 청소년이용불가: 청소년은 이용할 수 없는 게임물

다 등급분류 기준 일반론

등급분류 기준 제7조는 등급분류 기준의 일반론을 규정하고 있다. 등급분류는 선정성, 폭력성, 공포, 범죄, 약물, 언어, 사행성의 7가지 기준에 따라 등급을 분류하며, 등급분류 거부사유가 없는 경우 전체이용가, 12세이용가, 15세이용가, 청소년이용불가 중 하나의 등급으로 결정된다.

상기 언급한, 7가지 기준들 중 특정 기준에서 청소년이용불가의 요건에 해당할 경우, 다른 기준들이 그보다 낮은 연령에 해당할 경우에도 청소년이용불가에 해당하게 된다. 예를 들어, 선정성이 청소년이용불가에 해당하는 경우, 나머지 6가지 기준들이 모두 전체이용가에 해당하더라도 청소년이용불가로 등급이 정해지게 된다.

등급분류 심의를 할 때 ABC, ESRB, PEGI, CERO 등 해외등급분류기관의 동일게임의 해외등급분류 사례나, 위원회에서 심의한 대상 게임의 전작의 등급분류 사례를 참고하는 편이지만 이에 귀속되는 것은 아니다.

신청인이 희망등급을 정하여 신청을 하나 게임물관리위원회에서 이에 귀속되는 것은 아니고, 신청등급과는 다른 등급으로 등급상향을 하거나 등급하향을 하여 결정할 수 있다(예: 청소년이용불가로 신청하였으나 실질적 내용이 15세이용가에 해당하면 15세이용가로 결정한다)

제7조(등급분류기준) 게임산업법 제21조 제7항에 따른 게임물의 등급분류기준은 다음 각 호와 같다.

1. 전체이용가 등급의 기준은 다음과 같다.

가. 주제 및 내용에 있어서 음란·폭력·사행 등 청소년에게 유해한 표현이 없는 게임물

나. 청소년들의 정서함양에 도움이 되거나 교육을 목적으로 한 내용으로 청소년에게 문

제가 없는 게임물

다. 일반적으로 용인되지 아니하는 특정한 사상·종교·풍속 등 청소년에게 정신적·육체적으로 유해한 표현이 없는 게임물

라. 사행행위 모사가 없거나 사행심 유발의 정도가 약하여 청소년에게 문제가 없는 게임물

2. 12세이용가 등급의 기준은 다음과 같다.

가. 주제 및 내용에 있어서 12세 미만의 사람에게 유해한 영향을 미칠 수 있는 음란, 폭력, 사행 등이 표현되어 있는 게임물

나. 일반적으로 용인되지 아니하는 특정한 사상·종교·풍속 등에 관한사항이 12세 미만의 사람에게 정신적·육체적으로 유해한 게임물

다. 사행행위 모사 및 사행심 유발의 정도가 12세 미만의 사람에게 유해한 영향을 미칠 수 있는 게임물

3. 15세이용가 등급의 기준은 다음과 같다.

가. 주제 및 내용에 있어서 15세 미만의 사람에게 유해한 영향을 미칠 수 있는 음란, 폭력, 사행 등이 표현되어 있는 게임물

나. 일반적으로 용인되지 아니하는 특정한 사상·종교·풍속 등에 관한사항이 15세 미만의 사람에게 정신적·육체적으로 유해한 게임물

다. 사행행위의 모사 및 사행심 유발의 정도가 15세 미만의 사람에게 유해한 영향을 미칠 수 있는 게임물

4. 청소년이용불가 등급의 기준은 다음과 같다.

가. 주제 및 내용에 있어서 청소년에게 유해한 영향을 미칠 수 있는 음란, 폭력, 사행 등이 사실적으로 표현되어 있는 게임물

나. 청소년에게 정신적, 육체적으로 영향을 미칠 수 있는 특정한 사상·종교·풍속 등에 관한 사항이 직접적이고 구체적으로 표현되어 있는 게임물

등급분류규정 제8조부터 제12조까지는 각 항목별 등급분류 기준을 구체적으로 정하고 있다.

라 등급분류 세부기준 - 선정성

등급분류규정 제8조는 선정성에 관한 등급분류 기준을 구체적으로 정하고 있다. 전체이용가는 선정적 내용이 없는 경우, 12세이용가는 선정적 내용이 경미

한 경우, 15세이용가는 선정적 내용이 간접적이고 제한된 경우, 청소년이용불가는 선정적 내용이 표현되어 있으나 사회질서를 문란하게 할 정도는 아닌 경우에 해당한다.

다만, 선정적 내용이 사회질서를 문란하게 할 정도로 중한 경우나 아동, 청소년의성보호에관한법률위반(이하 '아청법') 등의 경우 등급거부 사유에 해당한다. 예를 들어 게임 내에서 남성 또는 여성의 성기가 노출되거나, 미성년자의 성행위를 표현하는 경우 등이다. 다만, 성기가 일부 노출되더라도 예술적인 관점에서 허용 가능할 경우 청소년이용불가로 판단된 경우가 있으나 이는 극히 예외적인 일부 사례에서만 한정된다.

1. 전체이용가: 선정적 내용이 없는 경우
   가. 선정적인 신체노출이 없는 경우
   나. 성을 연상시키는 요소가 없는 경우
   다. 인격을 훼손하는 폭력적인 선정성(성차별, 성폭력, 성매매)의 요소가 없는 경우
   라. 일반적인 사회윤리에 어긋나는 행위표현(근친상간, 혼음 등)이 없는 경우
   마. 선정적 언어 및 비속어가 표현되어 있지 않는 경우

2. 12세이용가: 선정적 내용이 거의 없거나 있는 경우라도 경미한 경우
   가. 선정적인 신체노출이 거의 없거나 가벼운 수준인 경우(어깨, 허리, 다리 등)
   나. 성을 연상시키는 요소가 영상에는 경미하게 있으나 음향이나 언어적으로는 표현되어 있지 아니한 경우
   다. 인격을 훼손하는 폭력적인 선정성(성차별, 성폭력, 성매매)의 요소가 없는 경우
   라. 일반적인 사회윤리에 어긋나는 행위표현(근친상간, 혼음 등)이 없는 경우
   마. 선정적 언어와 비속어가 표현되어 있지 않는 경우

게임물명: ERUASAGA(에루아사가)

신청사: (주)네오소닉스

등급분류번호: CC－OM－211111－004

• 게임 개요

 – 신의 의지에 맞서 에루아 대륙을 침략하는 마물들을 무찌르는 딘과 에빌리아의 스토리를 기반으로 한 액션 RPG

• 등급분류 결정 사유

 – 게임 내 여성 캐릭터의 신체 노출(어깨, 다리 등)이 경미한 수준으로 표현되어 있어, 경미한 수준의 선정적 표현에 따른 선정성 내용정보표시가 필요함

> 3. 15세이용가: 선정적 내용이 있지만, 간접적이고 제한된 경우
> 가. 선정적인 신체노출이 있지만 간접적이고 제한된 경우(가슴, 둔부 등의 신체부위가 부분적으로만 표현됨)
> 나. 성을 연상시키는 요소가 영상, 음향, 언어에 있지만 구체적이지 않고 간접적인 경우
> 다. 인격을 훼손하는 폭력적인 선정성(성차별, 성폭력, 성매매)의 요소가 없는 경우
> 라. 일반적인 사회윤리에 어긋나는 행위표현(근친상간, 혼음 등)이 없는 경우
> 마. 이용자의 의사에 따라 캐릭터가 간접적인 수준의 성적인 표현을 할 수 있는 경우
> 바. 이용자로 하여금 캐릭터가 게임 내에서 간접적인 수준의 성적인 표현을 하도록 유도하는 경우

게임물명: 어비스:리버스팬텀

신청사: (주)스프링컴즈

등급분류번호: CC–OM–210114–007

• 게임 개요

 – 캐릭터를 수집하고 레벨 및 강화를 통해 성장시키는 방치형 RPG

• 등급분류 결정 사유

 – 게임 내 여성 캐릭터의 가슴, 둔부 등의 신체 부위가 부분적으로 표현되어 있어, 간접적이고 제한된 선정적 표현에 따른 선정성 내용정보표시가 필요함

4. 청소년이용불가: 선정적 내용이 표현되어 있으나 사회질서를 문란하게 할 정도는 아닌 경우
   가. 성기 등이 완전노출된 것은 아니지만 선정적인 신체노출이 과도하게 표현된 경우〈개정 2024. 2. 29.〉
   나. 성행위, 유사 성행위가 영상에서 구체적으로 표현되지 않은 경우〈개정 2024. 2. 29.〉
   다. 성행위, 유사 성행위를 표현하는 음향 또는 언어가 지나치지 않은 경우〈개정 2024. 2. 29.〉
   라. 특정 성별이나 집단에 대해 성적으로 차별적이거나 비하적인 묘사가 있는 경우〈개정 2024. 2. 29.〉
   마. 성폭력, 성매매에 대한 표현이 있으나 지나치지 않는 경우
   바. 일반적인 사회윤리에 어긋나는 행위표현(근친상간, 혼음 등)이 있으나 지나치게 과도하지 아니한 경우
   사. 이용자의 의사에 따라 캐릭터의 선정적인 행위를 구체적이고 직접적으로 조작할 수 있는 경우〈개정 2024. 2. 29.〉
   아. 이용자로 하여금 캐릭터가 게임 내에서 구체적이고 직접적으로 선정적인 행위를 하도록 유도할 수 있는 경우〈개정 2024. 2. 29.〉

게임물명: The Song of Saya(사야의 노래)

신청사: 주식회사 스마일게이트홀딩스

등급분류번호: CC－NP－220811－001

- 게임 개요
  - 사고의 후유증으로 인해 일반인들이 볼 수 없는 세계를 보게 되는 사키사카 후미노리의 이야기로 진행되는 어드벤처 게임
- 등급분류 결정 사유
  - 게임 내 여성 캐릭터의 가슴이 완전 노출된 표현이 있어, 직접적인 선정적 표현에 따른 선정성 내용정보표시가 필요함

마 등급분류 세부기준 - 폭력성 및 공포

등급분류규정 제9조는 폭력성 및 공포에 관한 등급분류 기준을 구체적으로 정하고 있다. 전체이용가는 폭력적이거나 혐오감과 공포감을 유발하는 요소가 단순하게 표현된 경우, 12세이용가는 폭력적이거나 혐오감과 공포감을 유발하는 요소가 경미하게 표현된 경우, 15세이용가는 폭력적이거나 혐오감과 공포감을 유발하는 요소가 사실적으로 표현된 경우, 청소년이용불가는 폭력적이거나 혐오감과 공포감을 유발하는 요소가 과도하게 표현된 경우에 해당한다.

실무적으로는 공포감 유발요소를 원인으로 등급분류를 하는 경우보다, 폭력성의 정도를 기준으로 등급분류를 하는 사안이 훨씬 많은 편이다. 공격, 또는 피격 상황에서 붉은색 선혈이 반복, 사실적으로 표현될 경우 청소년이용불가 판정을 받는 편이다. 또한 PK 가능 게임에서 PK 이후 자유로운 약탈이 가능할 경우 동일하게 청소년이용불가 판정을 받는 편이다.

폭력성의 청소년이용불가 조건과 관련하여 4. 바목 사용자 간 대결이 가능한 게임으로서, 대결의 결과에 따른 보상이나 손실이 존재하는 경우를 폭력성 요소에 포함시키는 것이 적절한지, 사행성 요소에 포함시키는 것이 적절한지 논의가 있다.

1. 전체이용가: 폭력적이거나 혐오감과 공포감을 유발하는 요소가 단순하게 표현된 경우
   가. 혐오감과 공포감을 유발하는 요소가 없거나 단순하게 표현된 경우〈개정 2024. 2. 29.〉
   나. 무기류의 표현이 없거나 극히 단순하게 표현된 경우
   다. 선혈 표현이 없는 경우〈개정 2024. 2. 29.〉
   라. 신체훼손 표현이 없는 경우〈개정 2024. 2. 29.〉
   마. 폭력적인 느낌을 주는 영상, 음악, 음향효과, 언어가 없는 경우
   바. 사용자간 대결이 가능한 게임으로서 대결의 결과에 따른 손실이 없는 경우

게임물명: STRIKERS 1945 2 classic(스트라이커즈 1945 2 클래식)

신청사: 주식회사 모비릭스

등급분류번호: CC-OM-210729-007

• 게임 개요

– 1945년 제2차 세계 대전 종결 후 시대를 배경으로 한 비행 슈팅 게임

• 등급분류 결정 사유

– 비행기 피격 시 폭발 효과가 만화적인 수준으로 단순하게 표현되어 있어, 단순한 폭력 표현에 따른 폭력성 내용정보표시가 필요함

게임물명: Eyes in the Dark: The Curious Case of One Victoria Bloom

신청사: Gearbox Publishing

등급분류번호: CC－OP－220901－001

• 게임 개요

– 신비로운 어둠에 시달리는 오래된 저택에 갇힌 어린 소녀가 되어 그림자 생물들을 물리치는 로그라이크 롤플레잉 게임물

• 등급분류 결정 사유

– 등장하는 괴물(그림자 생물)들의 형태가 단순한 수준의 공포감을 유발할 수 있어, 암시적 수준의 혐오감 및 공포감 표현에 따른 공포 내용정보표시가 필요함

> 2\. 12세이용가: 폭력적이거나 혐오감과 공포감을 유발하는 요소가 경미하게 표현된 경우
>
> 가. 혐오감과 공포감을 유발하는 요소가 경미하게 표현된 경우〈개정 2024. 2. 29.〉
>
> 나. 무기류가 경미하게 표현된 경우〈개정 2024. 2. 29.〉
>
> 다. 선혈이 경미하게 표현된 경우〈개정 2024. 2. 29.〉
>
> 라. 신체훼손 표현이 만화적이거나 사실적인 묘사가 없는 경우〈개정 2024. 2. 29.〉
>
> 마. 폭력적인 느낌을 주는 영상, 음악, 음향효과, 언어가 경미하게 표현된 경우〈개정 2024. 2. 29.〉
>
> 바. 사용자간 대결이 가능한 게임으로서, 대결의 결과에 따른 손실이 있으나 과도하지 않는 경우

게임물명: 리그 오브 레전드: 와일드 리프트(League of Legends: Wild Rift)

신청사: 라이엇게임즈코리아 유한회사

등급분류번호: CC-OM-200827-008

- 게임 개요
  - 상대 팀과 대전을 통해 캐릭터(챔피언)를 플레이하고 상대 팀의 본진을 파괴하여 승리하는 것이 주 목적인 게임
- 등급분류 결정 사유
  - 만화적으로 표현된 무기류 및 타격 효과가 존재하여, 경미한 폭력 표현에 따른 폭력성 내용정보표시가 필요함

게임물명: Subnautica: Below Zero

신청사: Unknown Worlds Entertainment, Inc.

등급분류번호: CC-OV-210408-002

- 게임 개요
  - 외계 행성에 불시착한 주인공이 생존을 위해 바닷속을 탐험하는 오픈월드 방식의 생존 어드벤처 게임
- 등급분류 결정 사유
  - 심해 탐험에 따른 긴장감이 조성되고 탐험 중 갑자기 등장하여 주인공을 공격하는 심해 생명체들이 표현되고 있어, 경미한 수준의 혐오감 및 공포감 표현에 따른 공포 내용정보표시가 필요함

3. 15세이용가: 폭력적이거나 혐오감과 공포감을 유발하는 요소가 사실적으로 표현된 경우
   가. 혐오감과 공포감을 유발하는 요소가 비교적 사실적으로 표현되었으나 반복적이지 않은 경우〈개정 2024. 2. 29.〉
   나. 무기류의 표현이 사실적으로 묘사되어 있으나 과도하지 않는 경우
   다. 선혈이 사실적으로 묘사되어 있으나 과도하지 않는 경우 또는 사실적으로 표현되어 있지 않으나 과도한 경우〈개정 2024. 2. 29.〉
   라. 신체훼손에 대한 묘사가 경미한 경우
   마. 폭력적인 느낌을 주는 영상, 음악, 음향효과, 언어가 과도하지 않은 경우
   바. 사용자간 대결이 가능한 게임으로서, 대결의 결과에 따른 보상이나 손실이 약탈이 아닌 형태로 존재하되, 이에 대한 제어장치(안전지역, 공격자에 대한 벌칙 등)가 있는 경우

게임물명: ModernOps(현대 작전)

신청사: Edkon Games GmbH

등급분류번호: CC-OM-190926-004

• 게임 개요

  - 가상현실에서 다양한 전략과 전술을 이용하여 상대방(팀)과 전투를 진행하는 FPS 게임

• 등급분류 결정 사유

  - 총, 칼 등의 사실적으로 묘사된 무기류를 이용하여 전투 시 상대방을 직접적으로 조준하여 사격하는 등 폭력 표현이 존재하여, 사실적인 폭력 표현에 따른 폭력성 내용정보표시가 필요함

게임물명: Goosebumps Dead of Night

신청사: Cosmic Forces

등급분류번호: CC-OV-200903-002

• 게임 개요

  - 으스스한 공포 분위기에서 구스범스의 세계를 탐험하며 악마 인형의 계획을 막는 서바이벌 어드벤처 게임

• 등급분류 결정 사유

  - 어두운 화면 및 으스스한 음악과 더불어 깜짝 놀라거나 공포를 조성하는 연출이 표현되고 있어, 사실적인 혐오감 및 공포감 표현에 따른 공포 내용정보표시가 필요함

4. 청소년이용불가: 폭력적이거나 혐오감과 공포감을 유발하는 요소가 과도하게 표현된 경우

   가. 혐오감과 공포감을 유발하는 요소가 과도하며 구체적, 반복적으로 표현된 경우〈개정 2024. 2. 29.〉

   나. 무기류 표현에 제한이 없는 경우

   다. 선혈이 사실적으로 묘사된 경우

   라. 신체훼손을 사실적으로 묘사한 경우

   마. 폭력적인 느낌을 주는 영상, 음악, 음향효과, 언어가 있는 경우

> 바. 사용자간 대결이 가능한 게임으로서, 대결의 결과에 따른 보상이나 손실이 존재하는 경우

특히 폭력성과 관련하여 선혈의 사실적 묘사, 신체훼손의 사실적 묘사로 인하여 청소년이용불가 등급으로 분류되는 게임물이 상당수를 차지한다.

게임물명: 오딘 : 발할라 라이징

신청사: (주)카카오게임즈

등급분류번호: CC－NP－210304－001

- 게임 개요
  - 신화 판타지 세계관을 배경으로 한 MMORPG
- 등급분류 결정 사유
  - 전투 시 도검류 등의 사실적인 무기 표현과 공격 또는 피격 시 붉은색 선혈효과가 있어, 과도한 폭력 표현에 따른 폭력성 내용정보표시가 필요함

게임물명: The Callisto Protocol(칼리스토 프로토콜)

신청사: (주)크래프톤

등급분류번호: CC－NV－220908－001

- 게임 개요
  - 목성의 위성 칼리스토의 블랙 아이언 교도소에 갇힌 제이콥 리의 감옥 탈출 액션 어드벤처 게임
- 등급분류 결정 사유
  - 어둡고 괴기스러운 배경에 기괴한 외계인들이 등장하고 공포스러운 효과음과 배경 음악이 연출되며 선혈 및 신체훼손의 표현이 혐오스럽게 묘사되고 있어, 과도한 혐오감 및 공포감 표현에 따른 공포 내용정보표시가 필요함

바 등급분류 세부기준 - 범죄 및 약물

등급분류규정 제10조는 범죄 및 약물에 관한 등급분류 기준을 구체적으로 정하고 있다. 전체이용가의 경우 범죄 및 약물을 묘사한 부분이 없는 경우, 12세이용가는 범죄 및 약물을 묘사한 부분이 경미한 경우, 15세이용가는 범죄 및 약물을 간접적으로 묘사한 경우, 청소년이용불가는 범죄 및 약물을 구체적, 직접적으로 묘사한 경우에 해당한다.

범죄 및 약물이 구체적으로 검토되는 게임의 경우, 대부분 폭력성이 함께 문제되는 편으로, 범죄 및 약물만 별도로 검토하는 경우는 흔하지 않다.

> 1. 전체이용가: 범죄 및 약물이 묘사된 부분이 없는 경우〈개정 2024. 2. 29.〉

> 2. 12세이용가: 범죄 및 약물이 묘사된 부분이 경미한 경우〈개정 2024. 2. 29.〉
>   가. 범죄 표현이 경미하게 묘사된 경우〈개정 2024. 2. 29.〉
>   나. 음주 및 흡연 표현이 등장하나 상호작용이 없고 단순히 배경 또는 오브젝트, 문자 형태로 표현된 경우〈개정 2024. 2. 29.〉

게임물명: The Artful Escape

신청사: Annapurna Interactive

등급분류번호: CC−OV−210812−001

- 게임 개요
  - 주인공 프란시스가 최고의 기타리스트가 되어 가는 내용을 담은 어드벤처 게임
- 등급분류 결정 사유
  - 게임 내용 중 주인공의 동료가 음향장비의 밸브를 훔치는 장면이 있어, 경미한 수준에 해당하는 범죄 내용정보표시가 필요함

게임물명: Night Restaurant(한밤의 식당)

신청사: GamesUnion Technology Co.,Ltd

등급분류번호: CC－OM－200212－004

• 게임 개요

　– 레스토랑의 보스가 되어 레스토랑을 운영하는 시뮬레이션 게임

• 등급분류 결정 사유

　– 레스토랑 메뉴 중 와인, 맥주, 칵테일 등이 이미지로 표현되고 있어, 경미한 수준에 해당하는 약물 내용정보표시가 필요함

> 3. 15세이용가: 범죄 및 약물이 간접적으로 묘사된 경우〈개정 2024. 2. 29.〉. 음주 및 흡연 표현이 표현되어
>
> 가. 범죄 표현이 있으나 반복적이지 않은 경우〈신설 2024. 2. 29.〉
>
> 나. 음주 및 흡연이 표현되어 있으나 구체적이지 않은 경우〈신설 2024. 2. 29.〉

게임물명: Time Travelers(타임 트레블러즈)

신청사: (주)소니인터랙티브엔터테인먼트코리아

등급분류번호: CC－NV－120808－001

• 게임 개요

　– 2031년을 배경으로, 타임 트래블 능력을 가진 주인공들이 도쿄 테러를 막는 어드벤처 게임

• 등급분류 결정 사유

　– 게임 진행중 영상 및 대사에서 유괴, 버스 납치, 인질극, 폭탄 테러 등 범죄 관련 묘사가 존재하여, 제한적인 수준에 해당하는 범죄 내용정보표시가 필요함

게임물명: 오뎅집 인정이야기4 ～Life Goes On～

신청사: GAGEX Co., Ltd.

등급분류번호: CC－OM－210401－006

• 게임 개요

– 포장마차를 운영하면서 손님들의 푸념을 듣고 일기장을 완성하는 어드벤처 게임

• 등급분류 결정 사유

– 포장마차와 술병의 표현이 존재하고 음주로 인해 얼굴이 붉어지는 연출이 있어, 간접적인 수준에 해당하는 약물 내용정보표시가 필요함

> 4. 청소년이용불가: 범죄 및 약물이 구체적, 직접적으로 묘사된 경우〈개정 2024. 2. 29.〉
>   가. 범죄가 직접적으로 묘사되었거나 이용자의 선택에 따라 자유로이 범죄행위에 참여 가능한 경우〈개정 2024. 2. 29.〉
>   나. 이용자 선택에 따라 자유롭게 음주, 흡연, 규제 약물 사용이 가능한 경우〈신설 2024. 2. 29.〉
>   다. NPC의 음주, 흡연, 규제 약물 사용 표현이 구체적이고 사실적으로 묘사된 경우〈신설 2024. 2. 29.〉

게임물명: Serial Cleaners

신청사: 505Games

등급분류번호: CC – OP – 220825 – 001

• 게임 개요

– 살인 사건의 현장을 청소하는 탑 다운 시점의 잠입 액션 게임

• 등급분류 결정 사유

– 시체를 훼손, 유기 또는 은닉하는 것뿐만 아니라, 살인사건 현장의 증거를 인멸, 은닉 또는 변조하는 것이 게임의 주요 목표라고 할 수 있어, 직접적인 수준에 해당하는 범죄 내용정보표시가 필요함

게임물명: New Tales from Borderlands Deluxe Edition(뉴 테일즈 프롬 더 보더랜드 딜럭스 에디션)

신청사: 테이크투인터랙티브유한회사

등급분류번호: CC – NP – 220707 – 002

• 게임 개요

– 볼트의 치유 수정에 대한 갈등을 내용으로 하는 어드벤처 게임

• 등급분류 결정 사유

– 게임 내 장면에서 술과 마약류를 이용자 선택에 따라 음용하고 그에 대한 효과가 표현되고 있어, 직접적인 수준에 해당하는 약물 내용정보표시가 필요함

사 등급분류 세부기준 - 언어

등급분류규정 제11조는 언어에 관한 등급분류 기준을 구체적으로 정하고 있다. 전체이용가는 청소년의 건전한 언어습관을 저해할 수 있는 저속어, 비속어 등이 없는 경우, 12세이용가는 저속한 언어, 비속어, 욕설이 경미하게 표현된 경우, 15세이용가는 저속어, 비속어, 욕설이 간접적으로 표현되어 있거나 반복적이지 않은 경우, 청소년이용불가는 저속어 혹은 비속어가 있으며 그 표현의 정도가 일반적으로 청소년에게 유해하다고 인정되는 경우에 해당한다.

언어는 한국어에 한정되지 않고 외국어도 그 대상에 해당한다. 따라서, "씨발, 개새끼" 등의 욕뿐만 아니라 "Shit, Fuck, Motherfucker" 등의 용어도 심사 대상에 해당한다.

1. 전체이용가: 저속한 언어, 비속어, 욕설 표현이 없는 경우〈개정 2024. 2. 29.〉

2. 12세이용가: 저속한 언어, 비속어, 욕설이 경미하게 표현된 경우〈개정 2024. 2. 29.〉

게임물명: The Artful Escape

신청사: Annapurna Interactive

등급분류번호: CC–OV–210812–001

• 게임 개요

– 주인공 프란시스가 최고의 기타리스트가 되어가는 내용을 담은 어드벤

처 게임

- 등급분류 결정 사유
  - 게임 내 대사에서 '빌어먹을', '젠장' 등의 언어 표현이 있어, 경미한 수준의 저속어 및 비속어 표현에 따른 언어 내용정보표시가 필요함

> 3. 15세이용가: 저속한 언어, 비속어, 욕설이 간접적으로 표현되어 있거나 반복적이지 않은 경우〈신설 2024. 2. 29.〉

게임물명: Where the Heart Leads

신청사: Armature Studio

등급분류번호: CC-OP-210701-004

- 게임 개요
  - 자신의 농장에서 커대한 싱크홀에 빠져 과거 및 현재의 가상 세계를 여행하는 위트 앤더슨에 대한 스토리로 진행되는 어드벤처 게임
- 등급분류 결정 사유
  - 대화 텍스트에서 비속어, 욕설 표현이 가려진 상태로 표현되고 있어, 저속어, 비속어 및 욕설 표현에 따른 언어 내용정보표시가 필요함

> 4. 청소년이용불가: 저속한 언어, 비속어, 욕설이 구체적, 반복적으로 표현된 경우〈개정 2024. 2. 29.〉

게임물명: 바지사장(pants ceo)

신청사: (주)데이세븐

등급분류번호: CC-OM-220106-004

- 게임 개요
  - 쇼핑몰 임시사장이 되어 운영하는 스토리를 기반으로 진행되는 연애 시뮬레이션 게임

• 등급분류 결정 사유

  – 캐릭터 간 대화에서 저속한 언어, 비속어, 욕설 표현이 구체적으로 표현되어 있어, 과도한 저속어, 비속어 및 욕설 표현에 따른 언어 내용정보 표시가 필요함

아 등급분류 세부기준 - 사행행위 등 모사 기준

등급분류규정 제12조는 사행행위 등 모사에 관한 등급분류 기준을 구체적으로 정하고 있다. 전체이용가는 사행행위 모사가 없거나 사행심 유발 정도가 약하여 청소년에게 문제가 없는 게임물의 경우, 12세이용가는 사행행위 모사 및 사행심 유발의 정도가 12세 미만의 사람에게 유해한 영향을 미칠 수 있는 게임물, 15세이용가는 사행행위 모사 및 사행성 유발의 정도가 15세 미만의 사람에게 유해한 영향을 미칠 수 있는 게임물, 청소년이용불가는 사행행위 모사가 구체적이고 사행심 유발의 정도가 과도한 경우를 의미한다.

> 1. 전체이용가: 사행행위 모사가 없거나 사행심 유발 정도가 현저히 약하여 청소년에게 문제가 없는 경우〈개정 2024. 2. 29.〉

> 2. 12세이용가: 사행행위 모사 및 사행심 유발의 정도가 경미한 경우로서 게임의 내용 중 일부에서 사행행위 모사 표현이 있으나 이용자의 참여가 불가능한 경우〈개정 2024. 2. 29.〉

게임물명: Override 2: Super Mech League

신청사: Maximum Games

등급분류번호: CC–OV–210603–001

• 게임 개요

  – 거대 로봇들의 세계 로봇 대전 리그를 펼치는 격투 게임

• 등급분류 결정 사유

  – 슬롯머신, 칩, 다이스 등 카지노를 배경으로 표현하는 전장이 있어, 경미한 수준의 사행행위 모사에 따른 사행성 내용정보표시가 필요함

> 3. 15세이용가: 사행행위 모사 및 사행성 유발의 정도가 제한적인 경우로서 게임의 내용 중 일부에서 사행행위 모사 표현이 있고 이용자의 참여가 가능한 경우〈개정 2024. 2. 29.〉

게임물명: Poker Showdown

신청사: Tinker Troupe

등급분류번호: CC-OM-210916-001

• 게임 개요

  – 미국 서부시대를 배경으로 포커로 즐기는 턴제 RPG

• 등급분류 결정 사유

  – 공격력 증가 효과를 주기 위해 포커의 카드와 족보를 표현하고 있어, 제한적인 사행행위 모사에 따른 사행성 내용정보표시가 필요함

> 4. 청소년이용불가: 사행행위 모사가 구체적이고 사행심 유발의 정도가 과도한 경우〈개정 2024. 2. 29.〉
>
> 가. 게임의 주된 내용이 사실적인 사행행위 모사에 해당하는 경우
>
> 나. 유료 재화(유료 결제를 통해 얻은 가상 재화 등 현금과 유사한 가치를 지니는 것)를 이용하여 이용자 간 아이템을 거래할 수 있게 하는 게임시스템 등이 존재하는 경우

게임물명: 피망 맞고 : 카카오맞고 대표 고스톱

신청사: 주식회사 네오위즈

등급분류번호: CC-OM-221117-011

• 게임 개요

  – 화투패를 사용하여 이용자 간 대결이 가능한 베팅성 고스톱 게임

• 등급분류 결정 사유

– 화투패를 사용하며 그 결과에 따라 게임머니의 득실이 발생하는 고스톱을 표현하고 있어, 사실적인 사행행위 모사에 따른 사행성 내용정보표시가 필요함

4.나의 경우 거래소 시스템을 의미하는 것으로 유료재화를 이용하여 이용자 간 아이템을 거래할 수 있는 시스템이 존재하는 경우 청소년이용불가로 판단하는 편이다.

Section
02 내용정보표시

01 내용정보표시 의무(확률형 아이템 포함)

게임물을 제작 배급하는 자는 게임물 내용정보를 표시하여야 한다. 게임산업법 제33조의 표시의무에 규정되어 있고 2023년 개정안에서 확률형 아이템의 표시의무에 관한 조항이 추가되었다.

> **게임산업법 제33조(표시의무)** ① 게임물을 유통시키거나 이용에 제공할 목적으로 게임물을 제작 또는 배급하는 자는 해당 게임물마다 제작 또는 배급하는 자의 상호(도서에 부수되는 게임물의 경우에는 출판사의 상호를 말한다), 등급 및 게임물내용정보를 표시하여야 한다. 〈개정 2016. 12. 20.〉
>
> ② 게임물을 유통시키거나 이용에 제공할 목적으로 게임물을 제작, 배급 또는 제공하는 자는 해당 게임물과 그 인터넷 홈페이지 및 광고·선전물마다 해당 게임물 내에서 사용되는 확률형 아이템의 종류와 종류별 공급 확률정보 및 그 밖에 대통령령으로 정하는 사항을 표시하여야 한다. 〈신설 2023. 3. 21.〉
>
> ③ 게임물을 유통시키거나 이용에 제공할 목적으로 게임물을 제작 또는 배급하는 자는 대통령령으로 정하는 게임물에 대하여 게임물의 운영에 관한 정보를 표시하는 장치를 부착하여야 한다. 〈개정 2007. 1. 19., 2023. 3. 21., 2023. 8. 8.〉
>
> ④ 제1항부터 제3항까지에 따른 표시의무 대상 게임물의 범위 및 표시의 방법 등에 관하여 필요한 사항은 대통령령으로 정한다. 〈개정 2023. 3. 21.〉

제38조 (중략)
⑨ 문화체육관광부장관은 제33조제2항을 위반하여 확률형 아이템의 종류 및 종류별 공급 확률정보 등을 표시하지 아니하거나 거짓으로 표시한 게임물을 유통시키거나 이용에 제공한 자에 대하여 시정을 명할 수 있다. 이 경우 시정을 명하기 전에 문화체육관광부장관은 시정 방안을 정하여 이에 따를 것을 권고할 수 있다. 〈신설 2023. 3. 21.〉

제45조(벌칙) 다음 각 호의 어느 하나에 해당하는 자는 2년 이하의 징역 또는 2천만원 이하의 벌금에 처한다. 〈개정 2007. 1. 19., 2011. 7. 21., 2016. 5. 29., 2018. 12. 11., 2018. 12. 24., 2019. 11. 26., 2023. 3. 21., 2023. 8. 8.〉
(중략)
11. 제38조제9항 전단에 따른 문화체육관광부장관의 명령을 이행하지 아니한 자

게임물을 제작 배급하는 자는 확률형 아이템의 종류와 종류별 공급 확률정보 등에 관하여 게임물, 홈페이지, 광고, 선전물에 적절한 방법으로 표시하여야 한다.

표시의무자가 확률형 아이템의 표시의무를 위반할 경우 실무상 게임물관리위원회에서 시정요청을 먼저 하고, 미이행 시 문화체육부장관의 시정권고 또는 시정명령을 할 수 있으며, 위반이 계속될 경우 벌칙조항에 따라서 처벌받을 수 있다.

제19조의2(확률형 아이템의 종류별 공급 확률정보 등의 표시) ① 법 제33조제2항에서 “대통령령으로 정하는 사항”이란 다음 각 호의 사항을 말한다.
1. 확률형 아이템의 제공 총수 또는 기간(제공되는 총수 또는 기간이 한정된 확률형 아이템인 경우만 해당한다)
2. 다음 각 목의 어느 하나에 해당하는 사항으로서 문화체육관광부장관이 게임물 이용자의 권익을 보호하기 위하여 표시할 필요가 있다고 인정하여 고시하는 사항
   가. 게임물 이용자의 확률형 아이템 구매 또는 사용 여부 판단에 결정적인 영향을 미칠 수 있는 사항
   나. 게임물 이용자의 합리적인 판단을 현저하게 그르칠 가능성이 있는 사항

② 법 제33조제2항에 따른 표시의무 대상 게임물은 정보통신망을 통하여 제공되는 게임물로서 확률형 아이템을 제공하는 것으로 한다. 다만, 다음 각 호의 게임물은 제외한다.
1. 청소년게임제공업과 일반게임제공업에 제공되는 게임물

2. 법 제21조제1항 각 호의 게임물
3. 해당 게임물을 제작, 배급 또는 제공하는 자가 각각 다음 각 목의 요건을 모두 갖춘 게임물
   가. 영상, 방송통신 및 정보서비스 업종의 중소기업일 것
   나. 최근 3년간 연 평균 매출액(신규사업, 휴업 등으로 인해 최근 3년간 연 평균 매출액을 산출할 수 없거나 최근 3년간 연 평균 매출액을 기준으로 하는 것이 불합리하다고 인정되는 경우에는 분기별·월별 또는 일별 매출금액을 3년간 연 평균 매출액으로 환산한 금액을 말한다)이 1억원 이하일 것

③ 법 제33조제2항에 따른 확률형 아이템 공급 확률정보 등의 표시내용 및 표시방법은 별표 3의2와 같다.

[본조신설 2024. 1. 9.]

확률형 아이템은 '유상성', '우연성'을 요소로 하는데, 유상 아이템과 무상 아이템이 결합된 경우에도 확률표시의 대상이 된다.

청소년게임제공업, 일반게임제공업에 제공되는 게임물, 법 제21조 제1항 각 호의 게임물, 최근 3년간 연 평균 매출액 1억 원 이하의 영상, 방송통신 및 정보 서비스업종의 중소기업은 확률형 아이템의 표시의무 예외 대상이다.

확률형 아이템 공급 확률정보 등의 표시내용 및 표시방법 (게임산업법 시행령 별표3의2)

확률형 아이템 공급 확률정보 등의 표시내용 및 표시방법(제19조의2제3항 관련)

1. 표시내용

확률형 아이템의 특성이나 제공방식 등에 따라 다음 각 목의 구분에 따른 사항을 표시해야 한다. 이 경우 하나의 확률형 아이템이 다음 각 목 중 둘 이상에 해당하면 해당 목에 따른 사항(제19조의2제1항제2호에 따라 문화체육관광부장관이 고시하는 사항을 포함한다)을 모두 표시해야 한다.

가. 구매 또는 사용 시 다른 게임아이템을 제공하는 확률형 아이템으로서 제공되는 게임아이템의 종류, 등급 또는 성능 등(이하 이 표에서 "종류·등급·성능"이라 한다)이 우연적 요소에 의하여 결정되는 확률형 아이템: 해당 확률형 아이템을 통해 제공되는 모든 게임아이템의 종류·등급·성능별 공급 확률정보

나. 구매 또는 사용 시 다른 게임아이템의 종류·등급·성능을 변화시키는 확률형 아이템으

로서 그 변화 결과가 우연적 요소에 의하여 결정되는 확률형 아이템: 해당 확률형 아이템을 통해 제공되는 모든 종류·등급·성능의 변화 결과별 공급 확률정보

다. 복수의 게임아이템을 합성(특정 조합을 완성하거나 특정 조건을 충족하는 경우 등을 포함한다. 이하 이 표에서 같다)하여 종류·등급·성능이 다른 게임아이템을 제공하는 확률형 아이템으로서 합성의 결과로 제공되는 게임아이템의 종류·등급·성능이 우연적 요소에 의하여 결정되는 확률형 아이템: 해당 확률형 아이템의 모든 합성 결과별 공급 확률정보

라. 제공되는 총수 또는 기간이 한정된 확률형 아이템: 해당 확률형 아이템의 제공 총수 또는 기간

마. 게임아이템의 구매·사용·합성 등 게임 진행상황에 따라 확률형 아이템의 공급 확률정보가 변경되는 확률형 아이템: 게임아이템의 구매·사용·합성 등에 따른 공급 확률정보 변경 내용

바. 일정 횟수 이상 확률형 아이템을 구매·개봉·강화 또는 합성하는 등 특정 조건을 충족하면 확정적으로 획득할 수 있는 확률형 아이템: 해당 조건

사. 그 밖에 확률형 아이템의 특성이나 제공방식 등을 고려할 때 문화체육관광부장관이 공급 확률정보 등을 표시할 필요가 있다고 인정하는 확률형 아이템: 문화체육관광부장관이 정하여 고시하는 사항

2. 표시방법

가. 일반기준

1) 법 제33조제2항에 따른 확률형 아이템의 종류와 종류별 공급 확률정보 등의 표시는 나목의 표시방법에 따라 게임물 이용자가 쉽게 알아볼 수 있는 방법으로 해야 한다.

2) 확률형 아이템의 공급 확률은 백분율로 표시해야 한다. 이 경우 소수점 이하 특정 자리(최초로 0이 아닌 숫자가 나오는 자리보다 네 자리 이상 낮은 소수점 자리로 한정한다)에서 반올림하여 표시할 수 있다.

3) 2)에도 불구하고 백분율로 표시하는 것보다 분수·함수 또는 문자 등의 방법으로 공급확률을 표시하는 것이 게임물 이용자가 공급 확률을 알아보기 쉬운 경우에는 분수·함수 또는 문자 등의 방법으로 표시할 수 있다.

4) 법 제33조제2항에 따라 확률형 아이템의 종류와 종류별 공급 확률정보 등을 표시해야 하는 자(이하 "표시의무자"라 한다)는 표시대상 정보를 변경하려는 경우에는 변경 내용 및 변경 시점을 미리 해당 게임물과 그 인터넷 홈페이지[해당 게임물과 관련하여 표시의무자가 지속적으로 운영·활용하는 블로그·소셜네트워크서비스(SNS) 등을 포함한다. 이하 같다]에 게시해야 한다. 다만, 긴급한 오류 수정 등 미리 게시

하기 어려운 불가피한 사유가 있는 경우에는 그 사유가 해소된 후 지체 없이 게시해야 한다.

나. 개별기준

1) 게임물 내 표시방법: 확률형 아이템의 구매·조회 또는 사용 화면에 직접 표시해야 한다. 다만, 확률형 아이템의 구매·조회 또는 사용 화면의 크기에 비해 표시해야 하는 사항이 지나치게 많은 경우 등 확률을 직접 표시하기 어려운 불가피한 사유가 있는 경우에는 게임물 내에서 해당 확률 정보가 표시되어 있는 인터넷 홈페이지 화면으로 곧바로 연결되도록 하는 방식으로 표시할 수 있다.

2) 인터넷 홈페이지 표시방법: 문자열 또는 숫자열로 검색이 가능한 형태로 표시해야 한다. 다만, 특정 이용자의 게임 진행상황에 따라 실시간으로 변동되는 확률형 아이템의 공급확률 정보 중 해당 이용자에게만 적용되는 정보는 1) 본문에 따른 방법으로 게임물에 표시한 경우에는 인터넷 홈페이지에 표시하지 않을 수 있다.

3) 광고·선전물 표시방법

가) 표시대상 광고·선전물의 범위「옥외광고물 등의 관리와 옥외광고산업 진흥에 관한 법률」제2조제1호에 따른 옥외광고물 또는 다음의 어느 하나의 매체 또는 수단을 이용한 광고·선전물

(1)「정보통신망 이용촉진 및 정보보호 등에 관한 법률」제2조제1항제1호에 따른 정보통신망

(2)「신문 등의 진흥에 관한 법률」제2조제1호 또는 제2호에 따른 신문 또는 인터넷신문

(3)「잡지 등 정기간행물의 진흥에 관한 법률」제2조제1호에 따른 정기간행물

(4)「방송법」제2조제1호에 따른 방송(라디오방송은 제외한다)

(5)「전기통신기본법」제2조제1호에 따른 전기통신

나) 표시방법

부호·문자·음성·음향·이미지·영상 또는 인터넷 홈페이지 연결화면 등의 방법으로 게임물 내에 확률형 아이템이 포함되어 있다는 사실을 표시해야 한다. 다만, 웹사이트 내 배너 광고 등 광고·전물의 크기·형식 등을 고려할 때 표시가 어려운 불가피한 사유가 있는 경우에는 표시하지 않을 수 있다.

서울고등법원 2019. 8. 29. 선고 201853070 판결[시정명령등취소청구의소]

확률형 아이템이란 일정 금액(현금 혹은 금전대체물인 게임머니 포함)을 지불하여 구매하지만 구체적인 아이템의 종류나 그 효과와 성능 등은 소비자가 개봉 또는 사용할 때 우연적 요소(확률)에 의해 결정되는 상품을 말한다. 이는 크게 소비자가 구입하여 개봉한 후에야 그 성능이나 종류를 확인할 수 있는 '캡슐' 또는 '선물상자' 형태의 아이템과 '조합이나 '강화'와 같이 아이템의 성능을 향상시키기 위한 것으로 소비자가 실제 사용하기 전까지는 성능 향상 여부 및 그 정도를 알 수 없는 아이템으로 구분할 수 있다. (중략)

이와 관련하여, C협회는 확률형 아이템으로 인한 부작용을 최소화하고 합리적인 소비를 유도하기 위하여 2015년 4월부터 게임업계 자율규제 적용 대상을 '전체 이용가 게임'에서 '청소년 이용가 게임'으로 확대하고, 아이템 정보에 결과물 목록과 획득 가능한 아이템의 구간별 확률을 수치로 공개하도록 하였으나, 구체적인 확률 미공개로 인한 소비자 불만이 지속되고 이로 인한 규제 요구가 커지자 'C협회'는 2017년 7월경 자율규제 내용을 다음과 같이 일부 개선하였다.

개선안은 자율규제 적용 대상을 '청소년 및 성인이 이용가능한 모든 게임물'로 확대하고, 확률 표기 위치도 이용자 접근성을 고려하여 게임 내로 의무화 하였으며, 확률공개 방식도 개별 확률을 모두 공개하도록 하거나 등급별 확률로 공개할 경우에는 3가지 추가조치(① 일정 기준 이상 구매 시 희귀아이템을 보상으로 획득, ② 희귀아이템의 확률 공개, ③ 희귀아이템의 출현 개수 공개) 중 하나를 필수적으로 이행하도록 하였다. 다만, 이를 준수할지 여부는 여전히 업체의 자율에 맡겨져 있으며, 'C협회'는 매달 모니터링 결과만 발표할 뿐 이를 위반할 경우의 제재수단을 따로 갖추고 있지는 않다.

수원지방법원 2013. 1. 19. 선고 2021나71106 판결 [매매대금반환]

② 이 사건 L아이템과 같이 게임업계에서 통상 사용되는 '확률형 아이템'의 경우 이용가치가 높은 아이템일수록 획득확률이 낮아지고, 이용가치가 낮은 아이템일수록 획득확률이 높아진다. 즉, 소비자는 획득할 수 있는 보상의 가치에 따라 획득확률이 달라진다는 점을 인식하고 있고, 이러한 인식은 비단 게임뿐만 아니라 사행성 오락이나 도박에도 통용되는 인식이다. 그리고 L아이템을 통하여 재설정할 수 있는 옵션조합 중 이 사건 옵션조합은 이론상 해당 특정 옵션이 부여하는 잠재능력을 중복하여 최대치로 끌어올릴 수 있기 때문에, 특별한 설명이나 유보가 부가되지 아니한 이상, 이 사건 게임 이용자들로서는 직관적으로 이를 특히 희소성 높은 고가치 재화로 여겨 그 획득에 몰두하도록 유인되었을 것으로 보인다.
③ 이 사건 게임 이용자들은 피고가 제공하는 정보를 일방적으로 수용할 수밖에 없는 지위

에 있고, 피고가 확률형 아이템의 확률이나 로직을 공개하지 않는 이상 이를 알 수 있는 방법이 없다. 이러한 가운데 피고는 이 사건 옵션조합의 생성을 원천 차단하고서도 이를 공지하지 아니하다가, 2021. 3. 5.에 이르러 앞서 본 공지를 통하여 "보스 사냥이나 아이템 획득의 밸런스 기준점을 과도하게 초과하는 상황을 방지하려는 목적"으로 이 사건 옵션조합의 생성되지 않도록 로직을 설정하였음을 밝혔다.

서울중앙지방법원 2021. 11. 19. 선고 2021나12918 판결

확률형 아이템의 내용정보표시의무 위반 사례를 분류하면, 확률 자체를 표시하지 않는 경우나(게임, 홈페이지, 홍보물), 확률을 표시하였으나 실제 확률과 다른 경우, 확률을 표시하는 방식을 준수하지 않는 경우로 나눌 수 있다.

게임물관리위원회는 제도 시행일인 3월 22일부터 100일을 맞는 주인 6월 28일까지의 위원회 사후관리 성과는 모니터링 1,255건, 위반 확인 266건으로 나타났으며, 이외에도 게임사 및 이용자 협·단체 간 소통을 실시하는 등 제도 안착과 이용자 보호를 위한 활동을 이어나갔다고 발표하였다.[4]

02 내용정보표시 방법

국내에 유통시키거나 이용 제공을 목적으로 제작된 모든 게임물은 게임의 기본 정보를 별도로 표시하도록 하여 모든 게임 이용자들이 게임과 관련된 정보에 쉽게 접근할 수 있도록 하고 있으며, 반드시 연령 등급을 확인 가능토록 하여 연령 등급에 맞는 건전한 게임 이용을 유도하고 있다. 또한 '게임물내용정보' 표시를 의무화하여 누구나 원하는 게임의 선정성, 폭력성, 공포, 언어의 부적절성, 약물, 범죄, 사행성 항목에 해당 사항이 있는지 확인할 수 있도록 하여 청소년을 보호하고 있다. 사행성게임물을 모사한 성인용 게임에 대해서는 '운영정

4 2024. 7. 3. 게임물관리위원회, 「확률형 아이템 정보공개 제도 시행 100일 경과, 기자간담회」 개최

보표시장치'를 부착하도록 하여 성인용 게임에 대한 체계적인 관리가 가능하도록 법률적인 근거를 제공하고 있다.

「게임산업진흥에 관한 법」제33조(표시의무)에서는 상호, 연령등급 등 이러한 내용정보 표시 의무에 대한 내용을 담고 있으며, 표시 방법 등에 대한 세부 내용과 '운영정보표시장치'를 부착해야 하는 대상 게임물에 대해 대통령령에서 별도로 정하도록 하고 있다. 동법 시행령 제19조(게임물에 표시하는 상호 등의 표시방법)에서는 구체적인 게임물 내용정보표시 방법 등에 대해 별표3을 통해 구체적으로 설명하고 있으며, 동법 제2조 1의2에서 규정하고 있는 사행성게임물을 모사한 게임에 대해서는 운영정보표시장치를 부착할 것을 명시하고 있다.

시행령 별표3에서는 상호, 등급, 게임물내용정보표시 및 운영정보표시장치의 표시방법을 구체적으로 설명하고 있다. 아케이드 게임물, 온라인 게임물 및 모바일 게임물, 개인용컴퓨터(PC) 게임물 및 비디오 게임물이 표시할 내용, 표시방법, 규격, 색도, 경고문, 기타 조항들에 대한 구체적인 설명과 예시가 들어 있으며, 게임물내용정보 항목표시, 표시방법에 대해 설명하고 있다. 마지막으로 운영정보표시장치의 표시 내용, 표시방법, 운영정보표시장치의 지정에 대해 상세한 설명을 담고 있다. (*상세한 내용은 시행령 별표3 전문 참고)

동법 시행규칙 제25조(게임물 운영정보표시장치의 인정 등)에서는 '운영정보표시장치'의 제작 및 공급 업무, 관련 서류, 성능 인정심사 비용, 성능 등의 심사절차 등에 관한 내용들을 담고 있으며 위원회의 결정사항에 대해 설명하고 있다.

그림 3.1 상호, 등급, 게임물내용정보표시 및 운영정보표시장치의 표시방법(시행령 별표3)

* 해당 항목에 대한 내용이 존재하는 경우에만 표시함

게임물 내용정보표시 중 선정성, 폭력성, 공포, 언어, 약물, 범죄, 사행성의 표기는 특정 등급 기준에서 판단하게 된다. 즉, 12세이용가를 예를 들면, 12세이용가 기준을 초과하는 선정성이 존재할 경우 선정성의 내용정보표시를 하는 것이다. 반면, 등급별로 그 정도를 고려하지 않고, 각 요소 자체가 존재할 경우 표시하자는 견해도 존재한다.

별표3 상호, 등급, 게임물내용정보표시 및 운영정보표시장치의 표시방법

1. 상호 및 등급 표시
  가. 아케이드게임물
    (1) 표시의 내용
      게임물의 제명, 상호, 이용등급, 등급분류번호, 제작 또는 배급된 게임물의 일련번호 및 제작연월일
    (2) 표시방법
      게임기의 외관 전면에 표시한다.
    (3) 규격
      (가) 일체형 전자 게임물: 5×3센티미터
      (나) 일체형 게임물: 10×6센티미터
    (4) 색도
      (가) 바탕색: 전체이용가 → 초록색
      년이용불가 → 빨간색
      (나) 글씨: 검정색(명조체)
    (5) 청소년이용불가 등급 게임물의 경고문
      청소년이용불가 등급의 게임물은 다음의 내용이 포함된 경고문을 게임이 시작하기 전에 사용자가 볼 수 있게 표시하여야 한다. 이 게임물은 청소년이용불가 게임물로 18세 미만의 청소년은 이용할 수 없다.

(6) 기타

(가) 기재된 내용을 쉽게 수정하지 못하도록 투명한 얇은 비닐재질 등을 이용하여 덧씌워야 한다.

(나) 기재내용을 가리지 않는 범위 내에서 도안 위에 게임물 제작업자 등의 상징이나 문양을 표시할 수 있다.

나. 온라인게임물 및 모바일게임물

(1) 표시의 내용

게임물의 제명, 상호, 이용등급, 등급분류번호, 제작연월일, 게임물제작업자 또는 배급업자의 신고번호 또는 등록번호

(2) 표시방법

게임 초기화면의 우측 상단에 다음과 같이 이용등급을 3초 이상 표시하며, 이 경우 이용등급과 함께 등급분류에 따른 부연설명(당해 등급 미만자가 이용하기에 부적절한 게임이라는 취지가 포함된 설명을 말한다)을 화면의 4분의 1 크기 이상으로 표시하여야 한다.

(3) 온라인게임물의 경우에는 게임시간 1시간 마다 이용등급이 3초 이상 표시되도록 하거나 이용자가 원하는 경우에는 등급을 확인할 수 있도록 하여야 한다. 다만, 전체이용가게임물의 경우에 초기화면이나 홈페이지 등에서 누구든지 이용등급을 알 수 있도록 표시한 때에는 그러하지 아니한다.

(4) 모바일게임물 중 위에 따른 등급표시가 불가능한 게임물은 초기화면에 문자로 이용등급을 표시할 수 있다.

(5) 등급위원회는 표시방법 등이 적절하지 아니하다고 판단되는 경우에는 이를 수정하도록 권고할 수 있다.

다. 게인용컴퓨터(PC)게임물 및 비디오게임물

(1) 표시의 내용

게임물의 제명, 상호, 이용등급, 등급분류번호, 제작연월일, 게임물제작업자 또는 배급업자의 신고번호 또는 등록번호

(2) 표시방법

게임물 포장의 표면에 누구든지 쉽게 인식할 수 있도록 다음과 같이 이용 등급을 표시하여야 한다.

(3) 등급위원회는 표시방법 등이 적절하지 아니하다고 판단되는 경우에는 이를 수정하도록 권고할 수 있다.

2. 게임물내용정보 표시

게임물의 내용에 대한 폭력성, 선정성, 사행성 등의 여부에 관한 정보의 표시는 등급위원

회로부터 해당게임물에 대한 등급을 받은 후 다음과 같은 방법에 따라 표시하여야 한다.
항목표시

나. 삭제 〈2007. 5. 16〉

다. 게임물내용정보 표시 방법

(1) 아케이드게임물

게임기 외관 전면에 표시를 부착하여야 한다.

(2) 온라인게임물

게임초기화면에서 3초 이상 표시하여야 하며, 게임시간 1시간 마다 게임물내용정보가 3초 이상 표시되도록 하거나 이용자가 원하는 경우에는 이를 확인할 수 있도록 하여야 한다. 다만, 전체이용가게임물의 경우에 초기화면이나 홈페이지에서 게임물내용정보를 표시한 때에는 그러하지 아니한다.

(3) 모바일게임물

게임 초기화면에서 3초 이상 표시하여야 한다.

(4) 개인용컴퓨터(PC)게임물 및 비디오게임물

게임물 포장의 표면에 누구든지 쉽게 인식할 수 있도록 표시하여야 한다.

3. 게임물 운영정보표시장치

가. 표시의 내용

운영정보표시장치에는 다음의 사항이 표시되어야 한다.

(1) 1회의 게임이 진행되는 시간

(2) 시간당 게임기에 투입할 수 있는 이용요금의 한도

(3) 회당 획득하는 최대점수

(4) 1인의 이용게임당 누적되는 최대점수

나. 표시방법

운영정보표시장치를 게임물에 부착한다.

다. 운영정보표시장치의 지정

(1) 운영정보표시장치는 게임물등급위원회 위원장이 문화체육관광부장관 및 지식경제부장관과의 협의를 거쳐 지정한 표준모델의 것으로서 게임물등급위원회로부터 그 성능 등을 인정받은 것을 부착하여야 한다.

(2) (1)에 따른 운영정보표시장치의 성능 등의 인정 신청 및 심사절차, 비용부담 그 밖에 필요한 사항은 문화체육관광부령으로 정한다.

라. 기타

게임물의 특성상 운영정보표시장치를 부착할 수 없는 경우에는 이를 적용하지 아니한다.

제4장

자체등급분류사업자

제1절　서론

제2절　자체등급분류사업자의 지정

제3-1절　자체등급분류사업자 등의 준수사항

제3-2절　자체등급분류사업자 평가

제3-3절　자체등급분류사업자 등의 준수사항

제4절　자체등급분류의 효력

제5절　해외 게임물의 이용제공

제6절　자체등급분류사업자의 재지정

제7절　자체등급분류사업자의 지정취소 등

제8절　직권등급재분류 등, 등급조정조치 등

Section 01

서론

01 제도의 도입배경, 연혁

최초 게임산업법은 게임물에 대한 사전 등급분류제도를 규정하면서 등급분류 권한을 위원회에만 부여하고 있었다. 그러나 이후 게임플랫폼이 다양해지고, 스마트폰 시장이 활성화되었으며, 유통되는 게임물이 글로벌화됨에 따라, 제작 주체나 유통과정의 특성상 위원회를 통한 사전 등급분류가 적절하지 않은 게임물은 관련 사업자들이 자체적으로 등급분류 업무를 수행할 수 있도록 자체등급분류제도가 도입되었다. 이후 게임산업법은 2016년경 게임물 자체등급분류제 전면 도입을 위해 개정되었었고, 등급분류 업무가 공공기관 주도에서 민간기관 주도로 이양되었다.

현재 자체등급분류사업자는 청소년이용불가 등급을 제외한 모든 등급과 아케이드게임물을 제외한 모든 플랫폼의 게임물을 등급분류할 수 있다. 게임물관리위원회는 모든 플랫폼의 모든 이용등급 게임물에 대하여 등급분류를 할 수 있으나, 민간등급분류 기관 및 자체등급분류사업자가 등급분류를 할 수 없는 아케이드 게임물 및 청소년이용불가 등급의 게임물에 대한 등급분류업무를 주로 수행하고 있다.

가 자체등급분류제도의 도입

자체등급분류제도는 2011. 4. 5. 개정된 게임산업법(2011. 7. 6. 시행)에 처음 도입되었다. 당시 위 개정 법률은 유통과정의 특성과 모바일 게임의 수량증가로 인해 게임물관리위원회의 사전 등급분류가 곤란하여 모바일 게임에 한하여 구글플레이, 애플 앱스토어, 티스토어 등의 오픈마켓 사업자가 자체적으로 등급분류 수행 후 유통할 수 있도록 하는 내용이었다. 당시는 자체적으로 등급분류를 할 수 있는 사업자를 오픈마켓 사업자로 한정하여 위원회와 협의한 별도의 기준에 따라 청소년이용불가 등급을 제외한 모바일 게임물의 등급분류를 할 수 있도록 하였다(제21조 제1항 제4호 및 제9항, 시행령 제11조의4). 오픈마켓 사업자는 위원회와 「자체등급분류 기준에 관한 협약」을 체결하고 자체적으로 게임물에 대한 등급분류를 결정하고 내용수정 신고를 처리하였다.

게임산업진흥에 관한 법률

[시행 2011. 7. 6.] [법률 제10554호, 2011. 4. 5., 일부개정]

제21조(등급분류)

① 게임물을 유통시키거나 이용에 제공하게 할 목적으로 게임물을 제작 또는 배급하고자 하는 자는 당해 게임물을 제작 또는 배급하기 전에 등급위원회로부터 당해 게임물의 내용에 관하여 등급분류를 받아야 한다. 다만, 다음 각 호의 어느 하나에 해당하는 게임물의 경우에는 그러하지 아니하다.

1~3. (생략)

4. 게임물의 제작주체·유통과정의 특성 등으로 인하여 등급위원회를 통한 사전 등급분류가 적절하지 아니한 게임물 중에서 대통령령으로 정하는 것. 다만, 제9항의 기준에 따른 청소년이용불가 게임물일 경우에는 그러하지 아니하다.

⑨ 제1항제4호에 따른 게임물을 이용에 제공하거나 유통시키고자 하는 자는 등급위원회와 협의한 별도의 기준에 따라 자체적으로 등급분류를 하여 이를 표시하여야 한다. 이 경우 제1항에 따라 등급분류를 받은 것으로 본다.

> **게임산업진흥에 관한 법률 시행령**
> **[시행 2011. 7. 6.] [대통령령 제23017호, 2011. 7. 4., 일부개정]**
> **제11조의4(자체 등급분류 게임물)** 법 제21조제1항제4호 본문에 따른 게임물은 다음 각 호의 요건을 모두 갖추어야 한다.
> 1. 「전기통신사업법」에 따른 기간통신사업의 허가를 받은 자가 제공하는 기간통신역무에 의하여 제공될 것
> 2. 온라인 오픈마켓 등 전자상거래중개로 제공될 것
> 3. 이동통신단말기기 또는 이동통신단말기기에 구동되는 것과 같은 종류의 운영프로그램을 사용하는 무선인터넷 접속 단말기기에 의하여 제공될 것
>
> [본조신설 2011. 7. 4]

나 등급분류 민간위탁제도의 도입

이후에도 게임산업법은 게임산업에 대한 민간의 자율성을 강화하고 게임물 등급분류 업무의 효율성을 제고하기 위하여, 2011. 12. 31.자 개정을 통해 게임물관리위원회가 자신의 등급분류 업무 중 일부를 문화체육관광부장관이 지정하는 등급분류기관에 위탁할 수 있도록 규정하였다.

이에 따라 PC·온라인, 비디오·콘솔, 모바일 게임 중 청소년이용불가 게임물을 제외한 전체이용가, 12세이용가, 15세이용가 등급에 해당하는 게임물은 게임물관리위원회가 위탁한 민간 등급분류기관에서 등급분류를 할 수 있게 되었다.

다 등급분류 민간위탁제도의 확대

2013. 5. 22.자 개정 게임산업법은 기존 등급분류기관인 게임물등급위원회를 폐지하고 게임물관리위원회를 신설함과 동시에, 등급분류 민간위탁제도를 확대하여 청소년이용불가 게임물을 제외한 아케이드 게임물에 대해서도 민간 등급분류기관에 위탁할 수 있도록 규정하였다.

이에 따라 민간 등급분류기관은 청소년이용불가 게임물을 제외한 모든 플랫폼의 게임물에 대하여 등급분류 업무를 수행하는 것이 가능해졌으며, 당시 민간등급분류기관으로 지정된 게임문화재단은 등급분류 업무의 독립적인 수행을

위하여 별도의 게임콘텐츠등급분류위원회(GCRB, Game Content Rating Board)를 설치하였다.

라 자체등급분류제도의 확대

2017. 1. 1.부터 시행된 2016. 5. 29.자 개정 게임산업법은 자체등급분류제도의 적용 대상을 크게 확대하였는데, 이를 통해 모바일 오픈마켓 게임물 이외에 PC·온라인, 비디오·콘솔 게임물까지도 모두 자체등급분류의 대상으로 포함되었다.

따라서 자체등급분류사업자는 모든 플랫폼의 게임물에 대하여 등급분류업무를 수행할 수 있게 되었으나, 사행행위의 우려가 높은 아케이드 게임물과 청소년에게 유해한 영향을 미칠 수 있는 청소년이용불가 등급에 해당하는 게임물은 자체등급분류 대상에서 제외하였다.

위와 같은 자체등급분류제도의 확대는, 게임산업 환경의 변화로 IPTV, 가상현실기기 등 기존의 분류 유형에 속하지 않는 새로운 플랫폼이 등장하였다는 점, 모바일-PC온라인 등 여러 플랫폼에서 연동 가능한 게임물이 등장하여 기존의 법률 체계 적용이 어려운 점, 게임물에 대한 등급분류를 공공기관에서 담당하는 것은 표현의 자유에 대한 제한이 될 수 있다는 점 등을 종합적으로 고려한 결과이다. 즉, 과거의 등급분류방식으로는 급변하는 게임 산업의 기술 환경을 적시에 뒷받침하지 못하여 새로운 산업 생태계 조성에 한계가 있다는 판단하에, 게임콘텐츠 제작·개발 환경의 개선을 최대한 보장하고 첨단기술 기반의 새로운 게임콘텐츠 산업 생태계를 조성하기 위하여 자체등급분류사업자 제도가 확대·실시되었다.

자체등급분류제도의 확대를 통해, 게임물 관련 사업자는 과거 게임물관리위원회로부터 등급분류를 받기 위해서 요구되던 시간 및 비용의 부담을 크게 줄일 수 있게 되었으며, 게임물에 대한 사전규제 및 등급분류 등의 업무 중심이었던 게임물관리위원회의 역할이 사후관리 업무를 중심으로 전환되었다.

게임물관리위원회는 자체등급분류 게임물에 대한 사후관리를 위해, 자체등급분류사업자로부터 통보받은 등급분류 결과를 상시적으로 모니터링하며, 등급이 부적정하게 분류된 게임물에 대해서는 등급조정 등 필요한 조치를 수행하고 있다.

마 게임물관리위원회의 권한

1) 자체등급분류사업자 지정, 재지정, 지정취소 및 업무정지

> **제23조(권한의 위탁 등)** ① 문화체육관광부장관은 법 제42조제2항에 따라 다음 각 호의 업무를 위원회에 위탁한다.
>
> 1. 법 제21조의2제1항에 따른 자체적으로 등급분류를 할 수 있는 사업자(이하 "자체등급분류사업자"라 한다)의 지정 업무
> 2. 법 제21조의6제2항에 따른 자체등급분류사업자의 재지정 업무
> 3. 법 제21조의7제1항에 따른 자체등급분류사업자의 지정취소 및 업무정지 업무

현재 자체등급분류사업자 제도의 운영은 게임물관리위원회가 담당하고 있다. 위원회는 문화체육관광부장관으로부터 자체등급분류사업자의 지정 업무, 재지정 업무, 지정취소 및 업무정지 업무 등을 위탁받아 수행하고 있다(제42조 제2항, 시행령 제23조 제1항).

2) 자체등급분류사업자 평가

> **제21조의3(자체등급분류사업자 등의 준수사항)** ① 자체등급분류사업자는 다음 각 호의 사항을 준수하여야 한다.
>
> 10. 자체등급분류 업무수행의 적정성에 관하여 문화체육관광부령으로 정하는 바에 따라 위원회의 평가를 연 1회 이상 받고 이에 따른 개선조치를 이행할 것

위원회는 자체등급분류 업무수행의 적정성에 관하여 연 1회 이상 평가하는 업무를 수행하고 있다(제21조의3 제1항).

02 자체등급분류제도 개관

제21조(등급분류)
① 게임물을 유통시키거나 이용에 제공하게 할 목적으로 게임물을 제작 또는 배급하고자 하는 자는 해당 게임물을 제작 또는 배급하기 전에 위원회 또는 제21조의2제1항에 따라 지정을 받은 사업자로부터 그 게임물의 내용에 관하여 등급분류를 받아야 한다. 다만, 다음 각 호의 어느 하나에 해당하는 게임물의 경우에는 그러하지 아니하다.

제21조의2(자체등급분류사업자의 지정) ① 문화체육관광부장관은 제2항이 정하는 요건을 갖춘 사업자 중에서 다음 각 호의 사항을 심사하여 자체적으로 등급분류를 할 수 있는 사업자로 3년 이내의 기간을 정하여 지정할 수 있다.

1. 자체등급분류 업무운영 계획의 적정성
2. 게임산업 발전 및 건전 게임문화 조성에 대한 기여 계획의 적정성

③ 제1항에 따라 지정을 받은 사업자(이하 "자체등급분류사업자"라 한다)가 등급분류를 할 수 있는 게임물은 다음 각 호와 같다. 다만, 제21조제2항제4호에 해당하거나 청소년게임제공업과 일반게임제공업에 제공되는 게임물은 제외한다.

1. 게임물을 제공하거나 중개하는 계약(이하 "중개계약"이라 한다. 가입자 정보만을 공유하는 계약은 제외한다)을 맺고 서비스하는 게임물(「클라우드컴퓨팅 발전 및 이용자 보호에 관한 법률」 제2조제3호의 클라우드컴퓨팅서비스로 제공되는 게임물을 포함한다)
2. 자체등급분류사업자가 제작한 게임물

④ 자체등급분류사업자가 수행할 수 있는 등급분류 업무는 다음 각 호와 같다.

1. 제21조제1항 각 호 외의 부분 본문에 따른 등급분류 결정 및 통보
2. 제21조제5항에 따른 내용 수정 신고 수리, 등급 재분류 대상 통보 및 조치

게임산업법 제21조 제1항은 게임물을 제작 또는 배급하기 이전에 반드시 해당 게임물의 내용에 관하여 등급분류를 받아야 한다는 사전 등급분류제도를 규정하고 있고, 이를 위해 게임물의 등급을 분류할 수 있는 주체로 '게임물관리위원회'와 '게임산업법 제21조의2 제1항에 따라 지정을 받은 사업자'를 명시하였다.

여기서 '게임산업법 제21조의2 제1항에 따라 지정을 받은 사업자'가 자체등급

분류사업자이며, 자체등급분류사업자는 게임산업법에서 정하고 있는 바에 따라 게임물에 대한 등급분류 업무를 수행할 수 있다. 현재 자체등급분류사업자의 지정은 문화체육관광부장관으로부터 해당 권한을 위탁받은 게임물관리위원회가 담당하고 있으며, 게임물관리위원회는 자체등급분류사업자 지정을 신청한 자를 대상으로 심사를 거친 후, 그 결과에 따라 3년 이내의 기간을 정하여 자체등급분류사업자를 지정할 수 있다.

자체등급분류사업자가 등급을 분류할 수 있는 게임물은, '게임물을 제공하거나 중개하는 계약을 맺고 서비스하는 게임물'과 '자체등급분류사업자가 제작한 게임물'로서, 쉽게 말해 해당 자체등급분류사업자가 제작하거나 서비스를 제공하는 게임물이 이에 해당한다.

다만, 청소년게임제공업과 일반게임제공업에 제공되는 '아케이드 게임물'에 대해서는 자체등급분류사업자가 등급을 분류할 수 없으며, 아케이드 게임물은 반드시 게임물관리위원회로부터 등급분류를 받아야 한다. 아케이드 게임물의 경우에는 이를 이용한 사행행위의 가능성이 매우 높아, 사전 규제와 효율적인 사후 관리가 필요하다는 점을 반영한 것이다.

또한 자체등급분류사업자는 플랫폼을 불문하고 청소년이용불가 등급에 해당하는 게임물에 대해서는 등급분류를 할 수 없다. 청소년이용불가 등급에 해당하는 게임물은, 민간에게 자율성을 우선적으로 보장하고 사후 관리를 통해 문제점을 시정하기에는 청소년에게 미치는 해악과 영향이 매우 크기 때문이다.[1]

결국 현행 게임산업법에 따르면, 게임물관리위원회는 모든 플랫폼의 모든 이용등급 게임물에 대하여 등급분류를 할 수 있으나, 민간등급분류 기관 및 자체등급분류사업자가 등급분류를 할 수 없는 아케이드 게임물 및 청소년이용불가 등급의 게임물에 대한 등급분류업무를 주로 수행하게 된다.

아케이드 게임물을 제외한 나머지 플랫폼의 게임물 중 전체이용가, 12세이용가, 15세이용가 등급의 게임물에 대해서는 민간등급분류 기관 내지 자체등급분류사업자가 함께 등급을 분류해 오고 있으며, 자체등급분류사업자가 제작한 게

1 이에 대한 반대취지 의견으로는, 문기탁, "게임물 등급분류의 문제점과 법적 과제", 법학연구 통권 제54집, 전북대학교 법학연구소, 2017. 11., 141~143면. 사업자에게도 청소년유해매체물에 대해 자율적으로 지정할 수 있는 권한을 부여하고 위원회는 사후적 심의를 함으로써 다른 매체와 균형을 맞추는 방안이 요구된다고 한다.

임물이나 직접 서비스를 제공하는 게임물에 대해서는 해당 자체등급분류사업자를 통해 등급분류가 이루어진다. 자체등급분류사업자로부터 등급분류를 받은 게임물은 게임물관리위원회의 등급분류를 받은 것으로 간주된다.

2023년말 기준으로 위원회로부터 지정된 자체등급분류사업자 유통 플랫폼 현황은 아래와 같다.

표 4.1 2023년 자체등급분류사업자 유통 플랫폼 현황(2023.12.31. 기준)

연번	사업자명	유통 플랫폼
1	(주)소니인터랙티브엔터테인먼트코리아	비디오·콘솔
2	원스토어(주)	모바일
3	오큘러스브이알코리아(유)	PC·온라인 비디오·콘솔 모바일
4	Google LLC	모바일
5	삼성전자(주)	모바일
6	애플코리아(유)	PC·온라인 모바일
7	한국마이크로소프트(유)	PC·온라인 비디오·콘솔 모바일
8	에픽게임즈코리아(유)	PC·온라인 비디오·콘솔 모바일
9	한국닌텐도 주식회사	비디오·콘솔
10	(주)스마일게이트홀딩스	PC·온라인

출처: 2024 게임물 등급분류 및 사후관리 연감(109면)

게임물 자체등급분류제도를 통해 자체등급분류사업자는 서비스할 게임물을 자체적으로 등급분류하여 이용자에게 신속하게 제공할 수 있어, 시간과 비용

부담을 대폭 완화할 수 있다. 자체등급분류사업자로 지정받은 사업자에게는 게임산업법 제21조의3에 따른 준수사항 이행의무가 부여되며, 위원회로부터 자체등급분류 업무수행의 적정성 여부에 관하여 연 1회 평가받게 된다.

03 등급분류 결정 현황

게임산업법 제21조에 규정된 등급분류 방법은 크게 3가지(위원회, 등급분류 업무를 위탁받은 기관, 자체등급분류사업자)로 구분되는데, 현재 대부분의 등급분류는 자체등급분류사업자에 의해 이루어지고 있다.

2023년의 경우 총 893,986건의 등급분류 결정 중 자체등급분류사업자를 통해 등급분류가 결정된 게임물은 총 893,064건(99.89%)이다.

표 4.2 2019~2023년 국내 게임물 등급분류 결정 현황 (단위: 건)

플랫폼	등급주체	2019년	2020년	2021년	2022년	2023년
아케이드	게임물관리위원회	308	211	183	108	101
PC 온라인	게임물관리위원회	214	304	293	325	248
	게임콘텐츠등급분류위원회	476	382	441	339	214
	소계	690	686	734	664	462
비디오·콘솔	게임물관리위원회	119	56	20	58	49
	게임콘텐츠등급분류위원회	351	216	140	84	90
	소계	470	272	160	142	139
모바일	게임물관리위원회	138	368	420	193	220
합계		1,606	1,537	1,497	1,107	922
자체등급분류사업자* (구글, 애플, MS, 오큘러스 등)		795,268	983,297	952,185	1,021,996	893,064

총계	796,874	984,834	953,682	1,023,103	893,986

*자체등급분류사업자의 경우 내용수정 결정 건수 포함

출처: 2024 게임물 등급분류 및 사후관리 연감(84면)

04 관련 법령 및 지침

구분	명칭	제·개정일
법령	게임산업진흥에 관한 법률	제정: 2006. 4. 28. 개정: 2024. 10. 22.
	게임산업진흥에 관한 법률 시행령	제정: 2006. 10. 27. 개정: 2024. 1. 9.
	게임산업진흥에 관한 법률 시행규칙	제정: 2006. 10. 27. 개정: 2024. 3. 22.
규정	등급분류 규정	제정: 2013. 12. 23. 개정: 2022. 12. 22.
지침	자체등급분류사업자 평가기준 및 평가방법 지침	개정: 2023. 8. 24.
	자체등급분류사업자 재지정 심사기준 및 심사방법 지침	개정: 2021. 2. 25.

Section
02

자체등급분류사업자의 지정

01 자체등급분류사업자의 요건

제21조의2(자체등급분류사업자의 지정)

② 제1항에 따라 지정을 받을 수 있는 사업자의 요건은 다음 각 호와 같다.

1. 다음 각 목의 어느 하나에 해당하는 법인일 것
   가. 게임제작업, 게임배급업 또는 게임제공업을 영위하는 자로서 최근 3년간 평균 매출액이 문화체육관광부령으로 정하는 금액 이상일 것
   나. 게임산업 및 게임문화 진흥에 관한 업무를 수행하는 「공공기관의 운영에 관한 법률」에 따른 공공기관 또는 비영리 법인일 것
   다. 「방송법」에 따른 종합유선방송사업자, 위성방송사업자이거나 「인터넷 멀티미디어 방송사업법」에 따른 인터넷 멀티미디어 방송 제공사업자일 것
2. 자체등급분류를 할 수 있는 등급분류책임자(지정받고자 하는 법인의 임원 또는 등급분류와 관련된 업무를 담당하는 부서의 장에 해당하는 지위에 있는 자를 말한다)와 전담인력(업무위탁 계약을 맺은 자를 포함한다)을 둘 것
3. 제3항제2호에 해당하는 게임물에 대한 등급분류의 적정성에 관한 자문의견을 제시하는 소속 직원이 아닌 2인 이상의 전문가를 위촉할 것
4. 자체등급분류 업무의 수행을 위한 온라인 업무처리 시스템(위원회의 시스템과 연계되는 기능을 포함한다)을 구축할 것

자체등급분류사업자로 지정되기를 희망하는 사업자는 게임산업법 제21조의2 제2항 각 호에서 정한 요건을 모두 갖추어야 한다. ① 먼저 자체등급분류사업자는 게임제작업, 게임배급업 또는 게임제공업을 영위하는 자로서 최근 3년간 평균 매출액이 1천만 원 이상인 법인, 게임산업 및 게임문화 진흥에 관한 업무를 수행하는 공공기관 또는 비영리법인, 종합유선방송사업자, 위성방송사업자, 인터넷 멀티미디어 방송제공사업자 중 어느 하나에 해당하는 법인이어야 한다. ② 등급분류책임자와 전담 인력을 두어야 하고, 자체등급분류사업자가 제작한 게임물에 대한 등급분류의 적정성에 관한 자문의견을 제시하는 소속 직원이 아닌 2인 이상의 전문가를 위촉하여야 한다. ③ 자체등급분류 업무수행을 위한 온라인 업무처리 시스템(위원회의 시스템과 연계되는 기능을 포함)을 구축하여야 한다. 통상 IARC 시스템을 이용하는 경우가 많으나 자체 시스템을 사용하는 경우도 있다. ④ 최근 3년간 게임산업법을 위반하여 영업정지 이상의 행정제재 또는 벌금 이상의 형이 확정된 사실이 없어야 한다.

02 자체등급분류사업자의 지정

> **제21조의2(자체등급분류사업자의 지정)** ① 문화체육관광부장관은 제2항이 정하는 요건을 갖춘 사업자 중에서 다음 각 호의 사항을 심사하여 자체적으로 등급분류를 할 수 있는 사업자로 3년 이내의 기간을 정하여 지정할 수 있다. 이 경우 문화체육관광부장관은 업무운영에 관한 조건을 부과하여 지정할 수 있다.
> 1. 자체등급분류 업무운영 계획의 적정성
> 2. 게임산업 발전 및 건전 게임문화 조성에 대한 기여 계획의 적정성

가) 지정요건

자체등급분류사업자는 문화체육관광부장관이 요건을 갖춘 사업자 중에서 '자체등급분류 업무운영 계획'과 '게임산업 발전 및 건전 게임문화 조성에 대한 기

여 계획'의 적정성을 심사하여 지정된다.

위원회는 게임산업법 제21조의2, 시행령 제23조 제1항 및 동법 시행규칙 제9조의3에 따라 문화체육관광부장관으로부터 자체등급분류사업자의 지정 및 재지정 업무를 위탁받아 수행하고 있다.

자체등급분류사업자는 오픈마켓 플랫폼 사업자의 특성을 가지며, 해당 플랫폼을 통하여 게임물을 이용자에게 제공할 경우 자체 등급분류를 진행할 수 있으나, '청소년이용불가' 등급의 게임물, 청소년 게임제공업 및 일반게임제공업에 제공되는 게임물에 대해서는 등급분류를 할 수 없다.

우리나라는 2023년 말 기준으로 총 10개의 사업자가 지정되어 있다(소니인터랙티브엔터테인먼트코리아, 원스토어, 오큘러스브이알코리아, Google LLC, 삼성전자, 애플코리아, 한국마이크로소프트, 에픽게임즈코리아, 한국닌텐도, 스마일게이트홀딩스).

표 4.4 자체등급분류사업자 지정 및 재지정 현황 (2023. 12. 31. 기준)

연번	사업자명	지정일자	재지정일자
1	(주)소니인터랙티브엔터테인먼트코리아	2018.06.29.	2021.06.01.
2	원스토어(주)	2018.12.20.	2021.11.25.
3	오큘러스브이알코리아(유)	2018.12.20.	2021.12.01.
4	Google LLC	2018.12.20.	2021.12.01.
5	삼성전자(주)	2018.12.26.	2021.11.25.
6	애플코리아(유)	2018.12.26.	2021.12.01.
7	한국마이크로소프트(유)	2019.12.02.	2022.12.01.
8	에픽게임즈코리아(유)	2020.12.28.	2023.12.01.
9	한국닌텐도 주식회사	2021.03.03.	-
10	(주)스마일게이트홀딩스	2023.03.03.	-

출처: 2024 게임물 등급분류 및 사후관리 연감(81면)

나) 지정절차

위원회는 게임산업법 시행규칙 제9조의3에서 정하고 있는 지정절차를 구체화하기 위하여 자체등급분류사업자 지정, 재지정, 평가 등과 관련하여 지침을 제정·시행하고 있다. 해당 지침은 자체등급분류사업자 지정·재지정 심사 및 평가의 공정성·형평성·전문성을 위한 것이고, 자체등급분류사업자 지정제도의 안정적인 체계 구축 및 원활한 운영에 도움이 되고 있다.

지침	자체등급분류사업자 재지정 심사기준 및 심사방법 지침	개정: 2021. 2. 25.

신청자는 자체등급분류사업자 지정신청서와 관련 서류를 게임물관리위원회 위원장에게 제출하여야 하고, 게임물관리위원회 위원장은 신청자가 제출한 문서 및 관련서류가 부적절하거나 누락된 경우 7영업일 이내의 기한을 정하여 보완을 요구할 수 있다. 위 보완요구 기간 내에 보완조치가 이루어지지 않은 경우에는 지정신청이 반려될 수 있다.

위원회의 지정심사 절차는 크게 '예비심사'와 '최종심사'로 나눌 수 있는데, 이 중 예비심사는 별도로 구성된 자체등급분류사업자 지정심사위원회가 우선적으로 수행하는 심사를 의미하며, 최종심사는 게임물관리위원회가 지정심사위원회의 결과를 토대로 신청자에 대한 자체등급분류사업자 지정 여부를 결정하는 심사를 의미한다.

지정심사위원회는 예비심사절차에서 '서면심사'와 '연계심사'를 수행하는데, '서면심사'란 자체등급분류사업자의 지정요건, 자체등급분류업무 운영계획, 게임산업 발전 및 건전 게임문화 조성에 대한 기여계획에 대한 심사이며, '연계심사'란 자체등급분류 업무의 수행을 위한 온라인 업무처리 시스템 구축에 관한 지정요건, 게임물관리위원회와 온라인 업무처리 시스템의 연계 기능에 대한 심사이다.

지정심사위원회는 신청자가 자체등급분류사업자의 지정요건을 갖추고 있는지 여부를 심사하게 되며, 지정요건 항목 모두에 대하여 '적합'하다고 의결한 경우, 서면심사 내지 연계심사를 진행하게 된다. 지정요건을 갖추지 못한 신청자에 대해서는 서면심사 및 연계심사를 진행하지 않고 '부적합' 결정을 하게 되는데,

지정심사위원회는 신청자가 지정요건에 대한 보완이 가능하다고 판단될 경우에는 부적합 결정 대신 부적합한 요건에 대한 수정을 권고할 수 있다.

신청자는 게임물관리위원회와 협의하여 서면심사 후 연계심사를 진행하는 방법, 연계심사 후 서면심사를 진행하는 방법, 서면심사와 연계심사를 병행하는 방법 중 하나로 지정심사절차를 진행할 수 있는데, 서면심사를 위해서는 책임자 및 전담인력 운영계획, 등급분류 운영계획, 사후관리 운영계획, 재무적합성 및 합목적성 등을 포함한 '자체등급분류 업무운영 계획서'와 '게임산업 발전 및 건전 게임문화 조성에 관한 기여 계획서'를 제출하여야 하며, 연계심사를 위해서는 '온라인 업무처리 시스템 구축 및 보안성 확보에 관한 운영 계획서'를 제출하여야 한다.

위와 같은 예비심사를 진행하는 과정에서 지정심사위원회는 서면심사 및 연계심사에서 각 1회에 한하여 심리대상 중 누락·부적절·미비한 사항 등에 대한 수정을 권고할 수 있으며, 수정권고 결정을 통보 받은 날로부터 30일 또는 60일 이내에 해당사항이 수정·보완·삭제되어야 한다.

지정심사위원회는 서면심사결과 지정요건을 모두 갖추고 있으며 신청자가 제출한 운영 계획서 및 기여 계획서에 대해 부여된 점수 평균값의 합계가 70점 이상인 경우, 서면심사 '적합' 결정을 한다. 또한 연계심사결과 신청자가 제출한 온라인 업무처리 시스템 운영 계획서에 따라 게임물관리위원회와의 시스템 연계 및 보안성 확보가 적절히 이루어진 경우 연계심사 '적합' 결정을 하여야 한다. 이때 지정심사위원회는 서면심사 적합결정 내지 연계심사 적합결정을 함에 있어 각 계획서 기재 사항의 이행 가능성을 확보하기 위하여 업무운영에 관한 조건을 부과할 수 있으며, 이 경우 부과된 업무운영에 관한 조건, 조건 부과의 필요성, 조건의 이행 기한, 조건 불이행시의 조치 등이 심사결과서에 명시된다.

이후 게임물관리위원회는 지정심사위원회의 예비심사결과에 대하여 최종적으로 자체등급분류사업자 지정결정 또는 지정불가결정을 하고 그 결과를 신청자에게 통보한다. 게임물관리위원회가 자체등급분류사업자 지정불가 결정을 한 경우 신청자는 1회에 한하여 위 결정의 통지를 받은 날로부터 2주 이내에 이의를 제기할 수 있고, 이의신청이 이루어진 경우 게임물관리위원회는 지정심사위원회를 개최하여 재심사를 진행한다.

게임물관리위원회의 자체등급분류사업자 지정결정이 이루어진 경우에는 신청자에게 자체등급분류사업자 지정서를 발급함으로써 지정절차가 완료된다.

위와 같은 자체등급분류사업자 지정절차를 정리하면 아래와 같다.

그림 4.1 **자체등급분류사업자 지정심사 절차**

접수

- 수시 접수 진행
- 제출서류
  - 자체등급분류사업자 지정신청서
  - 서면심사(업무운영 및 기여 계획서, 증빙서류)
  - 연계심사(온라인 업무처리 시스템 운영 계획서, 증빙서류)
- 지정심사 절차 안내(3가지 방식 중 택일)
  - 서면심사 진행 후 연계심사
  - 연계심사 진행 후 서면심사
  - 서면심사와 연계심사 동시 진행

▼

지정심사위원회 예비심사 (서면심사/연계심사)

- 서면심사(총점 100점 중 70점 이상 통과)
  - 업무운영 계획서(배점 80점)+ 기여 계획서(배점 20점)
    *심사항목별 과락점수 존재(서면심사 기준표 참고)
- 연계심사
  - 현장조사, 기능점검 등 실시
  - 온라인 업무처리 시스템 구축 및 보안성 확보 등 심사
    (연계심사 기준표 참고)

▼

위원회 최종심사

- 서면심사/연계심사 결과를 토대로 위원회 최종심사
  - 업무운영에 관한 조건을 부과하여 지정 가능

▼

자체등급분류사업자 지정

- 지정서 발급
- 위원회 홈페이지에 지정 사업자 공고(www.grac.or.kr)

출처: 2024 게임물 등급분류 및 사후관리 연감(80면)

Section

3-1 자체등급분류사업자 등의 준수사항

제21조의3(자체등급분류사업자 등의 준수사항)

① 자체등급분류사업자는 다음 각 호의 사항을 준수하여야 한다.

1. 제21조제7항에 따른 등급분류기준 또는 위원회와 협약한 별도의 기준(등급표시방법을 포함한다)에 따라 자체적으로 등급분류를 할 것. 다만, 제21조제7항으로 정하는 등급분류기준에 따른 같은 조 제2항제4호에 해당하는 게임물은 제외한다.
2. 제1호에 따른 등급분류 결과를 중개계약을 맺은 사업자로 하여금 표시하게 할 것. 다만, 제21조의5제1항에 따른 등급분류의 경우에는 이를 적용하지 아니한다.
3. 제22조제2항에서 정하는 사유에 해당하는 게임물에 대하여는 등급분류 서비스를 제공하지 아니하고 그 사실을 위원회에 통보할 것
4. 제1호에 따른 등급표시 및 이에 따른 서비스 적합성 여부를 중개계약의 종료일까지 확인하고 중개계약 종료 시 이 사실을 종료일로부터 5영업일 이내에 위원회에 통보할 것
5. 제21조제1항에 따른 등급분류 결정(게임물내용정보에 관한 사항을 포함한다) 및 같은 조 제5항에 따른 내용수정신고사항이 위원회에 5영업일 이내에 통보될 수 있도록 제21조의2제2항제4호에 따른 시스템 연계를 유지할 것
6. 제21조의8제3항 및 제21조의9제2항에 따른 조치를 이행하고 조치결과를 위원회에 통보할 것
7. 등급분류책임자 및 전담인력은 문화체육관광부령으로 정하는 바에 따라 위원회가 실시하는 등급분류 업무에 필요한 교육을 연 4회 이상 받을 것
8. 등급분류 업무와 관련된 위원회의 자료요청에 따를 것
9. 제21조의2제2항제3호에 따라 위촉한 전문가의 활동보고서를 제10호에 따른 평가 실시 1개월 전에 위원회에 제출할 것

10. 자체등급분류 업무수행의 적정성에 관하여 문화체육관광부령으로 정하는 바에 따라 위원회의 평가를 연 1회 이상 받고 이에 따른 개선조치를 이행할 것
11. 제21조의2제4항의 업무를 수행할 때 같은 조 제3항제1호의 게임물과 같은 항 제2호의 게임물을 차별하지 아니할 것
12. 그 밖에 자체등급분류 업무의 적정성 유지 등에 관하여 필요한 사항으로서 문화체육관광부령으로 정하는 사항을 준수할 것

1호: 자체등급분류사업자는 등급분류 업무를 수행함에 있어 등급분류기준 또는 위원회와 협약한 별도의 기준(등급표시방법을 포함함)을 준수할 의무가 있다(제21조의3 제1항). 따라서 위원회와 자체등급분류사업자 간에 협약한 별도의 기준이 없다면, 자체등급분류사업자의 등급분류 업무는 등급분류기준(제21조 제7항)에 따라 수행되어야 한다. 다만, 자체등급분류사업자는 청소년이용불가 등급에 해당하는 게임물에 대해서는 등급분류를 할 수 없으므로, 해당 게임물은 위원회에서 등급분류업무를 진행한다.

2호: 자체등급분류사업자가 게임물의 등급분류 결정을 한 경우, 해외 게임물을 제공하는 때를 제외하고는, 게임물을 제공하거나 중개하는 계약을 체결한 사업자로 하여금 해당 등급분류 결과를 표시하도록 해야 한다.

3호: 등급분류거부 사유가 존재하는 게임물에 대하여 등급분류신청이 이루어진 경우, 자체등급분류사업자는 그와 같은 사실을 위원회에 통보하여야 하며, 해당 게임물에 대해서는 등급분류업무를 진행하지 않는다.

4호: 자체등급분류사업자는 중개계약이 종료될 때까지 위 등급표시 및 서비스의 적합성을 확인하고, 중개계약이 종료된 경우에는 그 사실을 종료일로부터 5영업일 이내에 위원회에게 통보하여야 한다.

5호: 자체등급분류사업자가 결정한 등급분류 및 게임물내용정보에 관한 사항, 내용수정 신고사항 등은 시스템 연계를 통해 5영업일 이내에 위원회에 통보하여야 한다.

6호: 위원회는 자체등급분류사업자가 등급분류한 게임물이 청소년이용불가 등급에 해당하는 경우 직권등급재분류 결정을, 등급분류거부 대상이 된다고 판단하는 경우 등급분류취소 결정을, 자체등급분류사업자가 등급분류한

결과가 등급분류기준에 현저히 위배되거나 자체등급분류사업자 간의 등급분류결과가 상이한 경우 등급조정조치 결정을 하고 자체등급분류사업자에게 그 사실을 통보한다. 이때 자체등급분류사업자는 각 결정에 따른 조치를 이행한 후 그 조치결과를 게임물관리위원회에 통보하여야 한다.

7호: 자체등급분류사업자의 등급분류책임자 및 전담인력은 위원회가 실시하는 등급분류 업무에 필요한 교육을 연 4회 이상 받아야 한다. 이는 자체등급분류사업자의 적정한 게임물등급분류을 위해 등급분류책임자 및 전담인력을 대상으로 등급분류 기준, 등급분류 사례 등을 교육한다. 2022년 12월 기준으로 자체등급분류 사업자 교육을 이수해야하는 지정된 사업자는 총 10개이며, 이 교육은 자체등급분류 책임자 및 전담인력의 등급분류 전문성을 높여 제도를 안정화하고 연령에 맞는 게임물 유통을 도모하는 것을 목표로 한다.

국내사업자뿐만 아니라 외국사업자도 있기 때문에 교육 편의성을 위하여 온라인 교육이 시행되고 있다. 2023년도에는 교육 포털을 활용한 온라인 교육으로 총 4회 실시되었다.

표 4.5 **2023년 자체등급분류사업자 교육 현황 (단위: 개, 명)**

교육 회차	교육기간	참석인원	교육내용
1차	2023.5.11.~5.28. 보충(5.29.~6.6.)	37명 (137건)	위원회 소개 및 등급분류 사례
2차	2023.6.7.~6.25.		등급분류기준 및 규정 소개
3차	2023.7.10.~7.25.		사업자 준수사항 및 등급부적정 사례
4차	2023.8.7.~8.25. 보충(9.1.~9.15.)		사업자 평가 및 등급부적정 사례

출처: 2024 게임물 등급분류 및 사후관리 연감(210면)

8호: 자체등급분류사업자는 위원회가 등급분류업무와 관련된 자료를 요청할 경우 이에 따라야 한다.

9, 10호: 위원회는 자체등급분류사업자에 대하여 연 1회 정기평가를 실시하는데, 자체등급분류사업자는 위 정기평가가 실시되기 1개월 전까지 지정요건을 충족하기 위해 위촉되었던 등급분류의 적정성에 관한 자문의견을 제시하는 전문가의 활동보고서를 제출하여야 한다. 또한 위원회는 위 평가결과를 반영하여 자체등급분류사업자에게 개선조치가 요구할 수 있고, 이 경우 자체등급분류사업자는 위 개선조치를 이행하여야 한다.

11호: 자체등급분류사업자는 등급분류업무를 수행함에 있어 중개계약을 맺고 서비스하는 게임물과 자체등급분류사업자가 제작한 게임물 간에 차별을 해서는 아니 된다.

Section

3-2 자체등급분류사업자 평가

제21조의3(자체등급분류사업자 등의 준수사항)

10. 자체등급분류 업무수행의 적정성에 관하여 문화체육관광부령으로 정하는 바에 따라 위원회의 평가를 연 1회 이상 받고 이에 따른 개선조치를 이행할 것

01 평가지침

자체등급분류사업자는 지정기간 동안 위원회로부터 연 1회 이상 평가를 받고 이에 따른 개선조치를 이행하여야 할 의무를 부담한다. 평가항목 및 절차에 대한 사항은 게임산업법 시행규칙 제9조의6 및 게임물관리위원회가 제정한 「자체등급분류사업자 평가기준 및 평가방법」에서 세부적으로 정하고 있다.

지침	자체등급분류사업자 평가기준 및 평가방법 지침	개정: 2023. 8. 24.

02 평가절차

게임물관리위원회의 자체등릅분류사업자에 대한 평가는 '정기평가'와 '수시평가'로 나눌 수 있는데, 정기평가는 연 1회 실시하며, 수시평가는 개선조치의 이행 결과가 현저히 부적합한 경우, 게임물관리위원회 위원장이 특별히 필요하다고 인정하는 경우에 실시한다(지침 제4조).

자체등급분류사업자는 정기평가일 기준 40일 이전에 게임물관리위원회로부터 정기평가 시행을 서면 통보받게 되면, 업무운영경과보고서, 기여계획이행보고서, 전문가활동보고서, 개인정보 수집·이용 동의서를 각각 작성 후 제출하여야 한다(지침 제5조).

게임물관리위원회는 평가위원회 및 평가지원반을 구성하여 자체등급분류 업무의 적정성 평가를 진행할 수 있으며, 자체등급분류사업자가 제출한 자료, 현장조사 등을 기초로 평가기준표에 따라 평가를 실시한다(지침 제6조).

03 세부내용

자체등급분류사업자 평가기준은 크게 '업무운영 계획에 대한 이행', '자체등급분류사업자 준수사항 이행', '자체등급분류 결정의 적정성', '자체등급분류 업무의 적정성'의 항목으로 나눌 수 있다.

① '업무운영 계획에 대한 이행'평가는 책임자 및 전담인력 운영, 등급분류 운영, 사후관리 운영, 재무관리 및 사업목적, 온라인 업무처리 시스템 등에 대한 평가가 이루어진다. ② '자체등급분류사업자 준수사항 이행' 평가는 등급분류기준 및 등급표시방법 준수, 등급분류 거부 해당 게임물의 처리, 중개계약사업자 관리, 시스템 연계, 위원회의 조치 및 요청 이행, 등급결정 시 중개계약-자체제작 게임물의 차별 여부 등에 대한 평가가 이루어진다. ③ '자체등급분류 결정의 적정성' 평가는 등급부적정 게임물 건수(비율)에 대한 평가가, ④ '자체등급분류

업무의 적정성' 평가는 자체 모니터링, 기여계획 이행, 민원 대응, 위원회와 업무 협조, 관계 기관의 조치 이행 등에 대한 평가가 이루어진다.

게임물관리위원회는 자체등급분류사업자에 대한 평가 결과를 '종합평가보고서'로 작성하는데, 평가 결과 개선조치가 필요한 경우 자체등급분류사업자에게 개선조치의 내용과 그 이행기간을 통보한다. 이와 같은 경우 자체등급분류사업자는 개선조치를 이행한 후 이행결과보고서를 작성하여 게임물관리위원회에 제출하여야 하며, 개선조치를 이행하지 않는 자체등급분류사업자에 대해서는 게임물관리위원회가 문화체육관광부장관에게 자체등급분류사업자 지정취소 및 업무정지 명령을 요청할 수 있다.

Section
3-3 자체등급분류사업자 등의 준수사항

제21조의3(자체등급분류사업자 등의 준수사항)

② 중개계약을 맺은 게임물 관련사업자는 다음 각 호의 사항을 준수하여야 한다.

1. 제1항제1호부터 제4호까지, 제6호, 제8호, 제10호 및 제12호의 사항을 준수하기 위한 자체등급분류사업자의 조치에 대하여 협력할 것
2. 제1항제1호에 따라 등급분류된 게임물을 자체등급분류사업자가 아닌 자가 유통하는 경우에 이 사실을 위원회에 통보할 것

③ 위원회는 중개계약이 종료되거나 제2항제2호에 따라 유통되는 게임물에 대하여 등급표시 및 이에 따른 서비스 적합성 여부를 확인하여야 한다.

④ 중개계약 종료 후 자체등급분류사업자가 아닌 자를 통하여 제1항제1호에 따라 등급분류된 게임물을 유통하는 경우 게임물 내용의 수정이 발생하면 위원회에 제21조제5항에 따른 신고를 하여야 한다. 이 경우 위원회는 내용수정신고된 게임물을 새로운 게임물로 간주하여 위원회규정으로 정하는 절차에 따라 새로이 등급분류를 받도록 조치하여야 한다. 〈개정 2023. 8. 8.〉

게임제작업, 게임배급업, 게임제공업, 인터넷컴퓨터게임시설제공업, 복합유통게임제공업 등의 영업을 하는 자를 "게임물 관련사업자"라고 한다. 자체등급분류사업자와 게임물을 제공하거나 중개하는 내용의 중개계약을 체결한 게임물 관련사업자는 자체등급분류사업자가 등급분류업무 관련 사항을 준수하기 위한 조치에 협력하여야 하며, 자체등급분류사업자가 등급분류한 게임물을 자체등급분류사업자가 아닌 자가 유통하는 경우에는 그 사실을 위원회에 통보할 의무를

부담한다.

한편, 위와 같은 중개계약이 종료되거나, 자체등급분류사업자가 아닌 자가 유통하는 자체등급분류사업자가 등급분류한 게임물에 대해서는 위원회가 등급표시 및 이에 따른 서비스 적합성 여부를 확인하는데, 위와 같은 게임물 내용의 수정이 발생하면 위원회에게 내용수정 신고를 해야 하며, 이 경우 위원회는 내용수정 신고된 게임물을 새로운 게임물로 간주하여 새로이 등급분류를 받도록 조치하여야 한다.

Section 04

자체등급분류의 효력

자체등급분류사업자로 지정된 구글 社의 등급분류절차를 예로 들면, 구글은 'IARC' 체계에 참여하는 스토어프론트(자·타인 상품의 온라인 소비자 거래를 위한 중개·광고 솔루션, 'Storefront')로서 구글 마켓(Google Playstore)과 IARC의 시스템이 연계되어 있다. 따라서 개발자 등이 마켓에 게임물을 출시하려 등록하는 경우에는 '등급 없음'으로 표시되며, 이후 구글에서 제공하는 각종 설문을 작성 완료하면 IARC를 거쳐 출시 각 국가에 맞는 연령등급이 자동으로 부여되게 된다.[2]

01 자체등급분류의 효력

제21조의4(자체등급분류의 효력) ① 자체등급분류사업자로부터 등급분류를 받은 게임물은 위원회의 등급분류를 받은 것으로 본다. 다만, 자체등급분류사업자가 등급분류한 게임물을 다른 자체등급분류사업자가 유통하고자 하는 경우에는 새로이 등급분류를 하여야 한다.

게임물의 등급분류에 관한 사항은 위원회에서 심의·의결해야 할 사항이나, 현행 게임산업법은 자체등급분류사업자에 대해서도 게임물에 대한 등급분류를

2 김성원, 정해상, 이환수, "게임물 등급분류제도의 개선방안에 관한 연구" 19면, 한국게임학회 논문지 제19권 제5호, 2019. 5.

받을 수 있도록 규정하고 있다. 이때 게임물관리위원회에서 이루어진 등급분류와 자체등급분류사업자의 등급분류 간에 효력상의 차이가 있는 것인지 의문이 들 수 있으나, 게임산업법 제21조의4 제1항 본문은 "자체등급분류사업자로부터 등급분류를 받은 게임물은 위원회의 등급분류를 받은 것으로 본다."라고 규정하고 있다. 위 간주규정에 따라 자체등급분류사업자로부터 등급분류를 받은 게임물은 위원회로부터 등급분류를 받은 게임물과 동일한 효력이 인정된다.

주의할 사항은 "자체등급분류사업자가 등급분류한 게임물을 다른 자체등급분류사업자가 유통하고자 하는 경우에는 새로이 등급분류를 하여야 한다"라는 게임산업법 제21조의4 제1항 단서 규정이다. 즉, A라는 자체등급분류사업자가 특정 게임물에 대하여 등급분류를 하였다면, 해당 게임물을 A가 직접 유통하거나 자체등급분류사업자가 아닌 자가 유통하는 경우에는 게임물관리위원회가 등급분류를 한 것과 같이 특별한 문제가 없지만, 해당 게임물을 B라는 다른 자체등급분류사업자가 유통하고자 하는 경우에는 게임물관리위원회 또는 B가 새롭게 등급분류를 하여야 한다. 동일한 게임물이라고 할지라도 앱스토어와 구글플레이에서 모두 서비스를 제공하기 위해서는, 자체등급분류사업자인 애플과 또다른 자체등급분류사업자인 구글로부터 각각 등급분류를 받아야 한다는 점을 통해 쉽게 이해할 수 있을 것이다.

결국 자체등급분류사업자로부터 받은 등급분류의 효력은 게임물관리위원회로부터 받은 등급분류의 효력과 동일하나, 다른 자체등급분류사업자가 해당 게임물을 유통하는 경우에는 등급분류의 효력이 인정되지 않으며, 다른 자체등급분류사업자가 스스로 새로이 등급분류를 해야만 한다는 점을 유의하여야 한다.

02 자체등급분류사업자 간 등급분류결과가 상이한 경우

제21조의4(자체등급분류의 효력)

② 자체등급분류사업자 간 등급분류 결과가 서로 다른 게임물을 자체등급분류사업자가 아

닌 자가 유통하는 경우 제2조제10호에서 정하는 청소년 기준 연령과의 차이가 적은 연령으로 표시한 등급으로 유통하여야 한다.

앞서 살펴본 바와 같이, 동일한 게임물이라고 할지라도 각각의 자체등급분류사업자들이 분류한 등급이 서로 다른 경우가 발생할 수 있다. 이때 각각의 자체등급분류사업자들이 해당 게임물을 유통하는 경우에는 자신이 분류한 등급으로 유통하면 되나, 자체등급분류사업자가 아닌 자가 해당 게임물을 유통하고자 하는 경우에는 어떠한 등급으로 표시하여 유통해야 할 것인지가 문제된다.

위와 같은 경우 게임산업법 제21조의4 제2항은 "청소년 기준 연령과의 차이가 적은 연령으로 표시한 등급"으로 유통하도록 규정하고 있는데, 현행 청소년 기준 연령은 19세 미만을 의미한다. 이에 따라 청소년 기준 연령인 19세와 보다 차이가 적은 연령으로 표시하면 결국 상이한 등급 중 보다 높은 연령을 기준으로 한 등급으로 유통해야 하는 결과가 된다. 예를 들어 동일한 게임물이 A라는 자체등급분류사업자로부터는 15세이용가 등급으로 분류되었으나, B라는 자체등급분류사업자로부터는 12세이용가 등급으로 분류되었다면, 자체등급분류사업자가 아닌 자가 위 게임물을 유통하는 경우에는 15세이용가와 청소년 기준 연령 간의 차이는 3세, 12세이용가와 청소년 기준 연령 간의 차이는 6세이므로, 보다 차이가 적은 15세이용가로 표시하여 유통하여야 한다. 물론 위 게임물을 A가 유통하는 경우에는 15세이용가로, B가 유통하는 경우에는 12세이용가로 유통할 수 있으며, 또 다른 자체등급분류사업자 C가 이를 유통하고자 하는 경우에는 C가 스스로 또다시 위 게임물의 등급을 분류하여야 한다.

03 정보통신 플랫폼 변경으로 내용수정이 이루어진 경우

제21조의4(자체등급분류의 효력)

③ 정보통신 플랫폼(게임물 이용을 위한 것으로서 정보처리 능력을 가진 전자적 장치 또는

체계를 말한다)의 변경을 위하여 게임물의 내용수정이 이루어진 경우 등급의 변경이 필요하지 아니할 정도에 한정하여 제21조의3제1항제1호에 따른 등급분류의 효력을 유지한다. 다만, 청소년게임제공업과 일반게임제공업에 제공되는 게임물의 경우는 제외한다.

게임산업법 제21조의4 제3항은 정보통신 플랫폼의 변경을 위하여 게임물의 내용수정이 이루어진 경우에도 자체등급분류사업자로부터 받은 등급분류의 효력이 유지될 수 있는지를 규정하고 있다. '정보통신 플랫폼'이라는 용어를 "게임물 이용을 위한 것으로서 정보처리 능력을 가진 전자적 장치 또는 체계를 말한다"라고 규정하고 있는데, 이를 최대한 쉽게 표현하면 어떠한 유형의 기기로 게임물을 이용하고 있는 것인지를 의미한다. 대표적으로 PC, 태블릿(Tablet), 휴대폰(모바일), 콘솔 게임기, 업소용 게임기 등이 각각 정보통신 플랫폼에 해당한다고 볼 수 있다.

따라서 기존에 PC용으로 제작된 게임물을 모바일에서 이용할 수 있도록 기존 게임물의 내용을 수정하였더라도, 변경된 내용이 등급변경을 필요로 하지 않는 경우에는 자체등급분류사업자의 해당 게임물 PC버전에 대한 등급분류의 효력은 모바일 버전에 대해서도 그대로 유지된다.

이때 주의해야 할 사항은 정보통신 플랫폼 변경을 통해 청소년게임제공업과 일반게임제공업에 제공되는 게임물은 위 규정이 적용되지 않으며, 설령 등급변경을 필요로 하지 않는 내용수정이라고 하더라도 새롭게 등급분류를 받아야 한다는 것이다. 이는 청소년게임제공업과 일반게임제공업에 제공되는 게임물은 애초부터 자체등급분류사업자가 등급분류를 할 수 있는 대상에서 제외되어 있기 때문이다. 만약 위와 같은 정보통신 플랫폼 변경에도 등급분류의 효력이 유지된다면 자체등급분류사업자로부터 등급분류를 받는 것이 가능한 모바일게임물로 등급분류를 받은 후 일반게임제공업에서 제공할 수 있도록 내용을 수정하는 방법을 사용해 일반게임제공업에서 제공되는 게임물은 자체등급분류사업자가 등급분류를 할 수 없도록 규정한 게임산업법 제21조의2 제3항 단서 규정을 회피할 수 있게 된다. 이는 주로 사행성게임물에 대하여 게임물관리위원회의 엄격한 심의절차를 회피하는 탈법수단으로 악용될 수 있으므로 금지된다.

결국 청소년게임제공업과 일반게임제공업에 제공되는 경우를 제외하고는, 정보통신 플랫폼의 변경을 위하여 게임물의 내용수정이 이루어지더라도 자체등급분류사업자로부터 받은 등급분류의 효력은 그대로 유지된다. 물론 이는 어디까지나 내용수정에도 불구하고 등급의 변경을 요하지 아니할 정도에 한정되며, 단순히 정보통신 플랫폼의 변경뿐만 아니라 사행성, 선정성, 폭력성 등 요소가 기존에 분류받은 등급의 기준에서는 허용되지 않는 부적절한 내용이 추가·변경되는 경우까지 기존 등급분류의 효력이 유지되는 것은 아니다.

Section
05

해외 게임물의 이용제공

제21조의5(해외 게임물의 이용제공) ① 자체등급분류사업자는 다음 각 호의 요건을 모두 갖춘 경우에 국내에 유통하는 것을 주된 목적으로 하지 아니한 게임물(이하 "해외 게임물"이라 한다)을 이용자에게 제공할 수 있다. 다만, 제21조제2항제4호에 해당하거나 청소년게임제공업과 일반게임제공업에 제공되는 게임물은 제외한다.

1. 자체등급분류사업자는 해외 유통사업자와 해외 게임물의 국내 이용제공에 관한 계약을 체결할 것
2. 자체등급분류사업자가 해외 게임물을 등급분류 할 것
3. 자체등급분류사업자는 이용자가 해외 게임물 이용 시 등급분류 결과를 용이하게 인지할 수 있도록 할 것
4. 자체등급분류사업자는 해외 게임물에 대한 등급분류 결과를 5영업일 이내에 위원회에 통보할 것

② 제1항에 따라 자체등급분류사업자가 등급분류한 해외 게임물은 다른 사업자가 이를 이용자에게 제공할 수 없다.

자체등급분류사업자의 등급분류 효력과 관련하여, 게임산업법에는 해외 게임물의 이용제공에 관한 규정이 존재한다. 이는 등급분류의 직접적인 효력은 아니나 자체등급분류사업자가 해외 게임물을 등급분류한 경우 일정한 요건하에 이를 이용자에게 제공할 수 있다는 점에서 의미가 있다. 이때 해외 게임물이란 "국내에 유통하는 것을 주된 목적으로 하지 아니한 게임물"을 의미하는데, 통상 국내에서는 정식으로 서비스되지 않았으나 해외에서 외국인을 상대로 서비스되

고 있는 게임물이 이에 해당한다. 다만, 위와 같은 해외 게임물이라고 할지라도 청소년이용불가 등급에 해당하거나 청소년게임제공업과 일반게임제공업에 제공되는 게임물이라면 위 규정에 따라 이용자에게 제공하는 것이 금지된다.

자체등급분류사업자가 해외 게임물을 이용자에게 제공하기 위해서는 몇 가지 요건을 모두 충족하여야 하는데 첫째는 해외 유통사업자와 해당 해외 게임물의 국내 이용제공에 관한 계약을 체결할 것, 둘째는 자체등급분류사업자가 해당 해외 게임물을 등급분류할 것, 셋째는 이용자가 등급분류결과를 용이하게 인지할 수 있도록 할 것, 넷째는 해외 게임물에 대한 등급분류결과를 5영업일 이내에 위원회에 통보할 것 등이다.

위와 같이 자체등급분류사업자가 해외 게임물을 이용자에게 제공하는 경우, 자체등급분류사업자가 해당 해외 게임물에 대한 등급분류를 하였다고 하더라도 다른 자체등급분류사업자는 물론 자체등급분류사업자가 아닌 자까지도 해당 해외 게임물을 이용자에게 제공할 수는 없다. 즉, 오직 위와 같은 요건을 모두 충족한 자체등급분류사업자 본인에 한해서 해당 해외 게임물을 이용자에게 제공할 수 있는 것이다.

Section

06 자체등급분류사업자의 재지정

제21조의6(자체등급분류사업자의 재지정) ① 자체등급분류사업자가 지정기간의 만료 후 계속하여 자체등급분류 업무를 하고자 하는 경우 문화체육관광부장관의 재지정을 받아야 한다.

② 문화체육관광부장관은 다음 각 호의 사항을 심사하여 3년 이내의 범위에서 제1항에 따른 재지정을 할 수 있다.

1. 제21조의2제1항 각 호의 계획에 대한 이행 여부 및 향후 계획의 적정성
2. 제21조의2제2항제1호에서 정하는 기준의 충족 여부
3. 제21조의2제2항제2호부터 제4호까지의 운영실적 및 향후 계획의 적정성
4. 제21조의2제2항제5호에서 정하는 요건의 해당 여부
5. 제21조의3제1항제10호의 개선조치 이행 여부

자체등급분류사업자로 지정된 사업자는 3년 이내의 기간 동안 자체등급분류 업무를 수행할 수 있으며, 최초 지정기간이 만료된 이후 계속하여 자체등급분류업무를 하고자 하는 사업자에 대해서는 재지정심사를 하게 된다.

그림 4.2 **자체등급분류사업자 재지정심사 절차**

접수	• 지정기간 만료일 3개월 전까지 접수 진행 • 제출서류 - 자체등급분류사업자 재지정신청서 - 서면심사(향후 업무운영 및 기여 계획서, 증빙서류) - 연계심사(온라인 업무처리 시스템 운영 계획서, 증빙서류) • 재지정심사 절차 안내 - 서면심사와 연계심사 동시 진행
▼	
재지정심사위원회 예비심사 (서면심사/연계심사)	• 서면심사(총점 100점 중 70점 이상 통과) - 업무운영 및 기여 계획의 이행실적 및 개선조치 이행 (배점 40점) - 향후 업무운영 계획(배점 40점) - 향후 기여 계획(배점 20점) *심사항목별 과락점수 존재(서면심사 기준표 참고) • 연계심사 - 현장조사, 기능점검 등 실시 - 온라인 업무처리 시스템 운영 및 보안성 확보 등 심사 (연계심사 기준표 참고)
▼	
위원회 최종심사	• 서면심사/연계심사 결과를 토대로 위원회 최종심사 - 업무운영에 관한 조건을 부과하여 지정 가능
▼	
자체등급분류사업자 재지정	• 지정서 발급 • 위원회 홈페이지에 재지정 사업자 공고(www.grac.or.kr)

출처: 2024 게임물 등급분류 및 사후관리 연감(81면)

1) 심사지원반: 재지정 심사와 관련하여, 위원회는 심사지원반(직원 4인 이상)을 구성하여 제출서류를 내부 검토하고, 제출서류 및 자료가 부적절하거나 누락된 경우 보완을 요구할 수 있다. 심사지원반은 재지정 종합검토보고서를 작성하여 이를 재지정심사위원회에 제출한다.
2) 재지정심사위원회: 재지정심사위원회는 5인 이상의 위원으로 구성하며, 운영계획 및 기여계획의 이행실적 및 개선조치 이행, 향후 운영계획, 향후

기여계획의 적정성 등에 관하여 심사하게 된다. '재지정 심사기준표'에 따라 세부심사항목별로 점수를 부여한다. 재지정 신청자에 대한 재지정 결정여부를 결정하며, 경우에 따라 업무에 관한 조건을 부과할 수 있다. 재지정 신청자가 재지정 불가결정을 통보받은 경우 통보일로부터 2주 이내에 위원회에 이의를 신청할 수 있다.

3) 위원회: 위원회는 재지정심사위원회의 심사가 '적합'으로 결정된 경우 최종심사를 거쳐 지정서를 발급하고 재지정 사업자를 공고한다.

Section

07

자체등급분류사업자의 지정취소 등

제21조의7(자체등급분류사업자의 지정취소 등) ① 문화체육관광부장관은 자체등급분류사업자가 다음 각 호의 어느 하나에 해당하는 경우에는 그 지정을 취소하거나 6개월 이내의 기간을 정하여 제21조의2제4항에 해당하는 업무의 정지를 명할 수 있다. 다만, 제1호에 해당하는 경우에는 지정을 취소하여야 한다.

1. 거짓이나 부정한 방법으로 지정을 받은 경우
2. 제21조의2제2항에 따른 지정요건을 갖추지 아니한 경우
3. 제21조의3제1항에 따른 준수사항을 위반한 경우

② 문화체육관광부장관은 제1항에 따라 지정을 취소하거나 업무를 정지하는 경우에는 「행정절차법」에 따른 청문을 실시하여야 한다.

③ 제1항에 따른 지정취소는 자체등급분류사업자가 지정취소 이전에 한 등급분류의 효력에 영향을 미치지 아니한다. 다만, 제1항제1호의 사유로 지정취소된 경우에는 그러하지 아니하다.

④ 문화체육관광부장관은 제1항제2호 및 제3호에서 정하는 사유가 발생한 경우 지정취소 또는 업무정지 명령에 앞서 자체등급분류사업자에게 시정방안을 정하여 10일 이내에 이를 수락할 것을 권고할 수 있다. 〈개정 2023. 8. 8.〉

⑤ 문화체육관광부장관은 자체등급분류사업자가 제4항의 시정방안에 따른 조치를 한 경우에는 제1항의 지정취소 또는 업무정지 명령을 하지 아니할 수 있다.

01 의의

게임물관리위원회로부터 3년 이내의 범위에서 자체등급분류사업자로 지정되었다고 하더라도, 문화체육관광부장관은 위와 같은 자체등급분류사업자 지정을 취소하거나 6개월 이내의 기간을 정하여 등급분류 업무의 정지를 명할 수 있다.

02 주체(업무위탁), 청문

이와 관련하여 게임산업법은 문화체육관광부장관이 위와 같은 지정취소 및 업무정지 권한을 게임물관리위원회에게 위탁할 수 있다고 규정하고 있는 바(제24조의2 제1항 6호), 실무적으로는 자체등급분류사업자의 지정, 지정취소, 업무정지 등의 권한 및 업무를 위원회가 문화체육관광부 장관으로부터 위탁받아 수행하고 있다. 자체등급분류사업자에 대하여 지정을 취소하거나 업무를 정지하는 경우에는 행정절차법에 따른 청문을 실시하여야 하는데, 이는 지정취소 및 업무정지가 모두 침익적인 행정처분에 해당하기 때문이다.

03 지정취소, 업무정지 사유

자체등급분류사업자의 지정이 취소되거나 업무정지 명령이 이루어지는 사유로는, 거짓이나 부정한 방법으로 지정을 받은 경우, 자체등급분류사업자의 지정요건을 충족하지 못한 경우, 자체등급분류사업자의 준수사항을 위반한 경우이다. 자체등급분류사업자가 거짓이나 부정한 방법으로 지정을 받은 경우에는 반드시 지정을 취소해야 하며, 업무정지 명령은 허용되지 않는다. 또한 자체등급분류사업자의 지정요건을 충족하지 못한 경우 또는 자체등급분류사업자의 준수사항을 위반한 경우에는 지정취소 또는 업무정지 명령에 앞서 자체등급분류사업자에게 시정방안을 정하여 10일 이내에 이를 수락할 것을 권고할 수 있고, 만약 기한 내에 시정방안에 따른 조치가 완료된 경우에는 지정취소 또는 업무정지 명령을 하지 않을 수 있다. 반면, 자체등급분류사업자가 거짓이나 부정한 방법으로 지정을 받은 경우에는 위와 같은 시정방안의 수락 권고 역시 허용되지 않는다.

자체등급분류사업자 지정이 취소되더라도 해당 자체등급분류사업자가 지정취소 이전에 적법하게 수행한 등급분류 결정의 효력에는 영향이 없으나, 자체등급분류사업자가 거짓이나 부정한 방법으로 지정을 받아 지정이 취소된 경우에는 해당 자체등급분류사업자가 지정취소 이전에 한 등급분류 결정의 효력은 소급하여 상실된다.

이를 정리하면, 자체등급분류사업자가 지정요건을 충족하지 못하였거나 자체등급분류사업자의 준수사항을 위반한 경우, 위원회는 자체등급분류사업자 지정을 취소하거나 6개월 이내의 기간을 정하여 등급분류 업무의 정지를 명할 수 있다. 다만, 이에 앞서 시정방안을 정하여 10일 이내에 이를 수락할 것을 권고할 수 있고, 만약 기한 내에 시정방안에 따른 조치가 완료된 경우에는 지정취소 또는 업무정지 명령을 하지 않을 수 있다. 또한 설령 자체등급분류사업자 지정이 취소되었다고 하더라도 해당 자체등급분류사업자가 지정취소 이전에 적법하게 수행한 등급분류 결정의 효력에는 영향이 없다.

반면, 자체등급분류사업자가 거짓이나 부정한 방법으로 지정을 받은 경우에는 반드시 자체등급분류사업자 지정을 취소하여야 하며, 업무정지 명령 또는 시정방안의 수락 권고는 허용되지 않는다. 또한 지정취소에 따라 해당 자체등급분류사업자가 결정한 등급분류의 효력은 지정취소 이전에 등급분류가 이루어진 게임물에 대해서까지 소급적으로 상실된다.

Section

08

직권등급재분류 등, 등급조정조치 등

제21조의8(직권등급재분류 등) ① 자체등급분류사업자가 등급분류한 게임물이 제21조제2항제4호(*청소년이용불가)에 해당하거나 제22조제2항에 따른 등급분류 거부 대상이 된다고 판단하는 경우에 위원회는 문화체육관광부장관의 요청 또는 직권으로 등급분류 결정을 하거나 자체등급분류사업자의 등급분류 결정을 취소할 수 있다.

제21조의9(등급조정조치 등) ① 위원회는 자체등급분류사업자가 등급분류한 결과가 등급분류기준에 현저히 위배되거나 자체등급분류사업자 간의 등급분류결과가 서로 다른 경우 자체등급분류사업자에게 등급을 조정하도록 요구할 수 있다.
② 자체등급분류사업자는 제1항의 요구에 따른 조치를 하여야 한다.
③ 문화체육관광부장관은 자체등급분류사업자가 제2항의 조치를 이행하지 아니한 경우 이의 시정을 명할 수 있다.

제21조의8는 위원회가 자체등급분류사업자의 등급분류를 직권으로 취소하고 재분류할 수 있도록 권한을 부여하였다. 제21조의9는 위원회가 자체등급분류사업자의 등급분류에 대하여 등급조정조치를 할 수 있도록 권한을 부여하였다.

위 직권등급재분류, 등급조정조치 권한에 대하여는 위원회의 권한남용 가능성과 중복규제에 해당한다는 비판적 견해가 있으나,[3] 게임물에 대한 자율규제가 잘못되었을 것에 대비하여 이를 보완하기 위한 제도적 장치라고 평가할 수 있다.

3 문기탁, “게임물 등급분류의 문제점과 법적 과제”, 법학연구 통권 제54집, 전북대학교 법학연구소, 2017. 11., 144~147면.

제5장

등급거부, 취소, 재분류

Section
01

게임물의 등급거부

게임물을 제작·배급하기 위해서는 게임산업법에서 정하는 바에 따라 등급분류를 받아야 하나, 등급분류신청이 이루어진 모든 게임물에 대하여 등급분류가 이루어지는 것은 아니다. 게임산업법은 등급분류를 거부할 수 있는 게임물과 사유를 정하고 있으며, 만약 등급분류를 거부해야 하는 게임물에 대해 등급분류가 이루어진 경우에는 해당 등급분류결정을 취소하게 된다.

게임산업법 제22조 제2항은 게임물에 대한 등급분류가 거부되는 사유를 규정하고 있는데, ① 사행행위 등 규제 및 처벌특례법(이하 "사행행위규제법"), 형법, 게임산업법 등 관련 법령에 의하여 규제 또는 처벌대상이 되는 행위나 기기에 대한 등급분류신청, ② 정당한 권원을 갖추지 아니하였거나 거짓이나 그 밖의 부정한 방법으로 등급분류를 신청한 경우, ③ 사행성게임물에 대한 등급분류신청이 이에 해당한다.

제22조(등급분류 거부 및 통지 등)

② 위원회는 「사행행위 등 규제 및 처벌특례법」, 「형법」 등 다른 법률의 규정 또는 이 법에 의하여 규제 또는 처벌대상이 되는 행위 또는 기기에 대하여 등급분류를 신청한 자, 정당한 권원을 갖추지 아니하였거나 거짓이나 그 밖의 부정한 방법으로 등급분류를 신청한 자 또는 사행성게임물에 해당되는 게임물에 대하여 등급분류를 신청한 자에 대하여 등급분류를 거부할 수 있다.

실무적으로 등급분류거부가 이루어지는 대부분의 사안은 사행행위규제법에서 정하는 사행성 유기기구, 게임산업법에서 정하는 사행성게임물에 대하여 등급분류를 신청한 경우이다.

게임산업법에서 제작 또는 반입을 금지하고 있는 게임물이 있는데, "① 반국가적인 행동을 묘사하거나 역사적 사실을 왜곡함으로써 국가의 정체성을 현저히 손상시킬 우려가 있는 것, ② 존비속에 대한 폭행·살인 등 가족윤리의 훼손 등으로 미풍양속을 해칠 우려가 있는 것, ③ 범죄·폭력·음란 등을 지나치게 묘사하여 범죄심리 또는 모방심리를 부추기는 등 사회질서를 문란하게 할 우려가 있는 것"이 이에 해당한다(게임산업법 제32조 제2항).

이와 관련하여, 대법원은 베팅 및 배당이 이루어지는 경마를 모사한 게임물의 경우에는 여러 제반사정을 고려할 때 그 자체가 사행심을 유발할 우려가 있다고 보아 "사행성 유기기구"에 해당한다고 판단한 바 있다.

대법원 2014.06.12 선고 2012두13122 판결

① 이 사건 게임물은 한국마사회법에서 규율하는 경마를 모사하였고, 내기(betting)에 따른 배당을 내용으로 하고 있으며, 경마를 대상으로 한 내기 그 자체가 사행심을 유발할 우려가 있는 점, ② 이 사건 게임물은 이용자가 게임 머니(game money)를 거는 데 도움을 주기 위해 경주마와 기수에 대한 각종 정보를 이용자에게 제공하고 있을 뿐이어서 이용자는 예상마를 관전한 후 게임 머니를 거는 것 외에 별다른 조작을 할 필요가 없고, 이후 게임은 자동으로 진행되어 정해진 확률에 따라 결과가 결정되므로, 이 사건 게임물은 이용자 능력이나 기량이 아닌 우연한 방법으로 결과가 결정되는 점, ③ 이용자가 500원 동전을 투입하여 얻은 크레딧(CREDIT) 점수는 600점까지, 배당으로 얻은 뱅크(BANK) 점수는 2,000점까지 걸 수 있는데, 1회 게임당 배당률이 최대 999.9배에 이르는 점, ④ 이 사건 게임물 자체에는 게임점수를 환전하거나 상품권 등 실제 재산상 가치가 있는 물품으로 바꿀 방법이 없으나, 점수보관증 발행 등 이 사건 게임물을 이용한 영업방식에 따라서는 얼마든지 게임결과에 따라 이용자가 재산상 이득을 얻거나 손실을 입을 수 있는 점 등에 비추어 이 사건 게임물은 구 사행행위규제법이 정한 사행성유기기구에 해당하므로, 이 사건 처분에 재량권을 일탈·남용한 위법이 없다고 판단하였다.

다음으로, 사행행위규제법에서 금지하고 있는 사행성 유기기구란 사행심을 유발할 우려가 있는 기계·기구 등을 의미하는데, 위 사행성 유기기구에 해당하는지 여부를 판단할 때에는 해당 기계·기구 자체만이 아니라 이를 이용한 영업방법에서의 사행성까지도 종합적으로 고려되어야 한다.

> **사행행위 등 규제 및 처벌 특례법**
>
> **제2조(정의)** ① 이 법에서 사용하는 용어의 뜻은 다음과 같다.
>
> 6. "사행성 유기기구"란 제5호의 투전기 외에 기계식 구슬치기 기구와 사행성 전자식 유기기구 등 사행심을 유발할 우려가 있는 기계·기구 등을 말한다.

> **대법원 2007. 10. 26. 선고 2007도4702 판결**
>
> '사행행위 등 규제 및 처벌특례법' 제30조 제1항 제1호는 같은 법 제2조 제1항 제2호의 규정에 의한 사행행위영업 외에 투전기 또는 사행성유기기구(기계식구슬치기기구·사행성전자식유기기구 등 사행심을 유발할 우려가 있는 기계·구 등)를 이용하여 사행행위(다수인으로부터 재물 또는 재산상의 이익을 모아 우연적 방법에 의하여 득실을 결정하여 재산상의 이익 또는 손실을 주는 행위)를 업으로 하는 자를 처벌하도록 규정하고 있는바, 여기서 '사행심을 유발할 우려가 있는 기계·기구 등'에 해당하는지 여부는 당해 기계·기구 등의 본래적 용법이나 속성만으로 판단할 것은 아니고, 그 이용목적, 이용방법과 형태, 그 이용결과에 따라 금전 또는 환전 가능한 경품을 지급하는지 여부, 그 정도와 규모 및 실제로 경품을 현금으로 환전해 주는지 여부 등 위법한 경품제공이나 환전 등 영업방법에 있어서의 사행성도 종합적으로 고려하여 판단하여야 할 것이며(대법원 2006. 11. 23. 선고 2006도2761 판결, 대법원 2006. 11. 23. 선고 2006도5864 판결 등 참조), (이하 생략)

다음으로 사행성게임물이란, 베팅이나 배당을 내용으로 하는 게임물, 우연적인 방법으로 결과가 결정되는 게임물 등 게임산업법 제2조 제1호의2 각 목에 해당하는 게임물로서, 그 결과에 따라 재산상 이익 또는 손실을 주는 것을 의미한다. 위 사행성게임물에 해당하는지 여부를 판단함에 있어서도 해당 게임물 자체의 용법이나 속성뿐만 아니라 영업방법의 사행성까지도 함께 고려되어야 한다.

제2조(정의) 이 법에서 사용하는 용어의 정의는 다음과 같다.

1의2. "사행성게임물"이라 함은 다음 각 목에 해당하는 게임물로서, 그 결과에 따라 재산상 이익 또는 손실을 주는 것을 말한다.

가. 베팅이나 배당을 내용으로 하는 게임물

나. 우연적인 방법으로 결과가 결정되는 게임물

다. 「한국마사회법」에서 규율하는 경마와 이를 모사한 게임물

라. 「경륜·경정법」에서 규율하는 경륜·경정과 이를 모사한 게임물

마. 「관광진흥법」에서 규율하는 카지노와 이를 모사한 게임물

바. 그 밖에 대통령령으로 정하는 게임물

게임산업진흥에 관한 법률 시행령

제1조의2(사행성게임물) 「게임산업진흥에 관한 법률」(이하 "법"이라 한다) 제2조제1호의2 바목에서 "그 밖에 대통령령이 정하는 게임물"이란 다음 각 호의 어느 하나에 해당하는 게임물을 말한다.

1. 「사행행위 등 규제 및 처벌 특례법」 제2조제2호에 따른 사행행위영업을 모사한 게임물
2. 「복권 및 복권기금법」 제2조제1호에 따른 복권을 모사한 게임물
3. 「전통소싸움경기에 관한 법률」 제2조제1호에 따른 소싸움을 모사한 게임물

서울행정법원 2017. 2. 3. 선고 2016구합68069 판결

게임산업법 제2조 제1호의2는 사행성게임물이란 배팅이나 배당을 내용으로 하는 게임물, 우연적인 방법으로 결과가 결정되는 게임물 등으로서 그 결과에 따라 재산상 이익 또는 손실을 주는 것을 말한다고 규정하고 있다. 사행성게임물에 해당하는지 여부는 당해 기구 등의 본래적 용법이나 속성만으로 판단할 것은 아니고, 이용목적, 이용방법과 형태, 이용결과에 따라 금전 또는 환전 가능한 경품을 지급하는지 여부 등 위법한 경품제공이나 환전과 같은 영업방법의 사행성도 종합적으로 고려하여 판단하여야 한다(대법원 2007. 10. 26. 선고 2007도4702 판결 등 참조).

정당한 권원을 갖추지 아니하였거나 거짓이나 그 밖의 부정한 방법으로 등급분류를 신청한 경우란, 저작권자의 동의를 받지 않고 영상이나 이미지를 무단

으로 게임물에 사용한 사례, 게임 판권 등을 보유한 업체의 동의 없이 게임 경기결과를 활용하는 사례, 앞서 살펴본 사행성 유기기구 또는 사행성게임물에 해당함에도 마치 정상적인 게임물인 것처럼 프로그램을 조작·은닉하고 허위의 신고서를 작성하여 등급분류를 신청하는 사례 등이 이에 해당한다.

서울행정법원 2017. 2. 3. 선고 2016구합60430 판결

원고는 이 사건 게임물에 어떠한 사행적 요소도 추가되지 않았고, 환전이 불가능하도록 설계되고 만들어졌으며 RF 카드는 범용성을 가지지 아니한다는 취지로 등급분류 신청을 하였다. 그런데 앞서 본 바와 같이 RF 카드는 다른 게임물에서도 사용할 수 있고 카드 간 뱅크점수 저장 및 이동을 통해 환전할 수 있는 가능성이 있고, 이 사건 게임물의 경우 미리 설정된 당첨 구간에 진입하게 되면 이미 예정되어 있던 점수에 당첨될 수 있는 등 이용자들의 사행심리를 키울 수 있는 요소도 있다. 따라서 원고는 이 사건 게임물에 관하여 필요한 설명을 충분히 하지 아니하고 거짓 그 밖의 부정한 방법으로 등급분류를 신청하였다고 볼 수 있다.

게임물관리위원회는 등급분류 신청된 게임물에 거부사유가 확인되는 경우 반드시 신청자에게 의견진술 기회를 부여하며, 신청자의 의견을 고려하더라도 거부사유가 존재한다고 판단되면 그 거부사유를 명시하여 등급분류거부처분을 한다. 신청자는 게임물관리위원회가 제시한 등급분류거부 사유를 제거, 수정, 보완한 후 다시 등급분류신청을 할 수 있다(게임산업법 시행규칙 제10조).

게임산업진흥에 관한 법률 시행규칙

제10조(등급분류 거부결정 절차) ① 관리위원회는 법 제22조 제2항에 따라 등급분류를 거부하려는 때에는 이를 결정하기 전에 신청인에게 의견진술의 기회를 주어야 한다.

② 관리위원회는 등급분류를 거부하려는 경우에는 거부 이유를 구체적으로 기재한 서류를 신청인에게 교부하여야 한다.

③ 제2항에 따라 등급분류를 거부받은 자는 그 거부이유를 해소하여 다시 등급분류를 신청할 수 있다.

만약 게임물관리위원회의 등급분류거부처분이 잘못되었다고 판단한 경우에는 위법한 위 거부처분의 취소를 구하는 내용의 행정소송을 제기할 수 있으나, 이러한 행정소송은 거부처분을 통지받은 날로부터 90일 이내에 제기하여야 한다.

Section

02 게임물의 등급취소

등급분류거부 사유에 해당함에도 불구하고 신청자의 허위 신고 등으로 인해 해당 게임물에 대한 등급분류결정이 이루어진 경우, 게임물관리위원회는 그와 같은 사실이 확인되는 즉시 사후관리조치로서 등급분류결정을 취소한다.

제21조의8(직권등급재분류 등) ① 자체등급분류사업자가 등급분류한 게임물이 제21조 제2항 제4호에 해당하거나 제22조 제2항에 따른 등급분류 거부 대상이 된다고 판단하는 경우에 위원회는 문화체육관광부장관의 요청 또는 직권으로 등급분류 결정을 하거나 자체등급분류사업자의 등급분류 결정을 취소할 수 있다.

제21조의10(등급분류 절차의 간소화)
③ 위원회 및 등급분류기관은 시스템등급분류신청자의 등급분류 결과가 제21조제7항의 등급분류 기준에 적합하지 아니하거나 제22조 제2항에 따른 등급분류 거부 대상이 된다고 판단하는 경우 직권으로 등급분류 결정을 하거나 그 등급분류 결과를 취소할 수 있다.

제22조(등급분류 거부 및 통지 등)
④ 위원회는 등급분류를 받은 게임물이 제2항의 규정에 따른 등급분류 거부 대상인 사실을 알게 된 때에는 지체 없이 등급분류 결정을 취소하여야 한다.

즉, 게임물관리위원회는 게임물관리위원회, 자체등급분류사업자, 시스템등급분류신청에 따른 등급분류결과 등을 통해 등급분류가 이루어진 게임물이, 다른 법률의 규정 또는 게임산업법에 의하여 규제 또는 처벌대상이 되는 행위 또는 기기에 해당하는 경우, 정당한 권원을 갖추지 아니하였거나 거짓이나 그 밖의 부정한 방법으로 등급분류를 신청한 경우, 사행성게임물인 경우 등에 해당하는 것으로 드러난 경우, 해당 게임물에 대한 등급분류결정을 취소하게 된다.

이와 관련하여 법원은 등급분류를 신청한 때에는 등급거부 사유가 존재하지 않았다고 하더라도, 애초부터 등급분류결정을 받은 이후 해당 게임물을 사행성 게임물 등으로 개조하여 유통·제공할 목적으로 등급분류신청을 하였다면, 등급분류취소 사유인 "거짓 그 밖의 부정한 방법으로 등급분류신청을 한 경우"에 해당한다고 판시하였다.

서울고등법원 2022. 12. 14. 선고 2022누31411 판결

게임산업법 제22조 제4항에서 말하는 '거짓 그 밖의 부정한 방법으로 등급분류를 신청한 경우'에는, '신청 당시를 기준으로 한 해당 게임물의 게임 방법이나 특성 등에 대하여는 실제와 동일하게 알렸다고 하더라도 등급분류를 받은 후 그 게임물을 피고의 등급분류 기준에 맞지 않는 게임물로 임의로 변경할 의사를 갖고 있으면서도 이러한 사실을 숨긴 채 등급분류를 받아 게임물을 변경한 경우'도 포함된다고 보아야 한다.
(중략) 누구든지 등급분류를 받은 내용과 다른 내용의 게임물을 유통 또는 이용에 제공하여서는 아니 되며, 이와 같은 목적을 가지고 등급분류를 신청한 자에 대해서는 피고로서는 그 신청을 거부할 수 있고, 또 등급분류신청 당시에 이러한 사실을 간과한 채 등급분류결정을 한 경우에는 사후적으로 이를 취소할 수 있다.

서울고등법원 2010. 2. 3. 선고 2009누9859 판결

원고는, 이 사건 처분은 대물적 처분으로서 이 사건 게임물은 개·변조된 것과 그렇지 아니한 원래의 것으로 구분되고, 따라서 피고로서는 개·변조된 것에 대하여만 이 사건 처분을 하여야 할 것인데 이 사건 게임물 전체에 대하여 하였으므로, 이는 비례의 원칙에 반하여 위법하다고 주장한다. 그러나, 이 사건 처분은 개·변조의 가능성을 갖추어 놓고도 이를 숨

> 기는 등 거짓 그 밖의 부정한 방법으로 등급분류를 신청하였음을 이유로 한 것이므로 개·변조 전후를 불문하고 이 사건 게임물 자체를 그 대상으로 한 것이고, 또한 이 사건 게임물은 개·변조 전후 모두 프로그램 및 전반적인 게임내용은 동일하며 단지 프로그램 내의 data.bin 파일 내의 수치를 조작함으로써 그 내용이 분할보상구간이나 연타기능 등 사행적인 내용으로 변환되는 것에 불과하므로 개·변조 전후 그 동일성이 유지되어 이를 별개의 것으로 볼 수는 없다 할 것이어서, 이에 반하는 원고의 위 주장 또한 받아들이지 않는다.

이는 주로 등급분류 심의에서 확인될 경우 등급분류거부될 수 있는 사행적요소 등을 일단 제외·삭제한 후, 등급분류결정이 이루어지면 해당 요소를 추가하는 사안에서 문제 된다. 다만, 애초부터 위와 같은 목적을 가지고 등급분류를 신청하였다는 사실은 대부분 제반사실에 근거한 간접증거로서 입증되어야 하는데, 개조를 예정한 소스코드가 숨겨져 있었던 점, 매우 단기간 내에 개조 및 유통이 이루어진 점, 개조를 용이하게 하는 장치가 포함된 점, 오로지 개조된 게임물만이 유통·제공되고 있는 점 등의 사정을 통해 인정될 수 있다.

한편, 위와 같은 등급분류 이후의 게임물 개조는 등급분류받은 게임물의 주요 내용이 변경되는 결과를 초래하므로 내용수정 신고 대상에도 해당한다. 따라서 애초부터 등급분류 이후 게임물을 임의로 변경할 의사가 있다는 사실을 인정하기 어려운 경우에도 게임물을 변경한 자는 반드시 내용수정 신고를 하여야 하며, 이를 이행하지 않았다면 내용수정 신고의무 위반에 따른 책임을 부담한다.

게임물에 대한 등급분류를 취소하기 위해서는 반드시 사전에 의견진술의 기회를 부여하여야 한다. 즉, 게임물관리위원회는 등급분류취소의 결정을 한 경우 그 취소이유를 구체적으로 기재한 서면을 신청인에게 교부하며, 신청인은 위 서류를 교부받은 날로부터 7일 이내에 등급분류취소에 대한 의견을 소명할 수 있다. 게임물관리위원회는 신청인이 위 기한 내에 소명을 하지 않거나, 신청인의 소명에도 불구하고 등급분류취소 사유가 인정되는 경우 등급분류의 취소를 확정한다. 등급분류취소처분 이전 당사자에게 의견제출의 기회를 부여한 이상 청문을 실시할 필요는 없다.

부산지방법원 2015. 4. 9. 선고 2014구합22770 판결

청문은 다른 법령 등에서 청문을 하도록 규정하고 있는 경우, 행정청이 필요하다고 인정하는 경우, 당사자 등의 신청이 있는 경우에 실시하도록 규정하고 있고, 다만 청문을 실시하지 않을 경우에는 당사자 등에게 의견제출의 기회를 주어야 한다(행정절차법 제22조 제1항, 제3항 참조). 살피건대, 게임산업법은 등급분류결정을 취소하는 처분을 함에 있어 청문을 하도록 요구하는 규정을 두고 있지 않은 점에다가, 갑 제1, 3호증의 각 기재 및 변론 전체의 취지를 종합하여 인정되는 다음과 같은 사정 즉, ① 원고가 피고에게 청문을 신청한 사정을 찾아보기 어려운 점, ② 피고는 이 사건 처분 전에 원고에게 등급분류결정취소 예정통지를 하면서 의견제출의 기회를 부여한 점 등에 비추어 보면, 원고의 이 부분 주장은 이유 없다.

Section

03 게임물의 등급재분류

01 내용수정과 등급재분류

> **게임산업법 제21조** (중략) ⑤ 등급분류를 받은 게임물의 내용을 수정한 경우에는 문화체육관광부령으로 정하는 바에 따라 24시간 이내에 이를 위원회에 신고하여야 한다. 이 경우 위원회는 신고된 내용이 등급의 변경이 필요할 정도로 수정된 경우에는 신고를 받은 날부터 7일 이내에 등급 재분류 대상임을 통보하여야 하며, 통보받은 게임물은 새로운 게임물로 간주하여 위원회규정으로 정하는 절차에 따라 새로이 등급분류를 받도록 조치하여야 한다. 〈신설 2007. 1. 19., 2008. 2. 29., 2013. 5. 22., 2023. 8. 8.〉
> ⑥ 제5항의 규정에 따라 등급의 변경이 필요할 정도의 수정에 해당하면서 새로이 등급분류를 받지 아니하거나 등급분류를 받은 내용과 다르게 제공할 경우 위원회에서 직권으로 조사하거나 게임물제공업자 또는 게임물배급업자의 신청에 의하여 등급을 재분류 할 수 있다. 〈신설 2007. 1. 19., 2013. 5. 22., 2023. 8. 8.〉

내용수정 신고 시 특별한 문제가 없다면 등급이 유지되고, 내용수정으로 신고된 게임물이 그 이용방식이 현저하게 변경되거나 게임의 계정사항(특정 게임이용자의 게임이용정보 또는 내용을 말한다)이 승계되지 아니하여 법 제21조제5항에 따른 내용수정 범위를 초과하는 경우에는 반려한다.

시행규칙 제9조의2(게임물의 내용수정) ① 법 제21조제5항 전단에 따라 등급분류를 받은 게임물의 내용을 수정(등급분류를 받은 게임물의 내용이 수정된 경우로 한정하며, 내용수정 없이 등급분류를 받은 게임물을 기술적으로 보완하거나 개선하는 경우를 제외한다)하려는 자는 관리위원회규정으로 정하는 신고서에 수정내용을 입증할 수 있는 자료를 첨부하여 관리위원회에 제출해야 한다. 다만, 법 제21조의10제1항에 따른 등급분류 시스템(이하 "등급분류시스템"이라 한다)을 통해 등급분류를 받은 게임물의 내용을 수정하려는 자는 관리위원회규정으로 정하는 바에 따라 수정내용을 등급분류시스템에 입력함으로써 그 제출을 갈음할 수 있다. 〈개정 2014. 12. 31., 2021. 12. 9.〉

② 관리위원회는 제1항에 따라 신고받은 게임물에 대하여 그 수정내용을 확인하고, 다음 각 호에서 정하는 바에 따라 조치하여야 한다. 〈개정 2014. 12. 31.〉

1. 등급유지통보: 게임물의 내용이 수정되었으나 등급의 변경을 요할 정도는 아닌 경우로서 원래 분류받은 등급을 유지하게 하는 것을 말한다.
2. 등급재분류통보: 게임물의 내용이 등급의 변경을 요할 정도로 수정된 경우로서 법 제21조제5항 후단에 따라 새로이 등급분류를 받게 하는 것을 말한다.

③ 관리위원회는 내용수정으로 신고된 게임물이 그 이용방식이 현저하게 변경되거나 게임의 계정사항(특정 게임이용자의 게임이용정보 또는 내용을 말한다)이 승계되지 아니하여 법 제21조제5항에 따른 내용수정범위를 초과하는 경우에는 지체없이 제1항에 따른 신고서를 반려하고 신고인에게 반려의 취지 등을 통보하여야 한다. 이 경우 신고인은 당해 게임물에 대하여 법 제21조제1항에 따라 등급분류를 신청하여야 한다. 〈개정 2014. 12. 31.〉

[본조신설 2007. 5. 18.]

한편, 등급분류받은 게임물의 내용수정 신고 이후, 위원회가 등급의 변경이 필요할 정도의 수정이 있다고 판단한 경우 신고를 받은 날부터 7일 이내에 등급 재분류 대상임을 통보하여야 하고, 통보받은 게임물은 새로이 등급분류를 받도록 조치하게 되어 있는데 7일간의 통보기간은 훈시규정이다.

02 직권등급재분류

현재 유통되고 있는 거의 대부분의 게임들은 자체등급분류사업자가 등급분류를 하고 있으며, 일부 게임만 게임물관리위원회 또는 GCRB에서 등급분류 업무를 수행하고 있다.

자체등급분류사업자가 등급분류한 게임물이 제21조 제2항 제4호(청소년이용불가 게임물)에 해당하는 경우 문화체육관광부 장관의 요청 또는 직권으로 등급분류결정을 하는 경우가 있다.

또한, 자체등급분류사업자가 등급분류한 결과가 등급분류기준에 현저히 위배되거나, 자체등급분류사업자 간의 등급분류결과가 서로 다른 경우 자체등급분류사업자에게 등급을 조정하도록 요구할 수 있다.

제21조의8(직권등급재분류 등)

① 자체등급분류사업자가 등급분류한 게임물이 제21조제2항제4호에 해당하거나 제22조제2항에 따른 등급분류 거부 대상이 된다고 판단하는 경우에 위원회는 문화체육관광부장관의 요청 또는 직권으로 등급분류 결정을 하거나 자체등급분류사업자의 등급분류 결정을 취소할 수 있다.

② 위원회는 제1항에 따라 등급분류 결정 또는 취소결정을 한 경우 이를 자체등급분류사업자에게 지체 없이 통보하여야 한다.

③ 자체등급분류사업자는 제2항에 따른 통보를 받은 날부터 지체 없이 이에 따른 조치를 취하여야 한다.

④ 문화체육관광부장관은 자체등급분류사업자가 제3항의 조치를 이행하지 아니한 경우 이의 시정을 명할 수 있다.[본조신설 2016. 5. 29.]

제21조의9(등급조정조치 등) ① 위원회는 자체등급분류사업자가 등급분류한 결과가 등급분류기준에 현저히 위배되거나 자체등급분류사업자 간의 등급분류결과가 서로 다른 경우 자체등급분류사업자에게 등급을 조정하도록 요구할 수 있다. 〈개정 2023. 8. 8.〉

② 자체등급분류사업자는 제1항의 요구에 따른 조치를 하여야 한다.

③ 문화체육관광부장관은 자체등급분류사업자가 제2항의 조치를 이행하지 아니한 경우 이의 시정을 명할 수 있다.[본조신설 2016. 5. 29.]

실무적으로 게임물관리위원회의 내부 분과위원회에서 직권등급재분류를 담당하며, 전문성과 객관성을 담보하기 위하여 매 회의마다 위원회 위원 3명, 외부 전문위원 2명이 참여하여 직권등급재분류 절차를 진행하고 있다.

예를 들어 자체등급분류사업자가 등급분류한 게임이 위원회의 등급분류기준에 맞지 않는 경우, 예를 들면 선혈이 사실적으로 표현되거나 상당한 선정성이 존재함에도 불구하고 자체등급분류사업자가 전체이용가 또는 12, 15세이용가 등급으로 판단할 때가 있다.

이러한 경우, 등급이 부적정한 것으로 판단된 자체등급분류 게임물에 대하여 위원회가 제21조의8에 따라 직권으로 '청소년이용불가'로 등급을 결정하거나, 제21조의9에 따라 자체등급분류사업자에게 등급 조정을 요구할 수 있다.

한편, 등급거부사유가 있음에도 등급을 부여하여 서비스하는 경우, 등급취소를 한다. 예를 들면, 환전 기능이 있는 게임이 서비스되는 경우 이는 등급거부사유에 해당하므로 등급취소가 된다.

시행규칙 제9조의7(등급분류시스템을 통한 직권에 의한 등급분류 결정 등) ① 관리위원회 및 법 제24조의2에 따라 등급분류 업무를 위탁받은 기관(이하 "등급분류기관"이라 한다)은 법 제21조의10제3항에 따라 직권으로 등급분류 결정을 하거나 그 등급분류 결과를 취소하려는 경우에는 같은 조 제2항에 따른 시스템등급분류신청자(이하 "시스템등급분류신청자"라 한다)에게 그 이유를 통지하고 의견진술의 기회를 주어야 한다.

② 관리위원회 및 등급분류기관은 법 제21조의10제4항에 따라 통보하려는 경우에는 시스템등급분류신청자에게 직권으로 등급분류 결정을 하거나 그 등급분류 결과를 취소한 이유를 통지해야 한다.

③ 제1항 및 제2항에 따른 통지는 시스템등급분류신청자가 미리 동의한 경우 전자적 방법으로 할 수 있다.

[본조신설 2021. 12. 9.]

제6장

내용수정

Section 01 내용수정 신고제도 개관

게임산업법은 국민의 건전한 게임문화를 확립하기 위하여 게임물에 대한 사전등급분류제를 채택하면서도, 수시로 업데이트를 요하는 게임물의 특성을 감안하여 사전등급분류제에 대한 예외로서 등급분류 받은 게임물의 내용수정에 대한 사후신고제를 규정하고 있다. 즉, 게임물의 내용수정 신고제도는 게임물에 사소한 변경이 있는 때에도 등급분류를 거치도록 하는 경우 게임물의 이용에 중대한 지장을 줄 수 있어 이를 간편하게 처리할 수 있도록 마련된 제도인 것이다.

서울행정법원 2015. 1. 9. 선고 2014구합9486 판결

법 제21조 제1항은 국민의 건전한 게임문화를 확립하기 위하여 게임물에 대한 사전 등급분류제를 채택하여 게임물을 일반에 유통시키기 위해서는 사전에 피고로부터 등급분류를 받도록 강제하고 있으나, 기존에 등급이 분류된 게임물 중 최초 등급분류 당시 존재하지 않았던 새로운 아이템이나 미션이 추가되는 등 수시로 업데이트 또는 패치를 바꿀 필요가 있는데 이럴 때마다 서비스를 중단하고 피고에게 사전에 등급분류를 받도록 한다면 게임물의 이용 제공에 중대한 지장을 초래할 수 있으므로, 법 제21조 제5항은 게임물을 제작 또는 배급하는 자로 하여금 게임물의 내용수정 시에도 그 계속적인 유통·제공을 허용하되 24시간 이내에 피고에게 신고하도록 규정하고 있다.

적법하게 등급분류받은 게임물의 내용을 수정한 경우에는 게임물관리위원회 등에 "내용수정 신고"를 하여야 한다. 위 내용수정 신고는 반드시 내용수정 이전에 해야 하는 것이 아니라, 내용의 수정이 이루어진 때부터 24시간 이내에만 완료하면 된다(게임산업법 제21조 5항, 동법 시행규칙 제9조의2 제1항).

> **제21조(등급분류)**
> ⑤ 등급분류를 받은 게임물의 내용을 수정한 경우에는 문화체육관광부령으로 정하는 바에 따라 24시간 이내에 이를 위원회에 신고하여야 한다. 이 경우 위원회는 신고된 내용이 등급의 변경이 필요할 정도로 수정된 경우에는 신고를 받은 날부터 7일 이내에 등급 재분류 대상임을 통보하여야 하며, 통보받은 게임물은 새로운 게임물로 간주하여 위원회규정으로 정하는 절차에 따라 새로이 등급분류를 받도록 조치하여야 한다.

> **게임산업진흥에 관한 법률 시행규칙**
> **제9조의2(게임물의 내용수정)** ① 법 제21조제5항 전단에 따라 등급분류를 받은 게임물의 내용을 수정(등급분류를 받은 게임물의 내용이 수정된 경우로 한정하며, 내용수정 없이 등급분류를 받은 게임물을 기술적으로 보완하거나 개선하는 경우를 제외한다)하려는 자는 관리위원회규정으로 정하는 신고서에 수정내용을 입증할 수 있는 자료를 첨부하여 관리위원회에 제출해야 한다. 다만, 법 제21조의10제1항에 따른 등급분류 시스템(이하 "등급분류 시스템"이라 한다)을 통해 등급분류를 받은 게임물의 내용을 수정하려는 자는 관리위원회규정으로 정하는 바에 따라 수정내용을 등급분류시스템에 입력함으로써 그 제출을 갈음할 수 있다.

위와 같이 내용수정 신고를 하지 않고 "등급을 받은 내용과 다른 내용의 게임물을 이용에 제공"하는 경우에는 형사처벌을 받게 되는데, 이때 주의해야 할 사항은 단순히 게임물의 내용 자체가 변경된 경우뿐만 아니라, 이를 제공하는 운영방식이 변경된 경우에도 게임물의 내용 구현과 밀접한 관련이 있다면 내용수정 신고 사항에 포함된다는 점이다.

대법원 2014. 11. 13. 선고 2013도9831 판결

게임산업법과 게임산업법 시행규칙의 규정 내용 및 입법취지 등에 비추어 보면, 게임물 자체의 내용뿐만 아니라 게임물의 내용 구현과 밀접한 관련이 있는 게임물의 운영방식을 등급분류신청서나 그에 첨부된 게임물내용설명서에 기재된 내용과 다르게 변경하여 이용에 제공하는 행위도 게임산업법 제32조 제1항 제2호에서 정한 '등급을 받은 내용과 다른 내용의 게임물을 이용에 제공하는 행위'에 해당한다고 보아야 한다.

서울행정법원 2023. 4. 20. 선고 2022구합57763 판결

이 사건 게임물 이용자는 일정 수량 이상의 게임머니를 가지고 있어야 게임을 시작할 수 있고, 자신이 보유한 게임머니의 수준을 고려하여 베팅할 게임머니의 수량을 결정할 수 있으며, 게임의 승패에 따라 게임머니를 얻기도 하고 잃기도 하는 등 게임의 승패에 따른 게임머니의 득실이 누적된 상태로 반복적으로 게임이 진행된다. 이처럼 이 사건 게임물의 베팅 및 배당의 수단이 되는 게임머니의 보유량은 게임의 시작, 과정 및 결과 모두에 깊게 관여되어 있다. 그런데 이 사건 기능은 제휴사 상품을 구매하면 그에 따른 게임머니를 충전하여 주는 방식으로 결과적으로 이 사건 게임물에서 베팅 또는 배당의 수단으로 사용되는 게임 재화를 월 구매 한도 없이 무제한으로 간접구매할 수 있게 하는바, 이는 게임머니 보유를 위한 새로운 결제방식을 추가하는 것과 다를 바 없고, 등급분류의 대상이 되는 게임물의 내용 또는 적어도 내용 구현과 밀접한 관련이 있는 게임물의 운영방식의 변경에 해당한다.

Section

02 내용수정 신고 대상

게임산업법이 규정하는 등급분류의 대상은 게임물이나 프로그램 소스 자체가 아닌 게임물의 내용, 즉 등급분류신청서나 그에 첨부된 게임물내용설명서의 기재내용이므로(대법원 2007. 11. 29. 선고 2007도7467 판결, 대법원 2014. 5. 29. 선고 2014도12 판결 등 참조), 비록 등급분류신청 당시 제출된 프로그램(실행 가능한 게임물)에 이미 구현되어 있던 기능이라고 하더라도 등급분류신청서나 게임물내용설명서에 기재되지 않았던 게임물의 내용은 내용수정 신고의 대상에 해당한다.

서울고등법원 2024. 2. 2. 선고 2023누43046 판결
게임물 등급분류의 대상은 등급분류 신청서나 그에 첨부된 게임물내용설명서에 기재된 게임물의 내용으로 한정함이 타당하므로, 이 사건 등급분류신청서나 이 사건 게임설명서에 기재되지 아니하였던 이 사건 기능은 등급분류 대상에 포함되었다고 볼 수 없고, 결국 이 사건 기능에 관한 부분이 이 사건 게임물에 구현되어 있었다고 하더라도 내용수정신고의 대상에 해당됨에는 변함이 없다고 할 것이다. 원고의 이 부분 주장은 이유 없다.

한편, 내용수정 신고는 게임물의 내용이 기존 등급분류결정 내지 등급유지통보를 받은 것과 달라지는 경우를 대상으로 하므로, 게임물의 내용과는 무관한 사항이 달라지게 되는 경우까지 내용수정 신고를 해야 하는 것은 아니다. 법원 또한 게임물에 부착되는 운영정보표시장치(OIDD)를 변경(제1기 운영정보표시장치를 제4기 운영정보표시장치로 변경하여 부착한 사안)하는 것은 게임물의 내용이 아닌

"게임물의 운영에 관한 정보를 표시하는 장치"를 변경하는 것이므로, 내용수정 신고의 대상에 해당하지 않는다고 판시하였다.

부산고등법원 2021. 7. 23. 선고 2021누21330 판결

위 규정들의 체계적 해석상 게임물의 등급재분류 요건이 되는 '게임물의 내용을 수정한 경우'라 함은 게임물에 대한 폭력성·선정성 또는 사행성 여부의 판단에 영향을 미칠 수 있는 사항인 게임물의 내용정보 즉, '게임물의 내용에 대한 폭력성·선정성 또는 사행성의 여부 또는 그 정도와 그 밖에 게임물의 운영에 관한 정보'를 수정하는 경우라고 봄이 타당하다. (중략) 따라서, 운영정보표시장치를 변경하는 것은 게임물의 내용정보를 변경하는 것이 아니라 게임물의 운영에 관한 정보를 표시하는 장치를 변경하는 것에 불과하여 '게임물의 내용을 수정하는 경우'에 해당한다고 볼 수 없다.

Section 03

내용수정의 신고

게임산업법 제21조 제5항에 따른 내용수정 신고는 사전등급분류제의 예외로서, 강학상 "신고"에 해당한다.

이러한 내용수정의 "신고"가 이루어졌다고 하더라도, 이는 게임산업법 관련 규정에 따라 수정된 게임물의 내용에 대한 사후신고가 이루어졌다는 사실이 인정되는 것에 그칠 뿐이며, 이 사건 내용수정 신고 자체만으로 게임제작업자 등 내용수정 신고권자에게 특정한 법적 지위 등이 부여되는 것은 아니다.

즉, 내용수정 신고는 어디까지나 게임물의 내용수정이 이루어진 경우, 내용수정의 적법성에 대한 판단을 위하여 사후적으로 신고할 수 있다는 취지에 불과한 것이다.

이와 같이 내용수정 신고 자체만으로는 해당 게임물의 수정 내용에 대한 아무런 효력을 미치지 못하며, 내용수정 신고권자에 대한 특정한 법적 지위를 부여하는 것도 아닌 이상, "게임산업법에 따라 적법하게 내용수정 신고가 이루어졌다는 사실"과 "수정된 게임물의 내용이 위법하다는 사실"은 반드시 별개로 다루어져야 한다.

단순히 사후적인 내용수정 신고가 이루어졌다고 하여 새로이 추가된 콘텐츠의 위법성이 소멸한다거나 게임제작업자 등의 형사책임 등이 면제될 수는 없는 것이며, 단지 적법하게 내용수정 신고가 이루어졌으므로 그에 따른 처분이 이루어지기 전까지는 게임물관리위원회의 사전등급분류제도 불구하고 변경된 내용으로 게임물을 제공할 수 있게 되는 반사적인 효과를 누릴 수 있게 되는 것이다.

따라서 게임물관리위원회로서는 비록 내용수정 신고가 적법하게 이루어진 사안이라고 하더라도, 수정된 게임물의 내용이 그 자체로서 게임산업법 등 관련 법령에 위반된다고 판단될 경우에는 내용수정 신고에 따른 심사절차와는 별도로 그에 대한 행정처분이나 수사의뢰 등의 절차를 진행할 수 있다. 만약, 아무런 법적 근거 없이 내용수정 신고에 따른 심사기간 동안 행정처분의뢰 등이 불가능하다고 해석한다면, 반복된 내용수정 신고와 그 철회를 통해(현행 게임산업법상으로는 과거 거부된 동일한 사항에 대한 내용수정 신고도 재차 이루어질 수 있다) 사실상 위법한 내용의 게임물을 무제한으로 제공할 수 있게 되는 불합리한 결과를 가져오게 된다.

Section
04
내용수정 신고에 따른 조치

게임물관리위원회는 내용수정 신고가 이루어지면 그 내용을 확인한 후, ① 그 이용방식이 현저하게 변경되거나 게임의 계정사항이 승계되지 않는 등 내용수정 범위를 초과한 경우에는 "반려처분"을, ② 변경된 게임물의 내용이 기존 등급의 변경을 요할 정도가 아닌 경우에는 "등급유지통보"를, ③ 변경된 게임물의 내용이 기존 등급의 변경을 요할 정도로 수정된 경우에는 "등급재분류통보"를 하게 된다. 이 중 반려처분 내지 등급재분류통보가 이루어지면, 내용이 변경된 게임물에 대해서는 새로운 등급분류절차를 통해 재차 등급분류를 받아야 한다.

게임산업진흥에 관한 법률 시행규칙

제9조의2(게임물의 내용수정)

② 관리위원회는 제1항에 따라 신고받은 게임물에 대하여 그 수정내용을 확인하고, 다음 각 호에서 정하는 바에 따라 조치하여야 한다.

1. 등급유지통보: 게임물의 내용이 수정되었으나 등급의 변경을 요할 정도는 아닌 경우로서 원래 분류받은 등급을 유지하게 하는 것을 말한다.
2. 등급재분류통보: 게임물의 내용이 등급의 변경을 요할 정도로 수정된 경우로서 법 제21조제5항 후단에 따라 새로이 등급분류를 받게 하는 것을 말한다.

③ 관리위원회는 내용수정으로 신고된 게임물이 그 이용방식이 현저하게 변경되거나 게임의 계정사항(특정 게임이용자의 게임이용정보 또는 내용을 말한다)이 승계되지 아니하여 법 제21조제5항에 따른 내용수정범위를 초과하는 경우에는 지체없이 제1항에 따른 신고서를 반려하고 신고인에게 반려의 취지 등을 통보하여야 한다. 이 경우 신고인은 당해 게임물에

대하여 법 제21조제1항에 따라 등급분류를 신청하여야 한다.

서울행정법원 2015. 1. 9. 선고 2014구합9486 판결

피고가 위와 같은 수정신고를 심사할 때, 게임물 자체를 제출받아 게임물의 운용 방식 전반에 대하여 심사를 하는 것이 아니라 신청자가 제출한 내용수정신고서에 기재된 내용만으로 단편적으로 심사할 수밖에 없는 만큼, 내용수정신고 범위를 초과하는지 여부에 관한 판단은 피고의 입장에서 외형적·객관적으로 보아 종전 게임물과 수정 신고된 게임물의 전체적인 동일성에 의심이 가는 정도에 이르렀는지 여부로 판단하여야 한다.

위원회는 기존 등급의 변경을 요할 정도로 게임물의 내용 변경된 예시로, 게임의 주요 내용(시나리오, 캐릭터, 아이템 등)·영상·음향 요소 등이 등급 판정에 영향을 줄 수 있을 정도로 수정되거나 추가된 경우, 게임머니의 충전, 이체, 사용 등 이용방식이 수정된 경우, 기타 사행성을 유발하거나 이용자의 과몰입을 유발할 수 있는 게임의 진행 방식이 수정된 경우, 아케이드 게임으로서 게임의 내용·이용방법·프로그램의 수정이 있는 경우, 장기간 내용수정 신고를 하지 않거나, 추가된 내용이 방대한 경우 등을 제시하고 있다.

게임물의 내용수정 신고는 게임물 내용 신고서에 게임물 내용 수정 기술서를 첨부하여 제출함으로써 이루어진다. 위원회는 신고받은 날부터 7일 이내에 등급유지통보 또는 등급재분류통보를 하여야 하는데, 제출된 신고서나 관련 자료가 미비하다면 신고인에게 보완을 요구할 수 있다. 등급분류신청과 마찬가지로 신고서의 보완에 소요되는 기간은 위 처리기간에 포함되지 않는다. 신고인은 위원회의 보완요구를 받은 날로부터 7일 이내에 보완을 완료하여야 하나, 부득이한 사유가 있다면 1회에 한하여 그 기간을 연장할 수 있다.

위원회는 내용수정 신고가 반려사유에 해당한다면 지체 없이 그 신고서를 반려하고 신고인에게 반려이유가 기재된 서면을 교부한다. 내용수정 신고가 반려된 경우 신고인은 그 서면을 교부받은 날부터 해당 게임물을 내용수정 신고 이전의 내용으로 제공하고, 등급분류신청 절차를 이행하여야 한다. 내용수정 신고의 반려처분은 신고인에게 어떠한 의무를 부과하거나 권익을 제한하는 내용이 아니므로, 반려처분에 대한 사전통지 및 의견제출 기회의 부여가 요구되지 않는다.

서울행정법원 2015. 1. 29. 선고 2014구합11427 판결
행정절차법 제21조 제1항 및 제22조 제3항에서는 행정청이 당사자에게 의무를 부과하거나 권익을 제한하는 처분을 하는 경우에 처분의 사전통지를 하고 당사자에게 의견제출의 기회를 주도록 규정하고 있다. 그런데 이 사건 처분은 앞서 본 바와 같이 원고의 게임물 내용수정신고에 대한 거부처분이어서 아직 원고에게 어떤 권익이 부여되지 않았으므로 이 사건 처분으로 원고의 권익이 제한된다고 볼 수 없고, 또한 이 사건 처분은 원고에게 의무를 부과하는 내용도 아니다. 따라서 피고가 이 사건 처분을 할 때 행정절차법 제21조 제1항 및 제22조 제3항의 절차를 거쳐야 하는 것은 아니므로(대법원 2003. 11. 28. 선고 2003두674 판결 참조), 원고의 둘째 주장은 이유 없다.

내용수정 신고 결과 등급재분류통보를 받은 게임물은, 위 통보를 송달받은 날로부터 내용수정 신고 이전의 내용으로 제공되어야 하며, 7일 이내에 새롭게 등급분류신청을 하여야 한다.

내용수정 신고 대상임에도 불구하고 내용수정 신고를 하지 않거나, 신고가 반려 또는 등급재분류통보를 받았음에도 계속해서 변경된 내용으로 게임물을 제공한 경우 게임산업법 제32조 제1항 제2호의 불법게임물에 해당하며, 위원회는 처벌과 함께 직권으로 등급재분류결정을 할 수 있다.

최초 적법하게 등급분류결정이 이루어졌던 게임물에 사행적 요소가 사후에 추가됨으로 인해 사행성게임물에 해당하게 되었다면, 이는 그 이용방식이 현저하게 변경되어 내용수정 범위를 초과한 경우이므로 위 내용수정 신고는 반려되어야 한다. 이때 신청인이 제출한 자료만으로는 내용수정 이후의 게임물이 사행성게임물에 해당한다는 점을 명확하게 판단하기 어려우나 이에 대한 상당한 정황이 확인된다면, 위원회는 해당 내용수정 신고에 보다 엄격한 기준을 적용하여 등급재분류통보를 한 후 새롭게 등급분류신청을 하도록 하는 것 또한 허용된다.

서울행정법원 2021. 8. 19. 선고 2020구합70786 판결

이처럼 베팅·배당을 내용으로 하는 이 사건 당초 게임물은 게임산업법 제2조 제1호의2 (가)목의 사행성게임물에 해당할 여지가 있으므로, 이 사건 수정신고에 대하여는 다른 경우보다 상대적으로 더 엄격한 기준이 적용된다.
(중략) 내용수정신고의 절차적·현실적인 제약과 더불어 '등급변경을 요할 정도의 수정'에 해당하는지 여부는, 등급분류 절차와 같이 특정한 등급 또는 등급분류 거부사유에 해당함이 명백한 정도가 아니라, 신고서 내용에 비추어 등급변경이 이루어질 개연성이 존재하는 정도면 충분한 점, 피고는 이 사건 소송절차에서 추가로 제출된 원고 측 증거자료를 종합하여 비로소 이 사건 수정 게임물에 등급분류 거부사유가 포함된 것이라고 확신하게 된 것으로 보이는 점 등에 비추어, 수정신고의 내용에 게임산업법 제22조 제2항의 '등급분류 거부사유'나 같은 법 시행규칙 제9조의2 제3항의 '이용방식의 현저한 변경사유'가 일부 존재한다고 의심할 정황이 발견된 경우라고 하여 피고가 무조건 신고반려 처분만을 선택하여야 하는 것은 아니다. 전체 게임물 내용 중 그러한 부분이 차지하는 비중과 정도, 내용변경의 정도 등을 고려하여, 피고가 수정신고서 및 첨부자료를 토대로 등급변경이 요구될 정도의 개연성이 존재한다고 판단하였음을 전제로 등급재분류 결정 통보를 선택하였다고 하더라도 특별한 사정이 없는 한, 위법하다고 보기 어렵다.

제7장

등급분류 및 내용수정 관련 결정에 대한 사법상 구제수단

Section

01

처분에 대한 취소소송

등급분류신청 및 내용수정 신고에 대한 게임물관리위원회의 결정은 행정소송법상 항고소송의 대상인 "처분"에 해당한다. 이때 처분은 행정청이 행하는 구체적 사실에 관한 법집행으로서의 공권력의 행사 또는 그 거부와 그 밖에 이에 준하는 행정작용을 의미한다(행정소송법 제2조 제1항 제1호).

서울행정법원 2015. 1. 29. 선고 2014구합11427 판결
게임산업법 제21조 제5항에 따른 게임물의 내용수정신고는 '수리가 필요한 신고'라고 봄이 타당하다. 따라서 이 사건 처분은 원고의 게임물 내용수정신고에 대한 거부처분에 해당한다.

따라서 게임물관리위원회의 위와 같은 결정에 불복하기 위해서는 행정소송의 유형 중 항고소송을 통해 다투어야 하며, 주로 취소소송의 형태로 소가 제기된다. 등급분류거부처분취소의 소, 등급분류취소처분취소의 소, 내용수정신고반려처분취소의 소 등이 이에 해당한다.

이때 가장 주의해야 할 사항은 취소소송의 제소기간이다. 취소소송은 처분 등이 있음을 안 날로부터 90일 이내에 제기하여야 하며, 이는 불변기간이므로 이를 늘이거나 줄이는 것은 허용되지 않는다. 또한 처분 등이 있음을 안 날로부터 90일이 도과하지 않았다고 하더라도, 처분 등이 있은 날부터 1년을 경과하면 취소소송을 제기할 수 없다.

단, 정당한 사유가 있는 때에는 처분등이 있은 날부터 1년을 경과하여도 취소소송을 제기할 수 있으며, 정당한 사유란 여러 사정을 종합하여 지연된 제소를 허용하는 것이 사회통념상 상당하다고 할 수 있는가에 따라 판단된다. 이 경우에도 처분등이 있음을 안 날로부터 90일을 도과해서는 안 된다.

대전지방법원 2022. 4. 26. 선고 2021구합105056 판결

1) 행정소송법 제20조 제2항은 “취소소송은 처분 등이 있은 날부터 1년을 경과하면 이를 제기하지 못한다. 다만, 정당한 사유가 있는 경우는 그러하지 아니하다”고 규정하고 있는바, 취소소송을 행정처분의 상대방이 아닌 제3자가 제기하는 경우라도 그에 대한 소는 정당한 사유가 있음을 증명하지 못하는 한 당해 취소소송의 대상인 행정처분이 있은 날부터 1년 이내에 취소소송을 제기하지 않으면 아니 된다. 여기서 ‘정당한 사유’란 불확정 개념으로서 그 존부는 사안에 따라 개별적, 구체적으로 판단하여야 하나 민사소송법 제173조의 ‘당사자가 그 책임을 질 수 없는 사유’나 행정심판법 제 27조 제2항 소정의 ‘천재지변, 전쟁, 사변, 그 밖의 불가항력인 사유’보다는 넓은 개념이라고 풀이되므로, 제소기간 도과의 원인 등 여러 사정을 종합하여 지연된 제소를 허용하는 것이 사회통념상 상당하다고 할 수 있는가에 의하여 판단하여야 한다(대법원 1989. 5. 9. 선고 88누5150 판결, 대법원 1991. 6. 28. 선고 90누6521 판결 등 참조).
2) 한편, 행정처분의 상대방이 아닌 제3자가 어떤 경위로든 행정처분이 있음을 알았거나 쉽게 알 수 있다는 등의 특별한 사정이 있을 때에는 그 때부터 90일 내에 소를 제기하여야 하고, 이 경우 제3자가 그 제소기간을 지키지 못하였음에 정당한 사유가 있는지 여부는 문제가 되지 아니한다(행정심판의 청구기간에 대한 대법원 2002. 5. 24. 선고 2000두3641 판결 등 참조). 지키지 못하였음에 정당한 사유가 있는지 여부는 문제가 되지 아니한다.

또한 법원은 내용수정 신고의 반려처분에 따라 게임물의 내용을 내용수정 신고 이전으로 원상복구하였다면, 위 반려처분의 취소를 구할 소의 이익은 소멸하였다고 판시하였다.

서울행정법원 2021. 8. 20. 선고 2020구합72720 판결

원고가 2020. 8. 7.경 이 사건 반려처분의 취지에 따라 이 사건 게임물의 내용을 이미 이 사건 수정신고 이전으로 원상복구한 사실이 인정된다. 따라서 이 사건 수정신고의 대상이 된 이 사건 게임물의 내용 수정이 더 이상 존재하지 않고, 원고로서는 이 사건 반려처분의 취소를 구할 소의 이익이 없게 되었다. (중략) 그렇다면 이 사건 소는 부적법하므로 이를 각하하기로 하여 주문과 같이 판결한다.

게임산업법 등 관련 규정은 게임물관리위원회의 결정에 대한 필요적 행정심판전치 규정을 두고 있지 않으므로, 위 결정에 불복하는 자는 행정심판절차를 거칠 필요 없이 곧바로 법원에 취소소송을 제기할 수 있다(행정소송법 제18조 제1항).

처분의 위법성을 다투는 항고소송에서 법원은 처분 당시 행정청이 제시한 처분사유를 기초로 그 위법성을 판단한다.

대법원 2005. 4. 15. 선고 2004두10883 판결

행정처분의 취소를 구하는 항고소송에 있어서 그 처분의 위법 여부는 처분 당시를 기준으로 판단하여야 하는 것이고, 처분청은 당초 처분의 근거로 삼은 사유와 기본적 사실관계에 있어서 동일성이 있다고 인정되지 않는 별개의 사실을 들어 처분사유로 주장함은 허용되지 아니한다.

다만, 행정청은 당초 처분의 근거로 삼은 사유와 기본적 사실관계가 동일하다고 인정되는 한도 내에서는 다른 처분사유를 새로 추가하거나 변경할 수 있다. 기본적 사실관계가 동일한지 여부는 시간적·장소적 근접성, 행위의 태양·결과 등의 제반사정을 종합적으로 고려하여 판단한다.

따라서 처분 당시의 사실 자체를 변경하지 않은 채 처분의 근거법령만을 변경하는 경우, 보다 구체적인 처분사유를 제시하는 경우 등은 허용될 수 있으나, 설령 처분 당시 존재하고 있던 사정으로서 당사자도 그와 같은 사실을 알고 있었다고 하더라도 처분 시 그 사유를 명시하지 않았다면 추후 소송에서 이를 처분사유로 추가·변경하는 것은 허용되지 않는다.

서울행정법원 2020. 12. 17. 선고 2020구합59314 판결

처분서에는 '이 사건 게임물에 등급분류내용과 다른 내용이 포함되었다', '등급분류 받지 않은 내용이 거짓으로 기재되어 내용 수정신고가 이루어졌다', '거짓 그 밖의 부정한 방법으로 등급분류를 신청한 경우에 해당된다'는 취지의 기재가 있고, 행정처분의 취소를 구하는 항고소송에서 처분청은 당초 처분의 근거로 삼은 사유와 기본적 사실관계가 동일성이 있다고 인정되는 한도 내에서 다른 사유를 추가할 수 있는바(대법원 2011. 11. 24. 선고 2009두19021 판결 등 참조), 이 부분 처분사유는 당초 처분의 근거가 된 사유와 기본적 사실관계의 동일성이 있으므로 처분사유 추가에 잘못이 없다.

서울고등법원 2022. 4. 5. 선고 2021누54431 판결

피고는, 비록 이 사건 게임물이 사행성게임물이나 사행성 유기기구에 해당하지 않더라도, 원고는 이 사건 게임물을 도박 등 사행행위에 제공함으로써 게임산업법 제28조 제2호의 준수사항("게임물을 이용하여 도박 그 밖의 사행행위를 하게 하거나 이를 하도록 내버려 두지 아니할 것")을 위반한 것이고, 이는 같은 법 제44조 제1항 제1호에 따라 형사처벌의 대상이 되므로, 같은 법 제22조 제2항 소정의 등급분류 거부사유("이 법에 의하여 규제 또는 처벌대상이 되는 행위 또는 기기에 대하여 등급분류를 신청한 자")에 해당한다고 주장하나, 앞서 든 법리에 비추어 볼 때, 이 사건 게임물이 사행성게임물 또는 사행성 유기기구에 해당한다는 당초 처분사유와 피고가 당심에서 처분사유로 추가하겠다는 위 사유는 기본적 사실관계의 동일성이 없으므로, 피고가 주장하는 처분사유의 추가는 받아들일 수 없다

Section

02 부작위위법확인소송

게임산업법 시행규칙 제9조 제3항에서 정하고 있는 15일의 등급분류신청 처리기한은 훈시규정에 불과하다. 따라서 위원회가 위 처리기한이 도과할 때까지 등급분류에 관한 결정을 하지 않았다는 사정만으로 이를 위법하다고 볼 수는 없다. 다만, 대상 게임물의 등급분류 여부를 결정함에 있어 통상 필요로 하는 상당한 기간을 경과하였고, 이를 정당화할 만한 특단의 사정이 없다면 위원회의 부작위는 위법한 것이 되며, 신청인은 부작위위법확인소송을 통해 그 위법성을 다툴 수 있다.

서울행정법원 2007. 12. 12. 선고 2007구합30635 판결

비록, 앞의 행정절차법, 민원사무처리에 관한 법률 등 관계법령의 처분기간에 관한 규정은 가능한 한 조속히 그 허가사무를 처리하도록 정한 훈시규정에 불과할 뿐 강행규정이나 효력규정이라고 할 수는 없다{'등급분류 심의규정(안)'의 처분기한에 관한 규정도 마찬가지이다}고는 하나, 피고가 위 기간 내에 등급분류결정을 하지 않음에 따라 이 사건 신청에 대한 등급분류결정을 함에 통상 필요한 기간을 일응 경과하였다고 할 것이다.

부작위위법확인의 청구를 인용하는 판결에 대해서도 기속력, 제3자효, 간접강제 등이 준용되므로 게임물관리위원회는 판결의 취지에 따라 등급분류에 대한 결정을 해야 할 의무를 부담한다. 단, 취소소송과 달리 형성력은 인정되지 않으며, 게임물관리위원회가 기속력에 따라 부담하는 의무는 등급분류에 대한 결정만을 내용으로 하므로, 등급분류거부사유가 존재한다면 게임물관리위원회는 등급분류거부처분을 하여야 한다.

Section
03

집행정지

취소소송을 비롯한 항고소송의 제기는 처분등의 효력이나 그 집행 또는 절차의 속행에 영향을 주지 않는다(행정소송법 제23조 제1항, 제38조 제1항). 따라서 항고소송이 진행되는 동안 처분의 효력을 정지시키기 위해서는 법원의 집행정지 결정이 별도로 이루어져야 한다.

집행정지신청이 인용되기 위해서는 본안소송이 계속 중일 것, 처분등이 존재할 것, 처분등이나 그 집행 또는 절차의 속행으로 인하여 회복하기 어려운 손해가 발생할 우려가 있을 것, 본안소송의 판결까지 기다릴 수 없는 긴급한 필요가 있을 것, 집행의 정지가 공공복리에 중대한 영향을 미칠 우려가 없을 것, 본안청구의 이유 없음이 명백하지 않을 것 등이 요구된다(행정소송법 제23조 제2항 내지 제4항).

단, 거부처분에 대해서는 집행정지가 인정되지 않는다. 거부처분에 대한 집행정지신청을 인용한다고 하더라도 신청인의 지위는 거부처분이 없는 상태로 돌아가는 것에 불과하고, 행정소송법 제23조 제6항은 기속력에 관한 동법 제30조 제1항만을 준용할 뿐, 재처분의무를 규정한 제30조 제2항을 준용하고 있지 않기 때문이다.

대법원 1995. 6. 21. 선고 95두26 판결

신청에 대한 거부처분의 효력을 정지하더라도 거부처분이 없었던 것과 같은 상태, 즉 거부처분이 있기 전의 신청시의 상태로 되돌아가는 데에 불과하고 행정청에게 신청에 따른 처분을 하여야 할 의무가 생기는 것이 아니므로, 거부처분의 효력정지는 그 거부처분으로 인하여 신청인에게 생길 손해를 방지하는데 아무런 보탬이 되지 아니하여 그 효력정지를 구할 이익이 없다 할 것이다(당원 1991.5.2. 자 91두 15 결정, 1992.2.13.자 91두 47 결정, 1993.2.10. 자 92두72 결정 각 참조).

제8장

사후관리

Section 01
영업의 신고 · 등록 · 운영

01 게임제작업 등의 등록

가 게임제작업 또는 게임배급업의 등록

게임제작업 또는 게임배급업을 영위하고자 하는 자는 문화체육관광부령으로 정하는 바에 따라 특별자치시장·특별자치도지사·시장·군수·구청장에게 등록하여야 한다(게임산업법 제25조제1항 본문). 다만 ① 국가 또는 지방자치단체가 제작하는 경우, ② 법령에 의하여 설립된 교육기관 또는 연수기관이 자체교육 또는 연수의 목적으로 사용하기 위하여 제작하는 경우, ③ 「공공기관의 운영에 관한 법률」 제4조에 따른 공공기관이 그 사업의 홍보에 사용하기 위하여 제작하는 경우, ④ 그 밖에 게임기기 자체만으로는 오락을 할 수 없는 기기를 제작하는 경우 등 대통령령으로 정하는 경우에는 등록하지 아니하고 영위할 수 있도록 하고 있다(게임산업법 제25조제1항 단서). 게임산업법 시행령 제15조에 따르면 법 제25조제1항제4호에서 "대통령령이 정하는 경우"라 함은 ① 게임기기 자체만으로는 오락을 할 수 없는 기기를 제작하는 경우, ② 유통·시청제공 및 오락제공의 목적이 아닌 목적으로 특정한 자만을 대상으로 한 게임물을 제작하는 경우, ③ 법 제21조제1항 각 호에 따른 등급분류 대상에 해당되지 아니하는 게임물을 제작하는 경우를 말한다.

나 등록 절차 및 방법

게임제작업 또는 게임배급업의 등록을 하려는 자는 게임제작업등록신청서(게임산업법 시행규칙 별지 제4호 서식) 또는 게임배급업등록신청서(게임산업법 시행규칙 별지 제5호 서식)에 영업소의 임대차계약서 사본(임차한 경우에 한한다), 제작시설 및 장비 명세서(게임제작업에 한한다), 사업계획서(게임 배급업에 한한다)를 첨부하여 관할 특별자치시장·특별자치도지사·시장·군수·구청장에게 제출하여야 한다(게임산업법 시행규칙 제15조제1항 각 호).

위 신청서를 제출받은 담당공무원은 「전자정부법」 제36조제1항에 따른 행정정보의 공동이용을 통하여 법인 등기사항증명서(법인인 경우에 한함), 건물등기사항증명서(임차한 경우로서 건축물 대장의 소유자와 임대차계약서의 임대인이 다른 경우에 한함)를 확인하여야 한다.

다 등록증의 교부 및 재교부

특별자치시장·특별자치도지사·시장·군수·구청장은 게임제작업 또는 게임배급업 등록을 받은 경우에는 신청인에게 등록증을 교부하여야 한다(게임산업법 제25조제5항, 같은 법 시행규칙 제18조제1항제1호 및 제2호).

영업자가 등록증을 잃어버렸거나 헐어 못쓰게 되어 등록증을 재교부받으려는 때에는 게임산업법 시행규칙 별지 제14호서식에 따른 신청서에 못쓰게 된 등록증을 첨부하여 특별자치시장·특별자치도지사·시장·군수·구청장에게 제출하여야 한다(게임산업법 시행규칙 제18조제2항).

02 일반게임제공업의 허가

가 일반게임제공업의 허가

게임산업법 제26조제1항에 의하면 일반게임제공업을 영위하고자 하는 자는 허가의 기준·절차 등에 관하여 대통령령이 정하는 바에 따라 특별자치시장·특별자치도지사·시장·군수·구청장의 허가를 받아 영업을 할 수 있다. 다만, 「국토의 계획 및 이용에 관한 법률」 제36조제1항제1호가목의 주거 지역에 위치하여서는 아니 된다. 이는 게임제공업소의 사행장소화를 저지하기 위하여 일반게임제공업과 청소년게임제공업과 구분하여 상대적으로 사행성의 위험이 높은 일반게임제공업의 경우 영업허가를 받도록 하고 있으며 거주의 안녕과 건전한 생활환경의 보호가 필요한 주거 지역에서는 일반게임제공업을 영위할 수 없도록 규정(서울행정법원 2018. 8. 16. 선고 2018구합54163판결)한 것이다.

게임산업법 제45조제2호에 따르면 일반게임제공업 허가를 받지 아니하고 영업을 하는자는 2년 이하의 징역 또는 2천만 원 이하의 벌금에 처해지는 바, 무허가 영업은 금지된다.

한편, 건축법 제2조제2항의 위임에 따른 건축법 시행령 제3조의4[별표1]7.다.2)항에 의하면, 게임산업법에 따른 일반게임제공업의 시설은 '판매시설'이어야 하고, 게임산업법과 건축법은 그 입법 목적, 규정사항, 적용범위 등을 서로 달리하고 있어서 게임산업법에 관하여 게임산업법이 건축법에 우선하여 배타적으로 적용되는 관계에 있다고는 해석되지 아니하므로, 일반게임제공업 허가를 신청한 당해 건축물에 관하여 건축법이 정한 용도에 맞게 용도변경 허가가 없었다고 한다면, 적법한 일반게임제공업 허가를 받을 수 없다(대법원 1999. 3. 9. 선고 98두19070 판결, 대법원 1991. 7. 12. 선고 90누8350 판결 등 참조).

나 일반게임제공업의 허가 방법 및 절차

1) 일반게임제공업 시설기준(게임산업법 시행령 별표1의2)

일반게임제공업의 허가를 받으려는 자는 문화체육관광부령으로 정하는 허가신청서 및 첨부서류를 특별자치시장·특별자치도지사·시장·군수·구청장에게 제출하여야 한다(게임산업법 제25조제2항 및 게임산업법 시행령 제15조의2제2항).

게임산업법 제26조제1항에 따라 일반게임제공업의 허가를 받으려는 자는 게임산업법 시행령 [별표1의2]의 시설을 갖추어야 한다.

게임산업법 시행령[별표1의2]

시설기준(제15조의2제1항 관련)

1. 영업장 내에는 게임물 이용을 위한 밀실이나 밀폐된 공간을 설치하여서는 아니되며, 투명한 유리창을 설치하여 외부에서 실내를 볼 수 있도록 하여야 한다.
2. 영업장 전체의 실내 조명은 40럭스 이상이 되도록 유지하여야 한다.
3. 청소년이용불가 게임물을 제공하는 영업장이라는 것을 일반인이 인식할 수 있는 간판 또는 영업표지물을 영업장의 입구에 표시하여야 한다.
4. 선량한 풍속을 해칠 우려가 있는 사진, 광고물, 장식 그 밖의 설비를 설치하여서는 아니된다.

2) 일반게임제공업 허가신청서 등 서류 제출

일반게임제공업의 허가를 받으려는 자는 게임산업법 제26조제1항에 따라 같은 법 시행규칙 별지 제5호의2서식의 일반게임제공업 허가신청서(전자문서로 된 신청서를 포함한다)를 특별자치시장·특별자치도지사·시장·군수·구청장에게 제출하여야 한다. 만일 영업소를 임차한 경우라면 영업소 임대차계약서 사본과 영업시설· 기구 및 설비 개요서(영업소 면적과 게임기의 종류가 포함되어야 한다)를 첨부하여 제출하여야 한다(게임산업법 시행규칙 제15조의2 제1항).

허가신청서를 제출받은 담당공무원은 「전자정부법」 제36조제1항에 따른 행정정보의 공동이용을 통하여 법인 등기사항증명서(법인인 경우에 한한다), 건물등기사항증명서(임차한 경우로서 건축물대장의 소유자와 임대차계약서의 임대인이 다른 경우에 한한다), 전기안전점검확인서를 확인하여야 한다. 다만 전기안전점검확인서의 경우 신청인이 확인에 동의하지 아니하는 경우에는 그 서류를 첨부하도록 하여야 하며, 만일 확인 결과 「전기사업법」 제66조의2제1항에 따른 전기안전점검을 받지 아니한 경우에는 관계기관 및 신청인에게 그 내용을 통지하여야 한다(게임산업법 시행규칙 제15조의2 제2항 및 제4항).

또한 특별자치시장·특별자치도지사·시장·군수·구청장은 허가신청서를 제출받은 경우에는 법 제26조제1항 단서에 따른 요건 및 영 별표1의2에 따른 시설을 갖추었는지를 확인한 후, 관계 기관에 「다중이용업소의 안전관리에 관한 특별법」 제9조제5항에 따른 안전시설 등 완비증명서 발급여부와 「교육환경 보호에 관한 법률」 제9조의 적용대상이 되는 경우 같은 법 제5조제8항에 따른 지역교육환경보호위원회의 심의여부를 확인하고 미비한 사항이 있는 경우에는 신청인에게 그 내용을 통지하여야 한다(게임산업법 시행규칙 제15조의2 제3항).

참고로 「다중이용업소의 안전관리에 관한 특별법」 시행령 제2조제5호에 따르면 영업장(내부계단으로 연결된 복층구조의 영업장 제외)이 지상 1층 또는 지상과 직접 접하는 층에 설치되고 그 영업장의 주된 출입구가 건축물 외부의 지면과 직접 연결된 구조에 해당하는 경우에는 다중이용업에 해당하지 않는다. 다중이용업에 해당하지 않는 경우를 제외한 일반게임제공업은 다중이용업소로서 안전시설 등의 공사를 마친 때 소방본부장 또는 소방서장에게 신고하고 소방본부장 또는 소방서장은 기준에 적합하다고 인정하는 경우에 안전시설 등 완비증명서를 발급한다(「다중이용업소의 안전관리에 관한 특별법」 제9조제1항부터 제5항까지).

3) 허가증의 교부 및 재교부

특별자치시장·특별자치도지사·시장·군수·구청장은 일반게임제공업의 허가를 받은 자에게 허가증을 교부하여야 한다(게임산업법 시행규칙 제18조제1항제2호의2). 일반게임제공업자가 허가증을 잃어버렸거나 헐어 못쓰게 되어 허가증을 재교부받으려는 때에는 게임산업법 시행규칙 별지 제14호서식에 따른 신청서에 못쓰게 된 허가증을 첨부하여 특별자치시장·특별자치도지사·시장·군수·구청장에게 제출하여야 한다(게임산업법 시행규칙 제18조제2항).

03 청소년게임제공업 또는 인터넷컴퓨터게임시설제공업의 등록

가 청소년게임제공업·인터넷컴퓨터게임시설제공업의 등록

청소년게임제공업·인터넷컴퓨터게임시설제공업을 영위하고자 하는 자는 문화체육관광부령으로 정하는 시설을 갖추어 특별자치시장·특별자치도지사·시장·군수·구청장에게 등록하여야 한다. 다만, 정보통신망을 통하여 게임물을 제공하는 자로서 「전기통신사업법」에 따라 신고 또는 등록을 한 경우에는 이 법에 의하여 등록한 것으로 본다(게임산업법 제26조제2항).

원래 인터넷컴퓨터게임시설제공업은 자유업종이었으나, '바다이야기' 사태 이후 PC방의 사행장소화 방지 및 통계를 통한 정책자료의 활용, 행정대상의 실태 파악을 통한 효율적인 법집행을 위하여 인터넷컴퓨터게임시설제공업자에게 등록의무를 부과하였다.

'정보통신망을 통하여 게임물을 제공하는 자'란 온라인게임제공업자나 모바일게임제공업자와 같이 전기통신망을 통하여 부가통신역무를 제공하는 자를 말하며, 전기통신사업법에 따라 신고 또는 등록을 한 경우에는 이 법에 의하여 등록한 것으로 본다.

나 청소년게임제공업·인터넷컴퓨터게임시설제공업의 등록 방법 및 절차

청소년게임제공업·인터넷컴퓨터게임시설제공업의 등록을 하려는 자는 등록신청서(별지 제6호서식, 전자문서로 된 신청서를 포함한다)에 영업소의 ① 영업소의 임대차계약서 사본(임차한 경우에 한한다), ② 영업시설·기구 및 설비 개요서(영업소 면적과 게임기의 종류가 포함되어야 한다)를 첨부하여 관할 특별자치시장·특별자치도지사·시장·군수·구청장에게 제출하여야 한다(게임산업법 제26조제2항 및 게임산업법 시행규칙 제16조).

청소년게임제공업·인터넷컴퓨터게임시설제공업 등록신청서를 제출받은 담당 공무원은 「전자정부법」 제36조제1항에 따른 행정정보의 공동이용을 통하여 ① 법인 등기사항증명서(법인인 경우에 한한다), ② 건물등기사항증명서(임차한 경우로서 건축물대장의 소유자와 임대차계약서의 임대인이 다른 경우에 한한다), ③ 전기안전점검확인서를 확인하여야 하며, 전기안전점검확인서의 경우 만일 신청인이 확인에 동의하지 않는 경우에는 그 서류를 첨부하도록 하여야 한다(게임산업법 시행규칙 제16조제2항).

특별자치시장·특별자치도지사·시장·군수·구청장은 신청서를 제출받은 경우에는 게임산업법 시행규칙 별표4에 따른 시설기준을 갖추었는지 확인한 후 ① 「다중이용업소의 안전관리에 관한 특별법」 제9조제5항에 따른 안전시설 등 완비증명서 발급여부, ② 「교육환경 보호에 관한 법률」 제9조의 적용대상이 되는 경우 같은 법 제5조제8항에 따른 지역교육환경보호위원회의 심의여부를 확인하고 미비한 사항이 있다면 신청인에게 그 내용을 통지하여야 한다(게임산업법 시행규칙 제16조 제3항).

참고로 영업장(내부계단으로 연결된 복층구조의 영업장 제외)이 지상 1층 또는 지상과 직접 접하는 층에 설치되고 그 영업장의 주된 출입구가 건축물 외부의 지면과 직접 연결된 구조에 해당하는 경우는 다중이용업에 해당하지 않는다(「다중이용업소의 안전관리에 관한 특별법 시행령」 제2조제5호)

또한 특별자치시장·특별자치도지사·시장·군수·구청장은 신청서 및 첨부서류를 확인한 결과 「전기사업법」 제66조의2제1항에 따른 전기안전점검을 받지 아니한 경우에는 관계기관 및 신청인에게 그 내용을 통지하여야 한다.

청소년게임제공업 및 인터넷컴퓨터게임시설제공업 등록을 하려는 자(복합유통게임제공업으로 신고하려는 자를 포함한다)가 갖추어야 하는 시설기준은 다음과 같다(게임산업법 시행규칙 별표4 1. 공통사항). 다만 인터넷컴퓨터게임시설제공업의 경우 공공시설내에서 제공하는 경우 외에는 독립된 장소에서 컴퓨터시설을 이용할 수 있도록 하여야 한다(게임산업법 시행규칙 별표4 3.).

게임산업진흥에 관한 법률 시행규칙 [별표4] 〈개정 2020. 12. 1.〉

시설기준(제20조 관련)

시설기준
가. 영업장 내에는 게임물 이용을 위한 밀실이나 밀폐된 공간을 설치하여서는 아니된다. 나. 영업장 전체의 실내 조명은 40럭스 이상이 되도록 유지하여야 한다. 다. 투명한 유리창을 설치하여 외부에서 실내를 볼 수 있도록 하여야 한다. 라. 선량한 풍속을 해치고 청소년에게 유해할 우려가 있는 사진, 광고물, 장식 그 밖의 설비를 하여서는 아니된다. 마. 소음, 조명 또는 진동으로 인하여 게임제공업소 주변의 평온을 해치지 아니하여야 한다. 바. 삭제 〈2014. 12. 31.〉

사. 업소 명칭과 간판에는 특별자치시장·특별자치도지사·시장·군수·구청장에게 등록하거나 신고한 상호를 표시하여야 한다.

위 기준과 별도로 「전기통신사업법」에 따라 허가를 받거나 신고 또는 등록을 하여야 하는 영업자는 「전기통신사업법」에서 정하는 기준을 갖추어야 한다.

다 등록증의 교부 및 재교부

특별자치시장·특별자치도지사·시장·군수·구청장은 청소년게임제공업 또는 인터넷컴퓨터게임시설제공업 등록을 한 자에게 등록증을 교부하여야 한다(게임산업법 제26조제7항, 게임산업법 시행규칙 제18조제1항제3호).

영업자가 등록증을 잃어버렸거나 헐어 못쓰게 되어 등록증을 재교부받으려는 때에는 별지 제14호서식에 따른 신청서에 못쓰게 된 등록증을 첨부하여 특별자치시장·특별자치도지사·시장·군수·구청장에게 제출하여야 한다(게임산업법 시행규칙 제18조제2항).

04 복합유통게임제공업의 등록 또는 신고

가 복합유통게임제공업의 등록 또는 신고

복합유통게임제공업이란 청소년게임제공업 또는 인터넷컴퓨터게임시설제공업과 이 법에 의한 다른 영업 또는 다른 법률에 의한 영업을 동일한 장소에서 함께 영위하는 영업을 말한다(게임산업법 제2조제8호).

복합유통게임제공업을 영위하고자 하는 자는 문화체육관광부령으로 정하는 바에 따라 특별자치시장·특별자치도지사·시장·군수·구청장에게 등록하여야 한다. 다만, 제2항에 따라 청소년게임제공업 또는 인터넷컴퓨터게임시설제공업의 등록을 한 자가 복합유통게임제공업을 영위하고자 하는 때에는 특별자치시장·특별자치도지사·시장·군수·구청장에게 신고하여야 한다(게임산업법 제26조제3항).

복합유통게임제공업의 경우 추가적으로 갖추어야 할 시설기준은 다음과 같다.

게임산업진흥에 관한 법률 시행규칙 [별표4] 〈개정 2020. 12. 1.〉

시설기준(제20조 관련)

2. 복합유통게임제공업(추가사항)
   가. 2개 이상의 업종을 동일한 장소에서 하는 경우
      1) 전체 영업면적에서 청소년게임제공업 또는 인터넷컴퓨터게임시설제공업의 면적비율이 20퍼센트 이상이어야 한다.
      2) 각 영업장(출입문 시설은 제외한다)의 시설기준은 관계 법령에 따른 업종별 시설기준을 준수하여야 한다.
      3) 각 영업장은 영업장별로 구획되어야 하며, 각 영업장을 구획하기 어려운 경우에는 투명한 유리창을 설치하여 외부에서 실내를 볼 수 있도록 하여야 한다.
   나. 1개의 기기에서 게임, 노래연습, 영화감상 등 다양한 콘텐츠를 함께 제공하는 경우(「영화 및 비디오물의 진흥에 관한 법률 시행규칙」 별표2 제3호 공통사항의 시설기준란 가목에 해당하는 경우는 제외한다)
      1) 통로를 접한 면 중 하나의 면에는 바닥으로부터 1.3m부터 2m까지의 부분 중 좌우 대비 2분의 1 이상의 면적을 투명유리창으로 설치하여 외부에서 실내를 볼 수 있도록 해야 한다.
      2) 출입문은 출입문 바닥에서 1.3m 높이의 부분부터 출입문 상단까지의 부분 중 2분의 1 이상의 면적을 투명유리창으로 설치해야 하고, 출입문의 투명유리창을 가리거나 출입문에 잠금장치를 해서는 안 된다.
      3) 청소년이 이용할 수 있는 시설을 별도로 설치할 수 없으며, 출입구에는 “청소년 출입금지” 표시판을 부착해야 한다.
   다. 콘텐츠를 이용하는 공간에 화장실, 욕조 및 주차장 시설을 설치해서는 안 된다.
   라. 콘텐츠를 이용하는 공간에 침대 또는 침대형태로 변형된 의자나 3인용 이상의 소파를 두어서는 안 된다.

나 등록 또는 신고의 방법 및 절차

복합유통게임제공업의 등록을 하려는 자는 게임산업법 시행규칙 별지 제8호 복합유통게임제공업등록신청서(전자문서로 된 신청서를 포함한다)에 ① 영업소의 임대차계약서 사본(임차한 경우에 한한다) ② 영업시설·기구 및 설비 개요서(영업소 면적과 게임기의 종류가 포함되어야 한다), ③ 청소년게임제공업이나 인터넷컴퓨터게임시설제공업 외의 업종에 대한 증명서류(복합유통게임제공업에 한한다)를 첨부(전자문서를 포함한다)하여 관할 특별자치시장·특별자치도지사·시장·군수·구청장에게 제출하여야 한다(게임산업법 시행규칙 제17조제1항).

위 신청서를 제출받은 담당공무원은 「전자정부법」 제36조제1항에 따른 행정정보의 공동이용을 통하여 ① 법인 등기사항증명서(법인인 경우에 한한다), ② 건물등기사항증명서(임차한 경우로서 건축물대장의 소유자와 임대차계약서의 임대인이 다른 경우에 한한다), ③ 전기안전점검확인서를 확인하여야 하고, 전기안전점검확인서의 경우 신청인이 확인에 동의하지 아니하는 경우에는 그 서류를 첨부하도록 하여야 한다(게임산업법 시행규칙 제17조제2항). 특별자치시장·특별자치도지사·시장·군수·구청장은 전기안전점검여부를 확인한 결과 신청인이 「전기사업법」 제66조의2제1항에 따른 전기안전점검을 받지 아니한 경우에는 관계 기관 및 신청인에게 그 내용을 통지하여야 한다(게임산업법 시행규칙 제17조제4항).

특별자치시장·특별자치도지사·시장·군수·구청장은 복합유통게임제공업 신청서를 제출받은 경우에는 게임산업법 시행규칙 별표4에 따른 시설을 갖추었는지를 확인한 후, ① 「다중이용업소의 안전관리에 관한 특별법」 제9조제5항에 따른 안전시설 등 완비증명서 발급여부, ② 「교육환경 보호에 관한 법률」 제9조의 적용대상이 되는 경우 같은 법 제5조제8항에 따른 지역교육환경보호위원회의 심의여부를 관계 기관에 확인하고 미비한 사항이 있는 경우에는 신청인에게 그 내용을 통지하여야 한다(게임산업법 시행규칙 제17조제3항제1호 및 제3호).

05 게임제작업 · 게임배급업 · 게임제공업 등의 변경허가 · 등록 또는 신고

가 변경허가 · 변경등록 또는 변경신고 신청

게임제작업·게임배급업·게임제공업 등으로 허가·등록 또는 신고한 자가 문화체육관광부령이 정하는 중요사항을 변경하고자 하는 경우에는 변경허가를 하거나 변경등록 또는 변경신고를 하여야 한다(게임산업법 제25조제2항, 게임산업법 제26조제4항). '문화체육관광부령이 정하는 중요사항'은 ① 영업자의 변경(법인의 경우에는 대표자의 변경을 말하며, 법 제29조에 따른 영업의 승계에 의한 영업자의 변경의 경우는 제외한다), ② 영업소 소재지의 변경, ③ 공장소재지 또는 제작품목의 변경(게임제작업에 한한다), ④ 취급품목의 변경(게임배급업에 한한다), ⑤ 상호, 영업소 면적의 변경(일반게임제공업, 청소년게임제공업, 인터넷컴퓨터게임시설제공업, 복합유통게임제공업에 한한다), ⑥ 제공게임물의 변경(일반게임제공업 및 복합유통게임제공업 중 청소년이용불가 게임물을 제공하는 경우와 법 제28조제1항제3호 단서에 따라 경품을 제공하는 경우에 한한다), ⑦ 업종의 변경(복합유통게임제공업자가 영업내용을 변경하는 경우에 한한다)으로, 이 중 어느 하나의 사항이 변경되어 변경허가, 변경등록 또는 변경신고를 하려는 자는 변경사유가 발생한 날부터 30일 이내에 게임산업법 시행규칙 별지 제15호서식에 따른 변경신청서(전자문서로 된 신청서를 포함한다)를 특별자치시장·특별자치도지사·시장·군수·구청장에게 제출하여야 한다(게임산업법 시행규칙 제19조제1항 각 호 및 제2항).

나 담당공무원의 확인 및 통지

변경신청서에는 허가증, 등록증, 또는 신고증과 영업소의 임대차계약서(영업자, 영업소 및 공장의 소재지를 변경하는 경우로서 임차한 경우에 한한다), 그 밖의 변경사항을 증명하는 서류를 첨부하여야 한다(게임산업법 시행규칙 제19조제3항).

신청서를 제출받은 담당공무원은 「전자정부법」 제36조제1항에 따른 행정정보의 공동이용을 통하여 ① 법인 등기사항증명서(영업자를 변경하는 경우로서 법인인 경우에 한한다), ② 건물등기사항증명서(영업소 및 공장의 소재지를 변경하는 경우로서 임차한 경우에 건축물대장의 소유자와 임대차계약서의 임대인이 다른 때에 한한다), ③ 전기안전점검확인서(영업소의 소재지 또는 면적의 변경 등으로 「전기사업법」 제66조의2제1항에 따른 전기안전점검을 받아야 하는 경우로서 일반게임제공업, 청소년게임제공업, 인터넷컴퓨터게임시설제공업 또는 복합유통게임제공업의 변경허가나 변경등록 또는 변경신고의 경우만 해당한다)를 확인하여야 한다. 다만, 전기안전점검확인서의 경우 신청인이 확인에 동의하지 않는 경우에는 그 서류를 첨부하도록 하여야 한다(게임산업법 시행규칙 제19조제4항). 특별자치시장·특별자치도지사·시장·군수·구청장은 신청인의 전기안전점검확인서를 확인한 결과 「전기사업법」 제66조의2제1항에 따른 전기안전점검을 받지 아니한 경우에는 관계기관 및 신청인에게 그 내용을 통지하여야 한다(게임산업법 시행규칙 제19조제6항).

특별자치시장·특별자치도지사·시장·군수·구청장은 게임제공업자 또는 복합유통제공업자가 게임산업법 시행규칙 제2항 및 제3항에 따라 변경신청서를 제출한 경우에는(제1항제2호, 제5호 중 영업소 면적의 변경, 제5호의2 및 제6호의 경우에 한한다) ① 「다중이용업소의 안전관리에 관한 특별법」 제9조제5항에 따른 안전시설 등 완비증명서 발급여부, ② 「교육환경 보호에 관한 법률」 제9조의 적용대상이 되는 경우 같은 법 제5조제8항에 따른 지역교육환경보호위원회의 심의 여부를 확인하고 미비한 사항이 있는 경우에는 신청인에게 그 내용을 통지하여야 한다(게임산업법 시행규칙 제19조제5항제1호, 제3호).

다 변경허가 · 변경등록 · 변경신고수리

특별자치시장·특별자치도지사·시장·군수·구청장은 게임산업법 제26제3항 단서에 따른 신고 또는 같은 조 제4항에 따른 변경허가·변경등록의 신청을 받거나 변경신고를 받은 날부터 15일 이내에 신고수리 또는 변경허가·변경등록·변경신고수리 여부를 신청인에게 통지하여야 한다(게임산업법 제26조제5항). 만일 특별자치시장·특별자치도지사·시장·군수·구청장이 15일 이내에 신고수리 또는 변경허가·변경등록·변경신고수리 여부나 민원 처리 관련 법령에 따른 처리기간의 연장을 신청인에게 통지하지 아니하면 그 기간(민원 처리 관련 법령에 따라 처리

기간이 연장 또는 재연장된 경우에는 해당 처리기간을 말한다)이 끝난 날의 다음 날에 신고수리 또는 변경허가·변경등록·변경신고수리를 한 것으로 본다(게임산업법 제26조제6항). 특별자치시장·특별자치도지사·시장·군수·구청장은 변경허가·변경등록 또는 변경신고를 받은 경우(게임산업법 제26조제6항에 따라 신고수리 또는 변경허가·변경등록·변경신고수리를 한 것으로 보는 경우를 포함한다)에는 게임산업법 시행규칙 제18조제1항 각 호에 따라 신청인에게 허가증 또는 등록증·신고증을 교부하여야 한다(게임산업법 제26조제7항).

04 영업의 제한

게임산업진흥에 관한 법률

제27조(영업의 제한) 제25조 및 제26조에 따른 허가를 받거나 등록 또는 신고를 하고자 하는 자가 다음 각 호의 어느 하나에 해당하는 경우에는 제25조 또는 제26조의 규정에 따른 허가를 받거나 등록 또는 신고를 할 수 없다. 〈개정 2007. 1. 19., 2011. 9. 15., 2016. 2. 3., 2019. 11. 26., 2023. 8. 8.〉

1. 제35조제1항부터 제3항까지 및 제38조제1항에 따라 영업폐쇄명령 또는 허가·등록 취소처분이나 폐쇄 및 수거 등 조치를 받은 후 1년이 지나지 아니하거나 영업정지처분을 받은 후 그 기간이 종료되지 아니한 자(법인의 경우에는 그 대표자 또는 임원을 포함한다)가 같은 업종을 다시 영위하고자 하는 경우
2. 제35조제1항부터 제3항까지 및 제38조제1항에 따라 영업폐쇄명령 또는 허가·등록 취소처분이나 폐쇄 및 수거 등 조치를 받은 후 1년이 지나지 아니하거나 영업정지처분을 받은 후 그 기간이 종료되지 아니한 경우에 같은 장소에서 그 영업과 같은 업종을 영위하고자 하는 경우
3. 「청소년 보호법」 제2조제5호가목에 따른 청소년 출입·고용금지업소를 영위하는 자가 복합유통게임제공업을 하고자 하는 경우

가 인적 제한(게임산업법 제27조제1호)

게임산업법 제27조제1호는 같은 법 제25조 및 제26조에 따른 허가나 등록 또는 신고를 하고자 하는 자가 영업폐쇄 명령 또는 허가·등록 취소처분이나 폐쇄 및 수거 처분 등 조치를 받은 후 1년이 지나지 않은 경우이거나 영업정지처분(제35조제1항, 제2항, 제38조제1항) 받은 후 그 기간이 종료되지 않은 경우 그 처분의 실효성을 확보하기 위하여 해당 처분을 받은 자의 같은 업종 신규 허가·등록·신고를 일정기간 제한하여 영업을 하지 못하도록 제재하는 규정이다. 영업폐쇄명령 등의 제재처분을 받은 자는 장소를 불문하고 제재처분을 받은 영업과 같은 업종을 영위할 수 없다. 문화체육관광부 유권해석에 따르면 복합유통게임제공업(청소년게임제공업과 인터넷컴퓨터게임시설제공업 함께 영위)을 영위하다가 영업폐쇄 명령 또는 등록취소 또는 영업정지처분을 받은 자가 인터넷컴퓨터게임시설제공업을 영위하려는 경우 같은 업종에 해당하므로 신규 등록할 수 없다.

한편, 폐업신고에 의하여 허가가 취소되거나 등록 또는 신고가 말소된 자가 1년 이내에 폐업한 장소에서 같은 업종으로 다시 허가를 받거나 등록 또는 신고를 하고자 하는 경우에는 해당 영업자는 폐업신고 전의 영업자의 지위를 승계한다(게임산업법 제29조제2항). 같은 법 제37조 제2항에 의하면, 같은 법 제29조 제2항의 규정에 의하여 영업자의 지위를 승계하는 경우 폐업신고 전에 제35조 제2항 각 호의 위반을 사유로 행한 행정제재처분의 효과는 그 행정처분일부터 1년간 영업자의 지위를 승계받은 자에게 승계되고, 같은 법 시행규칙 제26조 제1항 [별표5] '행정처분의 기준'에 의하면 위반행위를 적발한 날 이전의 최근 1년 동안 동일위반행위로 행정처분을 받은 경우 위반행위의 차수에 따라 행정처분기준이 가중된다고 한다(대전지방법원 2021. 7. 15. 선고 2021구단100436 판결).

나 장소적 제한(게임산업법 제27조제2호)

제25조 및 제26조에 따른 허가를 받거나 등록 또는 신고를 하고자 하는 자가 제35조제1항부터 제3항까지 및 제38조제1항에 따라 영업폐쇄 명령 또는 허가·등록 취소처분이나 폐쇄 및 수거 등 조치를 받은 후 1년이 지나지 아니하거나 영업정지처분을 받은 후 그 기간이 종료되지 아니한 경우에 같은 장소에서 그

영업과 같은 업종을 영위하고자 하는 경우 그 영업과 같은 업종의 허가·등록·신고가 제한된다. 이는 행정제재처분이 이루어진 기존 영업과 같은 장소에서 같은 업종을 하는 것을 제한하는 것이다. 이는 행정처분을 받아 영업을 하지 못하는 자가 다른 사람을 대표자로 하여 같은 업종을 계속 영위하는 것을 방지하기 위한 취지로, 행정처분을 받은 자로부터 영업을 양수한 자가 그 영업장에서 같은 업종을 영위하는 것을 막기 위한 규정이다.

다 청소년 보호법에 따른 제한

「청소년 보호법」 제2조제5호가목에 따른 청소년 출입·고용금지업소를 영위하는 자는 복합유통게임제공업을 영위할 수 없다. 「청소년 보호법」 제2조제5호가목의 청소년유해업소는 청소년의 출입과 고용이 청소년에게 유해한 것으로 인정되는 업소를 규정(이 경우 업소의 구분은 그 업소가 영업을 할 때 다른 법령에 따라 요구되는 허가·인가·등록·신고 등의 여부와 관계없이 실제로 이루어지고 있는 영업행위를 기준으로 함)하고 있는바 이러한 청소년유해업을 영위하는 자는 복합유통게임제공업을 등록하거나 신고할 수 없다.

청소년 출입·고용금지업소(청소년보호법 제2조제5호가목)

가. 청소년 출입·고용금지업소

1) 「게임산업진흥에 관한 법률」에 따른 일반게임제공업 및 복합유통게임제공업 중 대통령령으로 정하는 것
2) 「사행행위 등 규제 및 처벌 특례법」에 따른 사행행위영업
3) 「식품위생법」에 따른 식품접객업 중 대통령령으로 정하는 것
4) 「영화 및 비디오물의 진흥에 관한 법률」 제2조제16호에 따른 비디오물감상실업·제한관람가비디오물소극장업 및 복합영상물제공업
5) 「음악산업진흥에 관한 법률」에 따른 노래연습장업 중 대통령령으로 정하는 것
6) 「체육시설의 설치·이용에 관한 법률」에 따른 무도학원업 및 무도장업
7) 전기통신설비를 갖추고 불특정한 사람들 사이의 음성대화 또는 화상대화를 매개하는 것을 주된 목적으로 하는 영업. 다만, 「전기통신사업법」 등 다른 법률에 따라 통신을 매개하는 영업은 제외한다.

8) 불특정한 사람 사이의 신체적인 접촉 또는 은밀한 부분의 노출 등 성적 행위가 이루어지거나 이와 유사한 행위가 이루어질 우려가 있는 서비스를 제공하는 영업으로서 청소년보호위원회가 결정하고 여성가족부장관이 고시한 것
9) 청소년유해매체물 및 청소년유해약물등을 제작·생산·유통하는 영업 등 청소년의 출입과 고용이 청소년에게 유해하다고 인정되는 영업으로서 대통령령으로 정하는 기준에 따라 청소년보호위원회가 결정하고 여성가족부장관이 고시한 것
10) 「한국마사회법」 제6조제2항에 따른 장외발매소
11) 「경륜·경정법」 제9조제2항에 따른 장외매장

04 게임물 관련사업자의 준수사항

게임산업진흥에 관한 법률 시행규칙 [별표4] 〈개정 2020. 12. 1.〉

시설기준(제20조 관련)

2. 복합유통게임제공업(추가사항)
   가. 2개 이상의 업종을 동일한 장소에서 하는 경우
      1) 전체 영업면적에서 청소년게임제공업 또는 인터넷컴퓨터게임시설제공업의 면적비율이 20퍼센트 이상이어야 한다.
      2) 각 영업장(출입문 시설은 제외한다)의 시설기준은 관계 법령에 따른 업종별 시설기준을 준수하여야 한다.
      3) 각 영업장은 영업장별로 구획되어야 하며, 각 영업장을 구획하기 어려운 경우에는 투명한 유리창을 설치하여 외부에서 실내를 볼 수 있도록 하여야 한다.
   나. 1개의 기기에서 게임, 노래연습, 영화감상 등 다양한 콘텐츠를 함께 제공하는 경우(「영화 및 비디오물의 진흥에 관한 법률 시행규칙」 별표2 제3호 공통사항의 시설기준란 가목에 해당하는 경우는 제외한다)
      1) 통로를 접한 면 중 하나의 면에는 바닥으로부터 1.3m부터 2m까지의 부분 중 좌우 대비 2분의 1 이상의 면적을 투명유리창으로 설치하여 외부에서 실내를 볼 수 있도록 해야 한다.
      2) 출입문은 출입문 바닥에서 1.3m 높이의 부분부터 출입문 상단까지의 부분 중 2분

의 1 이상의 면적을 투명유리창으로 설치해야 하고, 출입문의 투명유리창을 가리거나 출입문에 잠금장치를 해서는 안 된다.

3) 청소년이 이용할 수 있는 시설을 별도로 설치할 수 없으며, 출입구에는 "청소년 출입금지" 표시판을 부착해야 한다.

다. 콘텐츠를 이용하는 공간에 화장실, 욕조 및 주차장 시설을 설치해서는 안 된다.

라. 콘텐츠를 이용하는 공간에 침대 또는 침대형태로 변형된 의자나 3인용 이상의 소파를 두어서는 안 된다.

가 게임물 관련사업자의 교육이수 의무(제1호)

게임물 관련사업자가 게임산업법령에 대한 부지로 인한 위반으로 행정처분을 받지 않도록 하기 위하여 교육이수의무를 규정하고 있다. 특별자치시장·특별자치도지사·시장·군수·구청장(자치구의 구청장을 말한다. 이하 같다)은 게임물 및 게임상품의 건전한 유통질서 확립과 건전한 게임문화의 조성을 위하여 게임물 관련사업자를 대상으로 연 3시간 이내의 범위에서 대통령령으로 정하는 바에 따라 교육을 실시할 수 있다(게임산업법 제9조제3항). 특별자치시장·특별자치도지사·시장·군수·구청장(자치구의 구청장을 말한다. 이하 같다)은 게임물 관련사업자가 부득이한 사유로 교육을 이수하기 어려운 때에는 그 종업원 중 각 영업장의 관리책임을 맡은 자에게 본인을 대신하여 교육을 받게 할 수 있다. 특별자치시장·특별자치도지사·시장·군수·구청장(자치구의 구청장을 말한다. 이하 같다)은 영 제7조제3항에 따라 게임물 관련사업자에게 교육을 실시하려는 때에는 교육 시행일 7일 전까지 교육일시·장소 및 교육내용 등을 명시한 교육통지서를 교육대상자에게 통지해야 한다. 다만, 게임물 관련사업자 교육을 정보통신망을 활용한 온라인 교육으로 실시하려는 경우에는 전화, 전자문서 또는 문자메시지 등으로 알릴 수 있다(게임산업법 시행규칙 제5조제1항).

게임산업법 시행령 제23조제3항에 따라 특별자치시장·특별자치도지사·시장·군수·구청장으로부터 게임물 관련사업자 교육에 관한 권한을 위탁받은 기관은 정당한 사유없이 교육을 이수하지 않은 자에 대해서는 해당 특별자치시장·특별자치도지사·시장·군수·구청장에게 그 사실을 통지해야 한다(게임산업법 시행규칙

제5조제2항).

게임물 관련사업자가 교육이수의무를 위반한 경우 과거에는 행정처분과 과태료가 병과되었으나, 중복규제 개선을 위하여 행정처분을 삭제하였고(2020. 12. 1. 게임산업법 시행규칙 별표5 제2호 라목1 삭제), 현재는 과태료 30만 원만 부과된다(게임산업법 제48조제1항제3호, 게임산업법 시행령 제24조제1항, 별표4).

나 도박 및 사행행위 방지 의무(제2호)

게임물 관련사업자는 게임물이용자들이 게임물을 이용하여 도박 그 밖의 사행행위를 하게 하거나 이를 하도록 내버려두어서는 아니 된다. 도박이란 참여한 당사자가 재물을 걸고 우연한 승부에 의하여 재물의 득실을 다투는 것을 의미하며(대법원 2002. 4. 12. 선고 2001도5802판결) 도박행위를 한 자는 형법 제246조에 의하여 처벌을 받는다. 사행행위란 여러 사람으로부터 재물이나 재산상의 이익(이하 "재물등"이라 한다)을 모아 우연적인 방법으로 득실을 결정하여 재산상의 이익이나 손실을 주는 행위를 말한다(사행행위 등 규제 및 처벌 특례법 제2조제1호).

게임물 관련사업자가 영리 목적으로 게임물을 이용하여 사행행위를 한 경우라면 이는 형법 제247조의 도박개장죄와 게임산업법 제28조제2호 위반에 해당된다. 판례도 형법 제247조의 도박개장죄는 영리의 목적으로 도박을 개장하면 기수에 이르고 현실로 도박이 행하여졌는지는 묻지 아니하므로, 도박개장죄와 게임결과물 환전으로 인한 게임산업법 위반죄는 법률상 1개의 행위로 평가할 수 없어서 상상적 경합관계가 아니라 실체적 경합관계로 보아야 한다고 하였다(대법원 2010. 6. 24. 선고 2010도4639 판결 참조). 게임물 관련사업자가 성인피시방에서 그곳을 찾은 손님들을 상대로 카운터에 설치된 컴퓨터장치를 이용하여 도박에 사용되는 손님 아이디로 현금을 충전해 주고, 현금을 충전받은 손님들이 이를 이용해 게임머니를 구입하여 '아마존' 도박게임을 이용하게 하고, 게임종료 후 남은 게임머니를 환전 사이트에서 환전을 받게 하며, 손님들이 게임머니를 구입한 금액의 5%를 수수료 명목으로 지급받아 이익을 취한 사례에서 도박개장죄로 인정하였다(대법원 2008. 10. 23. 선고 2008도3970 판결 참조).

게임물 관련사업자가 게임물을 이용하여 도박이나 그 밖의 사행행위를 하게 하거나 이를 하도록 내버려 둔 경우 특별자치시장·특별자치도지사·시장·군수·구청장은 허가·등록취소 또는 영업폐쇄처분을 할 수 있고(게임산업법 제35조, 게임산업법 시행규칙 제26조, 별표5 2. 라목2), 5년 이하의 징역 또는 5천만 원 이하의 벌금에 처한다(게임산업법 제44조제1항제1호).

다 게임머니를 한국은행의 화폐단위와 동일하게 하는 등의 행위로 사행성을 조장하지 말아야 할 의무(제2호의2)

게임머니가 한국은행의 화폐단위와 동일하다면 실제 사용하고 있는 화폐로 착각하여 더 많은 배팅을 하고 사행성이 있는 게임을 할 수 있으므로 이를 방지하기 위한 취지이다. 이를 위반한 경우 문화체육관광부 장관은 해당 게임물 관련사업자에게 시정명령을 할 수 있고(게임산업법 제38조제8항), 시정명령을 이행하지 않는 경우 1년 이하의 징역 또는 1천만 원 이하의 벌금이 부과될 수 있다(게임산업법 제46조).

라 경품 등을 제공하여 사행성을 조장하지 아니할 의무(제3호)

게임물 관련사업자는 경품 등을 제공하여 사행성을 조장하지 않아야 한다. 다만 예외적으로 청소년게임제공업의 전체이용가 게임물에 대하여 완구류, 문구류, 문화상품류 및 스포츠용품류, 생활용품류는 허용이 되고, 음식물 등 사용기한, 소비기한 또는 유통기한이 있는 물품이거나 선정성·사행성·폭력성을 유발할 수 있는 물품이거나 심신에 해를 가할 수 있는 물품, 청소년보호법 제2조의 청소년유해매체물, 청소년유해약물 및 청소년유해물건의 경우에는 제공이 금지된다(게임산업법 제28조제3호, 게임산업법 시행령 제16조의2제1호가목, 나목).

또한 등급분류 시 심의된 게임물의 경품지급장치를 통해서만 제공하여야 하며, 영업소관계자 등이 경품을 직접 제공하여서는 아니 된다(게임산업법 시행령 제16조의2 제3호).

경품은 소비자 판매가격(일반 소매상점에서의 판매가격을 말한다) 1만 원 이내의 것으로 지급할 수 있다(게임산업법 시행령 제16조의2 제2호). 구 게임산업법 시행령(2020. 12. 1. 대통령령 제31206호로 일부 개정되기 전의 것) 제16조의2제2호의 문언과 내용 및 체계 등을 종합해 볼 때 '소비자 판매가격'이란 해당 경품이 '최종 소비자에게 낱개로 직접 판매될 때의 가격', 즉 '소매가격'을 뜻하는 것이라고 보아야 하고(헌법재판소 2021. 2. 25. 선고 2017헌마708 전원재판부 결정 참조), 반드시 온라인 또는 오프라인 상점의 최저가를 의미한다고 할 수는 없다(서울중앙지방법원 2021. 11.12. 선고 2020노3589판결).

게임산업법 제28조제3호를 위반한 게임물 관련사업자는 영업정지 또는 허가·등록 취소 또는 영업폐쇄, 영업폐쇄 명령, 허가취소 또는 등록취소처분을 받을 수 있으며, 처분 전에 청문을 실시하여야 한다(게임산업법 제35조제1항제4호 및 제2항제5호, 게임산업법 제40조). 또한 5년 이하 징역 또는 5천만 원 이하의 벌금이 부과될 수 있으며(게임산업법 제44조제1항제1호의2), 위반자가 소유 또는 점유하고 있는 게임물, 그 범죄행위에 의하여 생긴 수익은 몰수·추징될 수 있다(게임산업법 제44조제2항).

마 청소년게임제공업에서 청소년이용불가 게임물을 제공하지 아니할 의무(제4호)

청소년게임제공업자는 청소년이용불가 게임물을 제공하면 안 된다. 특별자치시장·특별자치도지사·시장·군수·구청장은 청소년이용불가 게임물을 제공한 청소년게임제공업자에게 영업정지 또는 등록취소처분을 할 수 있다(게임산업법 제35조제2항제5호). 특별자치시장·특별자치도지사·시장·군수·구청장이 위반행위자에게 영업정지 또는 등록취소를 하고자 하는 경우에는 청문을 실시하여야 하며, 특별자치시장·특별자치도지사·시장·군수·구청장은 그 영업정지처분에 갈음하여 과징금을 부과할 수 있다(게임산업법 제36조제1항제2호, 제40조).

또한 2년 이하의 징역 또는 2천만 원 이하여 벌금에 처해질 수 있고(게임산업법 제45조제3호의2), 영업정지 명령을 위반하여 영업한 자도 2년 이하의 징역 또는 2천만 원 이하의 벌금에 처할 수 있다(게임산업법 제45조제9호).

바 일반게임제공업과 복합유통게임제공업(「청소년 보호법」에 따라 청소년 출입을 허용하는 경우는 제외한다)을 영위하는 자의 게임장에 청소년을 출입시키지 아니할 의무(제5호)

일반게임제공업과 복합유통게임제공업을 영위하는 자는 해당 게임장에 청소년을 출입시켜서는 아니 된다. “청소년”이란 「청소년 보호법」 제2조제1호에 따라 만 19세 미만인 사람을 말한다(다만 만 19세가 되는 해의 1월 1일을 맞이한 사람은 제외한다).

이를 위반한 경우 영업정지 또는 등록취소처분을 할 수 있으며(게임산업법 제35조제2항제5호), 과태료 1,000만 원이 부과된다(게임산업법 제48조, 게임산업법 시행령 별표4). 영업정지 명령을 위반하여 계속 영업한 자는 2년 이하의 징역 또는 2천만 원 이하의 벌금에 처해질 수 있다.

사 인터넷컴퓨터게임시설제공업을 영위하는 자는 이용자가 제21조제2항 각 호의 등급구분을 위반하여 게임물을 이용하지 아니하도록 할 의무(제5호의2)

현행 게임산업법에서는 게임물의 등급을 전체이용가, 12세이용가, 15세이용가, 청소년이용불가의 4개 등급으로 구분하고 있는데, 과거에는 인터넷컴퓨터게임시설제공업자가 이용자에게 제21조제2항 각 호의 등급구분을 위반하여 게임물을 이용하지 아니하도록 할 의무를 게임산업법 제28조제8호 및 게임산업법 시행령 별표2 제5호라목에서 규정하고 있었으며, 이를 위반하는 경우 영업정지 처분이 부과되었다.

그러나 청소년이 인터넷컴퓨터시설제공업소(PC방)에서 부모 또는 형제 등 성인의 주민등록번호를 활용하여 회원가입을 한 후 해당 계정을 통하여 청소년이용불가 등급의 게임물을 이용하는 등 업주에게 위반행위에 대한 책임을 묻는 것이 부적절한 경우에도 이에 대한 영업정지 또는 영업폐쇄 등의 행정처분과 처벌이 처해지는 등 불합리한 사례가 있었고, 이를 개선하기 위하여 2023. 3. 21 게임산업법을 개정하여 게임산업법 제28조제5호의2로 ‘인터넷컴퓨터게임시설제공업자의 이용자에 대한 제21조제2항 각 호의 등급구분을 위반하여 게임물을 이용하지 아니하도록 할 의무'를 신설하였다. 그리고 이를 통해 인터넷컴퓨터게임시설제공업자가 청소년의 신분증의 위조·변조 또는 청소년의 연령을 알지 못하였거나 폭행 또는 협박으로 연령을 확인하지 못한 사정이 있는 때에는 문화체육관광부령으로 정하는 바에 따라 행정처분을 면제할 수 있도록 하였다(게임산업법 제35조제2항 각 호 외의 단서 신설).

게임산업법 시행규칙 제26조제3항에 따르면 특별자치시장·특별자치도지사·시장·군수·구청장은 법 제35조제2항 각 호 외의 부분 단서에 따라 ① 인터넷컴퓨터게임시설제공업자가 청소년의 신분증 위조·변조 또는 도용으로 청소년인 사실을 알지 못한 사정이 영상정보처리기기에 촬영된 영상정보, 진술 또는 그 밖의 방법으로 확인된 경우, ② 인터넷컴퓨터게임시설제공업자가 청소년의 폭행 또는 협박으로 청소년임을 확인하지 못한 사정이 영상정보처리기기에 촬영된 영상정보, 진술 또는 그 밖의 방법으로 확인된 경우, ③ 인터넷컴퓨터게임시설제공업자가 청소년의 신분증 위조·변조 또는 도용으로 청소년인 사실을 알지 못했거나 폭행 또는 협박으로 청소년임을 확인하지 못한 사정이 인정되어 불송치 또는 불기소(불송치 또는 불기소를 받은 이후 해당 사건에 대하여 다시 수사절차가 진행 중인 경우 또는 해당 사건에 대하여 공소가 제기되어 형사재판이 진행 중인 경우는 제외한다)를 받거나 선고유예 판결을 받은 경우에는 해당 인터넷컴퓨터게임시설제공업자에 대한 행정처분을 면제한다. 다만, ① 또는 ②의 경우에도 불구하고 인터넷컴퓨터게임시설제공업자가 법원의 판결에 따라 유죄로 확정된 경우(선고유예 판결을 받은 경우는 제외한다)에는 행정처분을 면제하지 아니한다.

한편 인터넷컴퓨터시설제공업자가 청소년이용불가 등급 게임물을 청소년에게 제공한 경우에는 1년 이하의 징역 또는 1천만 원 이하의 벌금에 처해지며(게임산업법 제46조제3호), 제21조제2항제2호 및 제3호의 등급구분을 위반하여 위원회로부터 시정조치를 받고 이를 이행하지 아니한 상태로 게임물을 제공한 자에게는 500만 원 과태료가 부과된다(게임산업법 제48조 제7호의2, 게임산업법 시행령 별표4).

아 게임물 및 컴퓨터 설비 등에 음란물 및 사행성게임물 차단 프로그램 또는 장치를 설치할 의무(제6호)

게임물 관련사업자는 게임물 및 컴퓨터 설비 등에 문화체육관광부 장관이 고시하는 음란물 및 사행성게임물 차단 프로그램을 설치하여야 한다. 다만, 음란물 및 사행성게임물 차단 프로그램 또는 장치를 설치하지 아니하여도 음란물 및 사행성게임물을 접속할 수 없게 되어 있는 경우에는 그러하지 아니하다.

음란물 및 사행성게임물 차단 프로그램
[시행 2024. 4. 5.] [문화체육관광부고시 제2024-13호, 2024. 3. 5., 폐지제정.]

프로그램명칭(버전)	제작회사	연락처 / 홈페이지
피카아이그린 (2024010101 이상)	㈜미디어웹	1544-2552 / http://pcbang.com
그린카드 (22.3.1.1.7 이상)	㈜엔미디어플랫폼	1644-5910 / http://green.geto.co.kr/
웹블럭 (2023_1.0 이상)	㈜플레이팩토리	02-6413-7070 / https://webblock.playfactory.co.kr
조이그린 (22_2.0.2.11 이상)	㈜엔조이소프트	070-7774-9495 / http://joygreen.kr
조이그린(태블릿PC) (4.1.2 이상)		

특별자치시장·특별자치도지사·시장·군수·구청장은 위 프로그램을 설치하지 않고 영업한 게임물 관련 사업자에 대하여 영업정지 또는 허가·등록 취소 또는 영업폐쇄, 영업폐쇄 명령, 허가취소 또는 등록취소를 할 수 있고, 영업정지처분을 하려는 경우 청문을 실시하여야 한다(게임산업법 제35조제2항제5호, 제40조). 또한 과태료 300만 원이 부과된다(제48조제1항제5호 및 같은 법 시행령 제24조제1항, 별표4).

영업정지처분을 받은 게임물 관련사업자 중 게임제공업자·인터넷컴퓨터게임시설제공업자 또는 복합유통게임제공업자가 영업정지 명령을 위반하여 계속 영업한 경우에는 2년 이하의 징역 또는 2천만 원 이하의 벌금, 게임제작업자·게임배급업자가 영업정지 명령을 위반하여 계속 영업한 경우 1년 이하의 징역 또는 1천만 원 이하의 벌금에 처한다(게임산업법 제45조제9호, 제46조제5호).

자 대통령령으로 정하는 영업시간 및 청소년의 출입시간을 준수할 의무(제7호)

게임물 관련사업자는 대통령령으로 정하는 영업시간 및 청소년의 출입시간을 준수하여야 한다.

게임산업진흥에 관한 법률 시행령

제16조(영업시간 및 청소년 출입시간제한 등) 법 제28조제7호에 따른 영업시간 및 청소년의 출입시간은 다음 각 호와 같다. 〈개정 2007. 5. 16., 2009. 9. 10., 2010. 12. 21., 2013. 3. 18., 2017. 8. 9.〉

1. 영업시간
   가. 일반게임제공업자의 영업시간은 오전 9시부터 오후 12시까지로 한다.
   나. 복합유통게임제공업자의 영업시간은 오전 9시부터 오후 12시까지로 한다. 다만, 다음의 경우에는 영업시간의 제한을 받지 아니한다.
      1) 다목 단서에 따라 영업시간의 제한을 받지 아니하는 청소년게임제공업과 이 법에 따른 다른 영업 또는 다른 법률에 따른 영업을 동일한 장소에서 함께 영위하는 복합유통게임제공업자
      2) 라목에 따라 영업시간의 제한을 받지 아니하는 인터넷컴퓨터게임시설제공업과 이 법에 따른 다른 영업 또는 다른 법률에 따른 영업을 동일한 장소에서 함께 영위하는 복합유통게임제공업자
   다. 청소년게임제공업자의 영업시간은 오전 9시부터 오후 12시까지로 한다. 다만, 청소년게임제공업자 중 게임 이용에 따라 획득된 결과물(법 제28조제3호 단서에 따라 제공하는 경품을 포함한다)의 제공이 가능한 전체이용가 게임물의 대수 및 설치면적이 전체 대수 및 설치면적의 100분의 20을 초과하지 않는 경우에는 영업시간의 제한을 받지 아니한다.
   라. 가목, 나목 본문 및 다목 본문 외의 게임물 관련사업자는 영업시간의 제한을 받지 아니한다.

2. 청소년의 출입시간

가. 청소년게임제공업자, 복합유통게임제공업자(「청소년 보호법 시행령」 제5조제1항제2호 단서에 따라 청소년의 출입이 허용되는 경우만 해당한다), 인터넷컴퓨터게임시설제공업자의 청소년 출입시간은 오전 9시부터 오후 10시까지로 한다. 다만, 청소년이 친권자·후견인·교사 또는 직장의 감독자 그 밖에 당해 청소년을 보호·감독할 만한 실질적인 지위에 있는 자를 동반한 경우에는 청소년 출입시간 외의 시간에도 청소년을 출입시킬 수 있다.

나. 가목 외의 게임물 관련사업자는 청소년 출입시간의 적용을 받지 아니한다.

게임물 관련사업자가 청소년 출입시간 제한을 위반하여 청소년을 출입시킨 경우 영업정지처분을 받을 수 있다(게임산업법 제35조제1항제4호 및 제2항제5호, 게임산업법 시행규칙 제26조, 별표5).

특별자치시장·특별자치도지사·시장·군수·구청장은 게임물 관련사업자에게 해당 의무 위반을 이유로 영업정지처분을 하여야 하는 때에 해당 영업자의 영업이 건전한 게임문화의 조성에 지장을 초래하지 아니하는 경우에 한하여 대통령령으로 정하는 바에 따라 그 영업정지처분에 갈음하여 10억 원 이하의 과징금을 부과할 수 있다(게임산업법 제36조제1항제2호). 또한 청소년의 출입시간을 위반하여 청소년을 출입시킨자는 1년 이하의 징역 또는 1천만 원 이하의 벌금에 처한다(게임산업법 제46조제2호).

게임제공업소의 종업원이 청소년 출입불가 시간에 청소년을 출입시킨 경우 게임물 관련사업자에 대한 게임산업진흥에 관한 법률 제35조에 따른 처분은 행정법규 위반에 대하여 가지는 행정상 제재조치로서, 이는 행정목적의 달성을 위하여 행정법규 위반이라는 객관적 사실에 착안하여 가지는 제재이므로 특별한 규정이 없는 한 원칙적으로 영업주의 고의나 과실을 요하지 아니한다(서울행정법원 2002. 5. 17. 선고 2002구합829판결). 행정법규 위반에 대한 제재조치는 행정목적의 달성을 위하여 행정법규 위반이라는 객관적 사실에 착안하여 가하는 제재이므로, 반드시 현실적인 행위자가 아니라도 법령상 책임자로 규정된 자에게 부과되고, 특별한 사정이 없는 한 위반자에게 고의나 과실이 없더라도 부과할 수 있다(대법원 2017. 5. 11. 선고 2014두8773 판결). 다만 영업주의 유책성이 없거나 경미한 경우에 해당되면 게임산업법 시행규칙 [별표 5] 1호 일반기준의 바목 (1) '위반행위가 고의나 중대한 과실이 아닌 사소한 부주의나 오류로 인한 것으로 인정되는 경우'에 해당하는 것으로 볼 수 있어 바목 본문에 따라 처분기준의 2분의 1의 범위에서 감경하는 것이 가능할 것으로 판단된다.

차 그 밖에 영업질서의 유지 등에 관하여 필요한 사항으로서 대통령령으로 정하는 사항을 준수할 것(제8호)

게임산업법 제28조에서는 게임물 관련사업자에게 영업질서의 유지를 위하여 필요한 사항으로서 대통령령으로 정하는 사항을 준수하도록 규정하고 있다. 게임산업법 시행령 제17조 및 별표2에 따른 게임물 관련사업자 준수사항은 다음과 같다.

게임산업법 시행령 별표2

게임물 관련사업자 준수사항(제17조 관련)

1. 게임물 관련사업자는 허가증, 신고증 또는 등록증을 출입자가 쉽게 볼 수 있는 곳에 붙여야 한다.

2. 일반게임제공업자, 청소년게임제공업자(법 제28조제3호 단서에 따라 경품을 제공하는 경우에만 해당한다)는 영업장 안에서 1명이 동시에 2대 이상의 게임물 등을 이용할 수 없도록 관리하여야 한다.

3. 일반게임제공업자·청소년게임제공업자·인터넷컴퓨터게임시설제공업자 및 복합유통게임제공업자는 출입자가 보기 쉬운 곳에 다음 각 호의 내용을 포함하는 가로 50센티미터, 세로 50센티미터 이상의 안내문을 게시하여야 한다.
   가. 청소년 출입여부 및 출입가능시간
   나. 음란물의 이용·제공 금지
   다. 도박·사행행위의 금지
   라. 경품취급기준의 준수
   마. 영업시간

4. 복합유통게임제공업자는 다음 각 목의 사항을 준수하여야 한다.

가. 영업소에 주류를 보관하거나 이용자의 주류 반입을 허용하거나 묵인해서는 안 된다.

나. 남녀 접대부를 고용·알선하는 행위를 해서는 안 된다.

5. 인터넷컴퓨터게임시설제공업자는 다음 각 목의 사항을 준수하여야 한다.

가. 개별 컴퓨터별로 밀실이나 밀폐된 공간을 설치하여서는 아니 된다. 다만, 흡연실의 경우에는 그러하지 아니하다.

나. 개별 컴퓨터별로 바닥으로부터 높이 1.3미터를 초과하는 칸막이를 설치하여서는 아니 된다. 다만, 머리에 쓰는 영상표시기기(Head Mounted Display) 등을 이용하는 게임물로서 몸동작을 수반할 수 있는 게임물을 이용하는 사람의 안전사고 예방을 위하여 내부가 잘 보이는 재질의 창 등을 설치하는 경우에는 높이 1.3미터를 초과하여 칸막이를 설치할 수 있다.

다. 삭제 〈2015. 1. 6.〉

라. 삭제 〈2024. 1. 9.〉

6. 청소년게임제공업자는 법 제28조제3호 단서에 따라 경품을 제공하려는 경우에는 다음 각 목의 사항을 준수하여야 한다.

가. 경품을 환전, 환전 알선, 재매입하거나 다른 물품으로 교환하여 주어서는 아니 된다.

나. 경품 외의 다른 물품을 전시·보관하여 경품으로 오인하게 하여서는 아니 된다.

7. 일반게임제공업자·청소년게임제공업자 및 복합유통게임제공업자는 게임물의 이용을 통하여 획득한 결과물(점수 및 이와 유사한 것을 말한다)이 환전되도록 장부에 표시하여 관리하거나 그 결과물이 표시된 증표를 내주어서는 안 된다.

8. 정보통신망을 통하여 베팅이나 배당의 내용을 모사한 카드게임, 화투놀이 또는 스포츠 승부예측 게임 등의 게임물(이하 이 호에서 "게임물"이라 한다)을 제공하는 게임제공업자는 다음 각 목의 사항을 준수하여야 한다.

가. 게임물 이용자 1명이 게임물을 이용하기 위한 가상현금(캐쉬 등을 말한다. 이하 이 호에서 같다), 게임아이템 등의 1개월간 구매(다른 게임물 이용자로부터 증여 등을 통하여 받는 것을 포함한다)한도가 70만원을 초과할 수 없도록 하여야 한다.

나. 게임물 이용자 1명이 1회 게임에 사용할 수 있는 게임머니가 가목에 따른 구매한도 규모에 따라 지급될 수 있는 게임머니(게임물 이용자 1명이 가목의 한도까지 가상현금, 게임아이템 등을 구매하는 때 지급될 수 있는 게임머니 총량의 최저치를 기준으

로 한다. 이하 이 호에서 같다)의 10분의 1을 초과할 수 없도록 하여야 한다.
다. 삭제 〈2020. 4. 7.〉
라. 게임물 이용자가 게임(주된 게임 외에 게임의 특성에 따라 부가적으로 제공되는 서비스를 포함한다) 이용의 상대방을 선택할 수 없도록 해야 한다. 다만, 다음의 어느 하나에 해당하는 경우에는 그렇지 않다.
1) 무료로 제공하는 별도의 게임머니만을 사용하는 경우
2) 게임물 이용자 1명이 1회게임에서 사용할 수 있는 게임머니가 가목의 구매한도 규모에 따라 지급될 수 있는 게임머니의 200분의 1을 초과하지 않는 경우
마. 게임물 이용자가 게임을 이용할 경우 베팅을 자동으로 할 수 없도록 하여야 한다.
바. 「전자서명법」 제2조제8호에 따른 전자서명인증사업자, 그 밖에 본인확인서비스를 제공하는 제3자 또는 행정기관에 의뢰하거나 대면확인 등을 통하여 게임물 이용자가 본인임을 확인할 수 있는 수단을 마련하고, 1년마다 게임물 이용자에 대하여 본인 확인을 하여야 한다.
사. 게임제공업자는 게임물 이용자 보호 및 게임물의 사행화 방지 방안을 위원회와 협의하여 수립해야 한다.

9. 일반게임제공업자, 청소년게임제공업자, 인터넷컴퓨터게임시설제공업자 및 복합유통게임제공업자는 게임물의 버튼 등 입력장치를 자동으로 조작하여 게임을 진행하는 장치 또는 소프트웨어를 제공하거나 게임물 이용자가 이를 이용하게 해서는 안 된다.

1) 게임물 관련사업자의 허가증, 신고증 또는 등록증 부착의무(별표2 제1호)

게임물 관련사업자는 영업장에 허가증, 등록증, 신고증을 출입자가 쉽게 볼 수 있는 곳에 붙여야 한다. 이를 위반한 자는 1차 위반 시 경고, 2차 위반 시 영업정지 5일, 3차 위반 시 영업정지 10일, 4차 위반 시 영업정지 1개월 처분을 받을 수 있다(게임산업법 제35조제1항제4호, 게임산업법 시행규칙 제26조, 별표5). 특별자치시장·특별자치도지사·시장·군수·구청장은 게임물 관련사업자가 해당 의무를 위반한 경우 해당 영업자의 영업이 건전한 게임문화의 조성에 지장을 초래하지 아니하는 경우에 한하여 대통령령으로 정하는 바에 따라 영업정지처분에 갈음하여 10억 원 이하의 과징금을 부과할 수 있다(게임산업법 제36조제1항제2호).

2) 일반게임제공업자, 경품제공 청소년게임제공업자는 게임물 1인 2대 이용 금지의무(별표2 제2호)

일반게임제공업자, 청소년게임제공업자(법 제28조제3호 단서에 따라 경품을 제공하는 경우에만 해당한다)는 영업장 안에서 1명이 동시에 2대 이상의 게임물 등을 이용할 수 없도록 관리하여야 한다. 즉, 자동진행장치(일명 '똑딱이') 등을 사용하여 이용자 1인이 2대의 게임물을 이용하지 않도록 관리하여야 한다.

이를 위반한 일반게임제공업자, 청소년게임제공업자는 영업정지 처분을 받을 수 있다(게임산업법 제35조제1항제4호, 게임산업법 시행규칙 제26조, 별표5).

3) 안내문 게시의무(별표2 제3호)

일반게임제공업자·청소년게임제공업자·인터넷컴퓨터게임시설제공업자 및 복합유통게임제공업자는 출입자가 보기 쉬운 곳에 청소년 출입여부 및 출입가능 시간, 음란물의 이용·제공 금지, 도박·사행행위 금지, 경품취급기준의 준수, 영업시간을 포함하는 가로 50센티미터, 세로 50센티미터 이상의 안내문을 게시하여야 한다.

이를 위반한 자는 1차 위반 시 경고, 2차 위반 시 영업정지 5일, 3차 위반 시 영업정지 10일, 4차 위반 시 영업정지 1개월 처분을 받을 수 있다(게임산업법 제35조제1항제4호, 게임산업법 시행규칙 제26조, 별표5).

4) 복합유통게임제공업자의 준수사항(별표2 제4호)

복합유통게임제공업자는 영업소에 주류를 보관하거나 이용자의 주류 반입을 허용하거나 묵인해서는 안 되며, 남녀 접대부를 고용·알선하는 행위를 해서는 안 된다. 주류보관·주류반입금지의무를 위반한 복합유통게임제공업자는 1차 위반 시 영업정지 10일, 2차 위반 시 영업정지 1개월, 3차 위반 시 영업정지 3개월, 4차 위반 시 등록취소 또는 영업폐쇄처분을 받을 수 있고, 남녀 접대부 고용·알선 금지의무를 위반한 복합유통게임제공업자는 1차 위반 시 영업정지 1개월, 2차 위반 시 영업정지 2개월, 3차 위반 시 등록취소 또는 영업폐쇄처분을 받을 수 있다(게임산업법 제35조제1항제4호, 게임산업법 시행규칙 제26조, 별표5). 행정청은 위반자에게 등록취소 또는 영업폐쇄처분을 부과할 경우에 청문을 실시하여야 한다(게임산업법 제40조).

5) 인터넷컴퓨터게임시설제공업자의 준수사항(별표2 제5호)

인터넷컴퓨터게임시설제공업자는 흡연실 외에 개별 컴퓨터별로 밀실이나 밀폐된 공간을 설치하여서는 아니 된다. 또한 개별 컴퓨터별로 바닥으로부터 높이 1.3미터를 초과하는 칸막이를 설치하는 것이 금지된다. 그러나 예외적으로 머리에 쓰는 영상표시기기(Head Mounted Display) 등을 이용하는 게임물로서 몸동작을 수반할 수 있는 게임물을 이용하는 사람의 안전사고 예방을 위하여 내부가 잘 보이는 재질의 창 등을 설치하는 경우에는 높이 1.3미터를 초과하여 칸막이를 설치할 수 있다.

이러한 준수사항을 위반한 인터넷컴퓨터게임시설제공업자는 1차 위반 시 경고, 2차 위반 시 영업정지 5일, 3차 위반 시 영업정지 10일 처분을 받을 수 있다(게임산업법 제35조제1항제4호 및 제2항제5호).

6) 청소년게임제공업자의 준수사항(별표2 제6호)

청소년게임제공업자는 게임산업법 제28조제3호 단서에 따라 경품을 제공하려는 경우에 경품을 환전, 환전 알선, 재매입하거나 다른 물품으로 교환하여 주어서는 아니 되고, 경품 외의 다른 물품을 전시·보관하여 경품으로 오인하게 하여서는 아니 된다.

이러한 준수사항을 위반한 청소년게임제공업자는 등록취소 또는 영업폐쇄처분을 받을 수 있고, 행정청은 해당 처분에 앞서 청문을 실시하여야 한다(게임산업법 제35조제1항제4호 및 제2항제5호, 제40조).

7) 점수보관행위 금지 의무(별표2 제7호)

일반게임제공업자·청소년게임제공업자 및 복합유통게임제공업자는 게임물의 이용을 통하여 획득한 결과물(점수 및 이와 유사한 것을 말한다)이 환전되도록 장부에 표시하여 관리하거나 그 결과물이 표시된 증표를 내주어서는 안 된다. 이를 위반한 일반게임제공업자·청소년게임제공업자 및 복합유통게임제공업자는 1차 위반 시 경고, 2차 위반 시 영업정지 5일, 3차 위반 시 영업정지 10일, 4차 위반 시 영업정지 1개월의 처분을 받을 수 있다(게임산업법 제35조제1항제4호 및 제2항제5호).

인터넷컴퓨터게임시설제공업자가 점수보관행위를 포함한 사행행위를 한 경우 해당 조항이 아닌 게임산업법 제28조제2호에 따른 사행행위 방지 의무 위반에 해당된다.

8) 정보통신망을 통하여 베팅이나 배당의 내용을 모사한 카드게임, 화투놀이 또는 스포츠 승부예측 게임 등의 게임물(이하 이 호에서 "게임물"이라 한다)을 제공하는 게임제공업자의 준수사항(별표2 제8호)

2022년 문화체육관광부 '게임산업법 시행령 별표2 제8호 관련 해석기준'에 따르면 해당 조항의 수범대상은 정보통신망을 통하여 베팅이나 배당의 내용을 모사한 카드(화투) 게임이나 스포츠 승부예측 게임 등의 게임물 및 이를 이용 제공하는 사업자이다. 다만 베팅이나 배당의 수단이 되는 아이템 및 게임머니 등을 판매하지 않는 게임물과 베팅이나 배당의 내용을 모사하지 않은 바둑, 장기, 윷놀이 유형의 게임물은 별표2 제8호 가목부터 바목까지의 적용이 제외되나, 사행화 방지를 위하여 게임산업법 시행령 별표2 제8호사목은 적용 된다.

제8호가목은 게임물의 가상현금, 아이템에 대하여 1개월간 구매한도를 제한하는 규정이다. 게임물 이용자 1명이 게임물을 이용하기 위한 가상현금(캐쉬 등을 말한다. 이하 이 호에서 같다), 게임아이템 등의 1개월간 구매(다른 게임물 이용자로부터 증여 등을 통하여 받는 것을 포함한다)한도가 70만 원을 초과할 수 없도록 하여야 하는데, 이는 이용자 1명이 여러 계정을 가지고 있더라도 이용자 1명을 기준으로 합산하여 1개월간(매월 1일부터 말일까지) 구매한도가 70만 원을 초과하지 않아야 함을 의미한다. 채널링 사이트에서 구매한 경우 및 다른 게임물 이용자로부터 증여 등을 통하여 받는 경우에도 전체 월 구매 금액에 합산한다.

제8호나목은 게임물 이용자가 1회 게임에 사용하는 게임머니 사용한도를 제한하는 규정이다. 게임물 이용자 1명이 1회 게임에 사용할 수 있는 게임머니가 가목에 따른 구매한도 규모에 따라 지급될 수 있는 게임머니(게임물 이용자 1명이 가목의 한도까지 가상현금, 게임아이템 등을 구매하는 때 지급될 수 있는 게임머니 총량의 최저치를 기준으로 한다. 이하 이 호에서 같다)의 10분의 1을 초과할 수 없도록 하여야 한다. 여기서 '1회 게임'이란 카드나 화투게임의 경우 패의 분배로 게임이 시작된 후 그 게임의 승패가 결정되어 배당이 완료될 때까지를 의미하고, 스포츠 승부예측 게임물의 경우 1회 베팅(묶음 베팅 포함)을 의미한다. 실제 스포츠 경기 당 베팅한도를 말하는 것은 아니므로 동일한 경기에 대하여 복수 베팅이 가능하다.

베팅 없이 게임의 결과에 따라 게임머니가 배당되는 훌라, 고스톱 등 게임의 경우에도 게임물 이용자 1명이 1회 게임에서 손실할 수 있는 게임머니는 10분의 1을 초과할 수 없다. 또한 1회 게임에 사용할 수 있는 게임머니는 유·무료 지급 게임머니를 구별하지 아니한다.

제8호라목은 게임물 이용자가 게임물 이용자 중 특정인을 선택하여 게임하는 것을 금지하는 조항으로 주된 게임 외에 게임의 특성에 따라 부가적으로 제공되는 서비스에서도 특정인 선택이 금지된다. 특정인 선택 금지란 게임초대 기능이나 특정 게임방을 선택하여 입장하는 것을 금지하는 것인데, 예외적으로 일반 게임머니와 호환되지 않고 무료로 제공하는 별도의 게임머니만을 사용하여 게임이 진행되는 경우나 게임물 이용자 1명이 1회 게임에서 사용할 수 있는 게임머니가 가목의 구매한도 규모에 따라 지급될 수 있는 게임머니의 200분의 1을 초과하지 않는 경우에 게임이용의 상대방 선택이 가능하다.

제8호마목은 게임의 자동베팅을 금지하는 것이다. 베팅 없이 게임 결과에 따라 게임머니가 배당되는 게임(훌라, 고스톱 등)이나, 접속 중단이나 네트워크 장애와 같이 게임물 이용자가 게임을 이용하지 명확한 경우에는 적용하지 아니한다.

제8호바목은 「전자서명법」 제2조제8호에 따른 전자서명인증사업자, 그 밖에 본인확인서비스를 제공하는 제3자 또는 행정기관에 의뢰하거나 대면확인 등을 통하여 게임물 이용자가 본인임을 확인할 수 있는 수단을 마련하고, 1년마다 게임물 이용자에 대하여 본인 확인을 하여야 한다고 규정하고 있다. 본인 확인이란 공인인증서, 신용정보사를 통한 확인, 아이핀, 신용카드, 휴대전화 등의 수단으로 이용자의 특정과 실재함을 확인하는 것이다. 접속일 기준 최근 1년 동안 본인인증을 실시하지 않은 이용자를 대상으로 본인확인을 실시한다.

제8호사목에 따르면 게임제공업자는 게임물 제공 이전에 게임물관리위원회와의 협의를 거쳐 이용자보호 및 사행화 방지방안을 수립·적용해야 한다. 필수적으로 포함되어야 할 사항은 ① 이용자보호 및 사행화방지 전담인력 지정, ② 1일 손실한도 및 이용제한 자가 설정, ③ 사행화 근절 관련 홍보, ④ 자체모니터링(부정이용자 제재 포함) 및 업무협조, ⑤ 이용자 간 게임머니 이체 금지, ⑥ 유료게임 이용(게임머니 구매 포함)에 따른 무료머니 지급 금지 등 유·무료 게임 간 연동 금지와 관련된 사항이다.

제8호 각 목을 위반하는 경우 1차 위반 시 경고, 2차 위반 시 영업정지 5일, 3차 위반 시 영업정지 10일, 4차 위반 시 영업정지 1개월을 받을 수 있다(게임산업법 제35조제1항제4호, 제2항제5호 및 제3항제5호).

9) 일반게임제공업자, 청소년게임제공업자, 인터넷컴퓨터게임시설제공업자 및 복합유통게임제공업자의 자동진행장치 제공 금지(별표2 제9호)

가) 개요

문화체육관광부는 2020. 5. 8. 게임산업진흥에 관한 법률 시행령 제17조 별표2 제9호를 신설하여 일반게임제공업자 및 청소년게임제공업자 등이 게임물의 버튼 등 입력장치를 자동으로 조작하여 게임을 진행하는 장치 또는 소프트웨어(일명 '자동진행장치')를 제공하지 못하도록 규정하였다. 이는 게임물의 사행적 이용을 방지하고자 한 것으로[1] 게임물의 버튼 등 입력장치를 자동으로 조작함으로써 1인의 이용자가 동시에 다수의 게임물을 이용하지 못하도록 하는 등 과도한 게임물의 이용 및 사행적 이용 방지를 위한 것이었다. 자동진행장치와 관련된 판례를 살펴볼 때 이용자가 게임물에 부착된 버튼 등을 직접 누르는 등 조작 없이 다회의 게임을 반복적으로 진행할 수 있도록 하는 장치는 '자동진행장치'에 해당된다고 판단된다.

위 게임산업법 시행령 제17조 별표2 제9호를 위반한 일반게임제공업자, 청소년게임제공업자, 인터넷컴퓨터게임시설제공업자 및 복합유통게임제공업자는 1차 위반 시 영업정지 1개월, 2차 위반 시 영업정지 3개월, 3차 위반 시 허가·등록취소 또는 영업폐쇄처분을 받을 수 있다(게임산업법 제35조제2항제5호 및 제3항제5호, 게임산업법 시행규칙 제26조, 별표5).

---

1 법제처 국가법령정보센터, 게임산업진흥에 관한 법률 시행령(시행 2020. 5. 8.)(대통령령 제30604호, 2020. 4. 7., 일부개정)

나) 판례

- 헌법재판소 2022. 5. 26. 선고 2020헌마670,705(병합), 2020헌마838(병합) 전원재판부결정

일반게임제공업자 및 사단법인 ○○중앙회가 게임산업법 시행령 제17조 별표 2 제9호가 자신들의 직업의 자유 내지 일반적 행동자유권 등 기본권을 침해한다고 헌법소원심판을 청구한 사안[2]에서, 자동진행장치는 게임물 이용자가 직접 조작하지 않고도 자동·반복적으로 게임을 진행할 수 있게 하여 게임물의 우연성을 높이고 동시에 다수의 게임기를 사용할 가능성도 생기는 등 게임물의 사행적 이용행위를 부추겨 건전한 게임문화를 해칠 가능성이 있고, 따라서 이를 제공 또는 이용하지 못하도록 하는 것은 게임물의 사행성 방지를 위하여 필요한 사항으로 심판대상조항은 모법인 게임산업법 제28조 제8호의 위임을 받아 사행성 방지와 같은 영업질서의 유지 등에 관하여 필요한 사항을 구체화한 규정으로서 모법의 위임범위 내에 있으므로, 법률유보원칙을 위반하여 일반게임제공업자인 청구인들의 직업의 자유를 침해한다고 볼 수 없다고 하였다.

또한 과잉금지원칙 위반 여부와 관련하여, 심판대상조항은 일반게임제공업자가 자동진행장치를 제공하거나 이를 이용하게 하는 것을 금지함으로써 게임물이 사행적으로 이용되는 것을 방지하여 건전한 게임문화를 확립하려는 것으로, 입법목적의 정당성이 인정되고, 자동진행장치의 제공 또는 이용을 금지하면 게임물의 사행적 이용행위 예방에 기여할 수 있다는 점에서 수단의 적합성도 인정되며, 게임물의 사행적 이용행위에 대한 규제의 실효성을 가지기 위하여는 등급분류 및 사행성게임물 확인제도나 일반게임제공업자가 영업장 안에서 1명이 동시에 2대 이상의 게임물 등을 이용할 수 없도록 관리하라는 준수사항 등의 기존에 있던 다른 규제만으로는 충분하지 않고, 심판대상조항과 같이 게임물의 사행적 이용을 조장할 수 있는 영업방식을 규제하는 것이 필요하다고 하였다. 나아가 일반게임제공업자인 청구인들은 자동진행장치를 게임물 이용자에게 제공하거나 이용하게 하는 영업방식이 제한될 뿐이므로 이로 인한 불이익이 크다고 보기는 어려운 반면, 게임물의 사행적 이용행위를 방지함으로써 건전한

2 헌법재판소 2022. 5. 26. 선고 2020헌마670,705(병합), 2020헌마838(병합) 전원재판부결정[게임산업진흥에 관한 법률 시행령 별표2 제9호 위헌확인]

게임문화를 확립하여 국민의 문화적 삶의 질을 향상시키고자 하는 공익은 중대하므로 심판대상조항은 과잉금지원칙을 위반하여 일반게임제공업자인 청구인들의 직업의 자유를 침해한다고 볼 수 없다고 하였다.

■ 대구지방법원 2021. 6. 11. 선고 2020구단11416 판결

이 사건 위반행위 단속 당시 원고가 이 사건 게임장에서 손님들에게 제공한 게임진행장치는 통상적으로 게임장에서 사용되는 자동진행장치(자동진행장치에 부착된 스위치를 키면 누름막대가 연속적으로 작동하면서 게임물에 부착된 버튼 등 입력장치를 눌러주어 게임이 진행되도록 하는 장치)가 아니라, 스마트폰 어플리케이션에 있는 누름버튼을 누르면 게임물 위에 놓여진 별도의 기계에 부착되어 있는 누름막대가 움직여 게임물의 입력장치를 누르게 되는 장치(이하 '변형장치'라 한다)로 보이기는 한다. 그러나 게임물 이용자가 버튼 등 게임물에 부착되어 있는 입력장치를 직접 조작하지 않은 채 스마트폰 어플리케이션으로 조작되는 장치를 통하여 게임물의 입력장치를 조작하는 이상, 위와 같은 장치를 이 사건 시행령 조항에서 규정하고 있는 '입력장치를 자동으로 조작하여 게임을 진행하는 장치 또는 소프트웨어'에 해당하는 것으로 보는 것이 문언의 통상적인 의미를 벗어난 해석이라고 볼 수 없고, 변형장치 역시 이 사건 시행령 조항에서 규정하고 있는 '입력장치를 자동으로 조작하여 게임을 진행하는 장치'에 해당하는 것으로 봄이 타당하다고 하면서 원고의 청구를 기각하였다.

■ 광주고등법원 2022. 2. 10. 선고 2021누11745 판결

원고는 2020. 11. 24. 20:59경 게임물 이용자가 장치의 버튼을 누른 횟수만큼 게임물의 버튼 입력이 이루어지되 그 게임물 버튼 입력이 일정한 시기로 지연되어 이루어지는 장치(이하 '이 사건 장치'라 한다)를 게임물에 부착하여 게임물 이용자로 하여금 이를 이용하게 한 사실이 광양경찰서에 적발되었는데, 원고는 이 사건 장치는 이용자가 직접 버튼을 누른 횟수만큼 게임물의 버튼 입력이 이루어지고 다만 그 게임물 버튼 입력의 시점만을 지연시키는 장치이므로 이용자의 직접적인 조작이 선행하여 개입하는 이상 게임산업법 시행령 제17조 [별표2] 제9호(이하 '이 사건 시행령 조항'이라고 한다)에서 정한 '게임물의 버튼 등 입력장치

를 자동으로 조작하여 게임을 진행하는 장치'에 해당한다고 볼 수 없으므로 이 사건 처분은 처분사유가 부존재하므로 위법하다고 주장하였다.

그러나 법원은 ① 게임산업법 제28조, 이 사건 시행령 조항의 각 내용 및 개정이유에 비추어 보면, 이 사건 시행령에서 정하고 있는 '게임물의 버튼 등 입력장치를 자동으로 조작하여 게임을 진행하는 장치 또는 소프트웨어'는 이용자가 게임을 이용할 당시 매번 게임물의 버튼, 즉 입력장치를 직접 누르는 등으로 조작하지 않아도 자동으로 게임물의 실행이 가능하도록 작동하는 장치 내지 소프트웨어 일체를 의미한다고 봄이 타당하고, ② '게임물의 버튼 등 입력장치를 자동으로 조작하여 게임을 진행하는 장치'를 이용하여 게임을 진행하기 위해서는 위 장치의 초기 가동을 위한 전원입력 등 이용자의 일정한 조작이나 인력의 개입이 필요하다고 할 것이고, 자동의 사전적 의미가 기계나 설비 따위가 자체 내에 있는 일정한 장치의 작용에 의하여 스스로 작동하는 것인 점에 비추어 보면, 이용자의 조작이나 인력이 선행행위로서 개입하지 않는지의 여부와 관계없이, 이용자의 조작에 반응하여 일정한 작용을 거쳐 이용자의 명령을 수행하는 방식으로 이용자를 대신하여 게임물의 입력장치를 조작하는 장치라면 이 사건 시행령 규정이 정하고 있는 '게임물의 버튼 등 입력장치를 자동으로 조작하여 게임을 진행하는 장치'에 해당한다고 봄이 상당하며, ③ 결국 이용자가 이 사건 장치에 미리 입력한 횟수에 따라 자동으로 게임물의 버튼이(입력장치가) 조작되어 게임이 진행되는 것이므로, 이용자가 미리 게임의 진행 횟수를 설정할 수 있다는 점 이외에는 이용자가 이 사건 장치를 조작하면 이 사건 장치를 통하여 자동으로 게임물의 버튼이 조작되어 게임이 진행된다는 점에서 통상적인 자동진행장치(이른바 '똑딱이')와 실질적인 차이가 없으므로, 이 사건 장치는 이 사건 시행령 조항의 '게임물의 버튼 등 입력장치를 자동으로 조작하여 게임을 진행하는 장치'에 해당한다고 봄이 타당하다고 하면서 원고의 청구를 기각하였다.

■ 대법원 2023. 12. 14. 선고 2023두43501 판결

원고는 구 「게임산업진흥에 관한 법률」(2023. 8. 8. 법률 제19592호로 개정되기 전의 것, 이하 '구 게임산업법'이라고 한다) 제26조 제1항에 따라 피고로부터 일반게임제공업 허가를 받아 대구 서구 B, 6층에서 'C'(이하 '이 사건 게임장'이라고 한다)라는 상호로 게임장을 운영하고 있다.

피고는 2022. 7. 1. 원고에 대하여, 이 사건 게임장에서 게임물 이용자로 하여금 '게임물의 버튼 등 입력장치를 자동으로 조작하여 게임을 진행하는 장치'를 이용하여 게임을 하도록 함으로써 구 게임산업법 제28조 제8호, 「게임산업진흥에 관한 법률 시행령」(이하 '게임산업법 시행령'이라고 한다) 제17조 [별표2] 제9호에서 정한 게임물 관련사업자의 준수사항을 위반하였다는 사유로, 구 게임산업법 제36조 제1항 본문 제2호에 따라 영업정지 6개월의 처분에 갈음하여 과징금 1,800만 원을 부과하는 처분을 하였다.

원고는 이 사건 게임장에서 게임이용자가 게임기 조작 부위에 올려두고 이용할 수 있도록 한 '거리두기 유지기'(이하 '이 사건 장치'라 한다)는 게임산업법 제28조제8호 등에서 게임장에서의 설치 및 이용을 금지하는 자동조작장치에 해당하지 아니하므로 위 과징금 1,800만 원의 부과처분은 위법하여 취소되어야 한다고 주장하였다.

원심은, 이 사건 준수사항에서 말하는 '자동으로 조작'한다는 것은 '기계 등 장치가 자체 내에 있는 일정한 작용에 의하여 스스로 작동함으로써 게임물의 입력장치를 다룰 수 있도록 해주는 것을 의미한다'고 보아, 이 사건 장치가 이 사건 준수사항에서 금지하고 있는 '자동진행장치'에 해당한다고 판단하였다.

그러나 대법원은 이 사건 준수사항에서 금지하는 '자동진행장치'는 그 문언상 게임물의 버튼 등 입력장치가 '자동으로 조작'된다는 요소와 그로써 '게임이 진행'된다는 요소를 모두 갖출 것을 요구하고 있는바 원심의 위와 같은 해석은, '자동으로 조작'한다는 요소 외에 그로써 '게임이 진행'된다는 요소를 충분히 고려하지 않은 것으로서 그대로 받아들이기 어려우며, 이 사건 준수사항의 문언과 개정이유, 도입 취지 등에 비추어 볼 때, 이 사건 준수사항에서 금지하고 있는 '자동진행장치'는 '게임물 이용자가 직접 게임물에 부착된 버튼 등의 조작부를 조작하지 않고도 자동 반복적으로 게임을 진행할 수 있는 장치'를 의미하고,

이와 달리 게임을 자동 반복적으로 진행할 수 있는 기능 없이 단순히 기존 게임물 작동방식보다 조작만 쉽게 할 수 있도록 고안된 장치는 이에 해당한다고 보기 어렵다[헌법재판소 2022. 5. 26. 선고 2020헌마670, 705, 838(병합) 전원재판부 결정 참조]고 하면서, 이 사건 장치는 게임물 이용자가 1회 조작하면 게임기에 부착된 조작부가 1회 눌리는 단순한 장치에 불과하여, 과거부터 문제로 지적되던 일명 '똑딱이' 등과 같이 게임물 이용자의 조작 없이 또는 1회 조작만으로도 다회의 게임을 반복적으로 진행할 수 있는 장치와는 구별되는 것으로 보인다고 하면서 원심판결을 파기하고, 사건을 다시 심리·판단하도록 원심법원에 환송하였다.

카 게임물 관련사업자의 주민등록증 등 증표확인

게임물 관련사업자는 게임산업법 제28조제1항제5호·제5호의2의 사항 및 같은 항 제7호 중 청소년의 출입시간에 관한 사항을 준수하기 위하여 필요한 경우 출입자 또는 이용자에게 주민등록증(모바일 주민등록증을 포함한다) 또는 그 밖의 연령을 확인할 수 있는 증표의 제시를 요구할 수 있으며, 정당한 사유 없이 증표를 제시하지 아니하는 사람에게는 게임장 출입을 제한할 수 있다(게임산업법 제28조제2항). 이는 게임물 관련사업자에게 출입자 또는 이용자가 청소년인지 확인하기 위하여 나이를 확인할 수 있는 증표 제시를 요구할 권한을 부여하여 정당한 사유 없이 증표를 제시하지 아니하는 사람에게는 출입을 제한할 수 있는 근거를 명확히 마련함으로써 나이 확인과 관련한 게임물 관련사업자의 부담을 완화하는 데 입법목적이 있다.[3]

3 법제처 국가법령정보센터 게임산업진흥에 관한 법률 [시행 2024. 10. 22.] [법률 제20485호, 2024. 10. 22., 일부개정] 개정이유 참조

07 영업의 승계와 행정제재처분의 효과승계

대법원은 현행 영업 관련 개별법에 영업자 지위승계에 관한 규정만 있고 영업자의 법위반행위를 이유로 영업자 지위를 승계한 자에 대한 제재처분 근거 규정이 없는 경우에도, 전 영업자의 위반행위를 이유로 영업자 지위를 승계한 자에 대하여 대물적 제재처분을 할 수 있다는 입장에 있다.[4]

게임산업법 제29조에서는 게임물 관련사업자의 영업자 지위 승계에 관한 규정을, 같은 법 제37조에서는 영업자 지위를 승계한 자의 제재처분 승계 근거 규정을 두고 있다. 대법원 2009. 11. 26. 선고 2009도9187 판결에서 대법원은 게임산업진흥에 관한 법률 제26조 제2항과 그 시행규칙이 규정하는 등록 요건 및 위 법률 제29조 제3항이 인터넷컴퓨터게임시설 제공업자의 영업양도, 사망, 합병의 경우뿐만 아니라 경매 등의 절차에 따라 단순히 영업자의 시설·기구(대통령령이 정하는 주요 시설 및 기구를 말한다)만의 인수가 이루어진 경우에도 인터넷컴퓨터게임시설 제공업자의 지위 승계를 인정하고 있는 점 등을 종합하여 보면, 인터넷컴퓨터게임시설 제공업 등록은 원칙적으로 대물적 허가의 성격을 갖는다고 할 것이라고 하였다.

게임산업법 제25조 또는 제26조에 따라 허가를 받은 영업자 또는 등록·신고를 한 영업자가 그 영업을 양도하거나 사망한 때 또는 그 법인의 합병이 있는 때에는 그 양수인·상속인 또는 합병 후 존속하는 법인이나 합병에 의하여 설립되는 법인은 그 영업자의 지위를 승계한다(게임산업법 제29조제1항). 게임산업법 제29조제1항에 따라 영업자의 지위를 승계하는 경우 종전의 영업자에게 제35조 제1항 각 호, 제2항 각 호 또는 제3항 각 호의 위반을 사유로 행한 행정제재처분의 효과는 그 행정처분일부터 1년간 영업자의 지위를 승계받은 자에게 승계되며 행정제재처분의 절차가 진행 중인 때에는 영업자의 지위를 승계받은 자에게 행정제재처분의 절차를 속행할 수 있다. 다만, 양수인·상속인 또는 합병 후 존속하는 법인이 양수 또는 합병 시에 그 처분 또는 위반사실을 알지 못한 경우에는 그러하지 아니하다(게임산업법 제37조제1항).

4 조선영. (2023). 영업자 지위승계 및 제재승계와 행정기본법 반영에 관하여. 아주법학, 17(1), 133-170.

또한 게임산업법 제30조에 따른 폐업신고에 의하여 허가가 취소되거나 등록 또는 신고가 말소된 자가 1년 이내에 폐업한 장소에서 같은 업종으로 다시 허가를 받거나 등록 또는 신고를 하고자 하는 경우에는 해당 영업자는 폐업신고 전의 영업자의 지위를 승계한다(게임산업법 제29조제2항).

게임산업법 제37조 제2항에 의하면 게임산업법 제29조제2항에 따라 영업자의 지위를 승계하는 경우 폐업신고 전에 제35조제1항 각 호, 제2항 각 호 또는 제3항 각 호의 위반을 사유로 행한 행정제재처분의 효과는 그 행정처분일부터 1년간 영업자의 지위를 승계받은 자에게 승계되며 행정제재처분의 절차가 진행 중인 때에는 영업자의 지위를 승계받은 자에게 행정제재처분의 절차를 속행할 수 있다. 또한 같은 법 시행규칙 제26조 제1항, [별표5] '행정처분의 기준'에 의하면 위반행위를 적발한 날 이전의 최근 1년 동안 동일위반행위로 행정처분을 받은 경우 위반행위의 차수에 따라 행정처분기준이 가중된다고 한다(대전지방법원 2021. 7. 15. 선고 2021구단100436 판결). 이는 사업자가 위반행위를 하고 행정제재를 피하기 위하여 폐업을 하였다가 다시 등록을 하는 경우에, 다시 등록한 사업자에 대하여 종전 사업자의 지위를 승계하도록 하여 행정제재처분의 절차를 속행할 수 있도록 한 것이다.

게임산업법 제37조제1항와 관련하여 게임제작업 및 게임배급업을 하는 양도인이 양수인에게 게임제작업 및 게임배급업을 전부 양도하고, 양수인은 「게임산업진흥에 관한 법률」 제29조제4항에 따른 승계신고를 하였는데 양도 전 영업에 대한 행정제재처분 사유가 영업양도 이후 적발된 경우, 양수인이 양수 시 그 처분 또는 위반사실을 알지 못한 경우가 아니라면 행정청은 양수인에게 행정제재처분을 할 수 있다(법제처 16-0358, 2016. 8. 1., 문화체육관광부)

해당 해석례에서는 게임산업법 제29조제1항에서 양수인이 양도인의 그 영업자의 지위를 승계한다는 것은 양도인의 게임제작업 및 게임배급업 등록 등에 기인한 권리·의무를 승계한다는 의미일 뿐만 아니라(법제처 2012. 2. 3. 회신 11-0771 해석례 참조), 나아가 게임제작업 및 게임배급업자였던 양도인이 같은 법 제35조제1항·제4항, 같은 법 시행규칙 제26조제1항 및 별표5에서 정하고 있는 영업정지 등 행정제재처분을 받는 불이익한 상태까지 포함되는 것으로 보아야 할 것이고, 영업자의 지위 승계와 관련하여 게임산업법에서 위반행위의 유형이나 행정제재처분의 종류에 따라 그 승계여부를 구분하여 달리 규정하고 있지 않은 점을 함께 고려하면, 게임제작업 및 게임배급업을 하는 양도인이 양수인에게 이러한 영업을 전부 양도하였는데 양도 전 영업에 대한 행정제재처분 사유가 영업양도 이후 적발된 경우, 같은 법 제37조제1항 단서에 해당하지 않는 한 행정청은 양수인에게 행정제재처분을 할 수 있다고 볼 것이라고 하였다. 만약, 게임제작업 및 게임배급업을 하는 양도인이 양수인에게 그 영업을 양도하였는데 양도 전 영업에 대한 행정제재처분 사유가 영업양도 이후 적발되었다는 사유만으로 게임제작업 및 게임배급업자로서의 지위를 승계함에도 불구하고 양수인에게 행정제재처분을 할 수 없다면, 행정제재처분을 회피하는 수단으로 게임제작업 및 게임배급업의 영업양도를 악용할 소지가 있게 되어 당초 행정제재처분을 통해 얻고자 했던 행정목적을 달성할 수 없게 되고, 게임산업법상 행정제재처분 규정이 유명무실하게 될 수도 있다는 점도 고려하여야 할 것이라 하였다(법제처 2010. 5. 20. 회신 10－0131 해석례 참조).

또한 게임산업법 제29조제1항, 동법 제37조제1항 본문 및 단서를 종합적으로 해석해 보면, 게임산업법 제37조제1항 본문 중 종전의 양도인 회사에 대하여 "행정제재처분의 절차가 진행 중인 때"의 의미는 "행정청에서 행정제재처분의 절차를 구체적으로 진행시키고 있는 때"뿐만 아니라 "양도인 회사의 위반행위가 있고, 그 사실이 수사기관이나 행정청에 의해 적발되어 언제든지 행정제재처분의 절차를 진행시킬 수 있는 때"를 포함하는 것이 합리적이라 할 것이라고 하였다(법제처 16－0358, 2016. 8. 1., 문화체육관광부).

「민사집행법」에 의한 경매, 「채무자 회생 및 파산에 관한 법률」에 의한 환가나 「국세징수법」·「관세법」 또는 「지방세징수법」에 의한 압류재산의 매각 그 밖에 이에 준하는 절차에 따라 영업자의 시설·기구(대통령령으로 정하는 주요시설 및 기구를 말한다)의 전부를 인수한 자는 그 영업자의 지위를 승계한다(게임산업법 제29조제3항). 게임산업법 시행령 제18조에 따르면 게임산업법 제29조제3항에서 "대통령이 정하는 주요시설 및 기구"라 함은 ① 게임제작업 및 게임배급업은 영업소, 영업설비와 기구, ② 게임제공업은 영업소, 게임물, ③ 복합유통게임제공업은 영업소, 게임물, 다른 영업을 영위하는 데 필요한 설비와 기구를 말한다.

게임산업법 제29조제1항부터 제3항까지에 따라 영업자의 지위를 승계받은 자는 관할 특별자치시장·특별자치도지사·시장·군수·구청장에게 신고하여야 한다(게임산업법 제29조제4항). 영업자 지위승계 신고를 하려는 자는 게임산업법 시행규칙 별지 제17호 서식의 신고서(전자문서로 된 신고서를 포함한다)에 ① 양도·상속 등을 한 자의 허가증, 등록증 또는 신고증, ② 지위승계를 증명할 수 있는 서류(전자문서를 포함한다)를 첨부하여 승계사유가 발생한 날부터 30일 이내에 특별자치시장·특별자치도지사·시장·군수·구청장에게 제출하여야 한다. 지위승계를 증명할 수 있는 서류는 양도의 경우에는 양도·양수를 증빙할 수 있는 서류 사본과 양도인의 주민등록증 등 공공기관이 발행한 본인 확인이 가능한 신분증의 사본(양도·양수인이 함께 방문하여 신고하는 경우에는 제외한다), 상속의 경우에는 제적등본 또는 가족관계등록부 등 상속인임을 증빙할 수 있는 서류, 그 밖에 해당사유별로 영업자의 지위를 승계하였음을 증명할 수 있는 서류를 말한다(게임산업법 시행규칙 제21조).

다만, 양도·상속 등을 한 자가 양도·상속 등을 한 자의 허가증, 등록증 또는 신고증을 분실한 경우로서 특별자치시장·특별자치도지사·시장·군수·구청장이 지위승계 사실을 다른 방법으로 확인할 수 있는 경우에는 양도·상속 등을 한 자의 허가증, 등록증 또는 신고증을 첨부하지 않을 수 있다(게임산업법 시행규칙 제21조단서).

게임산업법 제25조에 따라 등록을 하거나 같은 법 제26조에 따라 허가를 받거나 등록 또는 신고를 한 영업을 양도한 자는 영업자 지위 승계신고서가 특별자치시장·특별자치도지사·시장·군수·구청장에게 제출된 때에는 해당 특별자치시장·특별자치도지사·시장·군수·구청장에게 「부가가치세법 시행규칙」 별지 제9호 서식의 폐업신고서를 제출할 수 있다. 이 경우 특별자치시장·특별자치도지사·시장·군수·구청장은 제출받은 폐업신고서를 지체 없이 관할 세무서장에게 송부(정보통신망을 이용한 송부를 포함한다. 이하 같다)해야 한다(게임산업법 시행규칙 제21조제2항).

특별자치시장·특별자치도지사·시장·군수·구청장은 같은 조 영업자 지위 승계 신고를 받은 날부터 15일 이내에 신고수리 여부를 신고인에게 통지하여야 한다(게임산업법 제29조제5항). 영업자 지위 승계 신고를 받은 날부터 15일 이내에 신고수리 여부를 신고인에게 통지하지 아니하면 그 기간(민원 처리 관련 법령에 따라 처리기간이 연장 또는 재연장된 경우에는 해당 처리기간을 말한다)이 끝난 날의 다음 날에 신고를 수리한 것으로 본다(게임산업법 제29조제6항).

영업자 지위 승계 신고를 하지 않고 영업한 자에게는 100만 원의 과태료 부과 처분을 한다(게임산업법 제48조제1항제6호, 게임산업법 시행령 제24조제1항, 별표4).

08 폐업 및 직권말소

가 폐업

게임산업법 제25조 또는 제26조에 따라 허가를 받거나 등록 또는 신고를 한 자가 영업을 폐지한 때에는 폐지한 날부터 7일 이내에 문화체육관광부령으로 정하는 바에 따라 관할 특별자치시장·특별자치도지사·시장·군수·구청장에게 폐업신고를 하여야 한다(게임산업법 제30조제1항). 2025. 4. 8. 게임산업법 제30조 제1항 단서 신설로, 제35조, 제36조 및 제38조에 따른 영업정지 등 행정제재처분 기간과 그 처분을 위한 절차가 진행 중인 기간(「행정절차법」 제21조에 따른 처분의 사전 통지 시점부터 처분이 확정되기 전까지의 기간을 말한다) 중에는 폐업신고를 할 수 없게 되었다. 개정규정은 제25조 또는 제26조에 따라 허가를 받거나 등록 또는 신고를 한 자가 2025. 4. 8. 이후 해당 영업을 폐지하는 경우부터 적용한다.

게임산업법 제30조제1항에 따라 폐업신고를 하려는 자는 게임산업법 시행규칙 별지 제18호 서식의 폐업신고서에 허가증, 등록증 또는 신고증을 첨부하여 특별자치시장·특별자치도지사·시장·군수·구청장에게 제출하여야 한다. 다만, 허가증, 등록증 또는 신고증을 분실한 경우에는 폐업신고서에 분실사유를 기재하여 제출할 수 있다(게임산업법 시행규칙 제22조제1항).

만일 폐업신고를 하려는 자가 「부가가치세법」 제8조제7항에 따른 폐업신고를 같이 하려는 경우에는 별지 제18호 서식의 폐업신고서에 「부가가치세법 시행규칙」 별지 제9호 서식의 폐업신고서를 함께 제출하여야 한다. 이 경우 특별자치시장·특별자치도지사·시장·군수·구청장은 함께 제출받은 폐업신고서를 지체 없이 관할 세무서장에게 송부하여야 하고(게임산업법 시행규칙 제22조제2항), 관할 세무서장이 「부가가치세법 시행령」 제13조제5항에 따라 게임산업법 시행규칙 제22조제1항에 따른 폐업신고를 받아 이를 해당 특별자치시장·특별자치도지사·시장·군수·구청장에게 송부한 경우에는 제1항에 따른 폐업신고서가 제출된 것으로 본다(게임산업법 시행규칙 제22조제3항).

2025. 4. 8. 개정 이전에는 「게임산업진흥에 관한 법률」 제26조의 규정에 의하여 등록을 한 게임장의 영업자가 동법을 위반하여 게임장 영업정지처분이 있은 후 당해 게임장의 영업자가 영업정지기간이 종료되기 전에 자진하여 폐업신고서를 제출한 경우 동 게임장이 영업정지기간 중에 있음을 이유로 행정청이 폐업신고서의 수리를 거부할 수 있는지 여부에 관하여, 동 게임장이 영업정지기간 중에 있음을 이유로 행정청이 폐업신고서의 수리를 거부할 수 없다고 하였다(법제처 법령해석례 06－0353, 2007. 1. 22.). 해당 해석례에서 게임산업법상 게임장 영업을 하고자 하는 자는 동법 제26조의 규정에 따라 등록을 하여야 하고 이러한 등록은 영업자의 신청에 의하여 이루어지는 바, 등록을 한 영업을 폐업한 경우에는 그 등록은 당연히 실효된다고 할 것이어서 동 게임장의 영입자가 행정청에 동법 제30조제1항의 폐업신고서를 제출한 경우 당해 폐업신고는 폐업의 사실을 알리는 통지의 의미 밖에 없다고 할 것이며, 이러한 경우의 수리는 신고서 등의 제출이 형식적 요건을 갖춘 경우에 행정청이 이를 유효한 행위로 받아들이는 행위이므로 이러한 폐업신고가 형식적 요건을 결하지 아니하는 한 행정청이 폐업신고의 수리를 거부할 수 없다고 하였다.

다만 동법 제29조제2항에 따르면, 폐업신고에 의하여 신고 또는 등록이 말소된 자가 1년 이내에 폐업한 장소에서 같은 업종으로 다시 신고 또는 등록을 하는 경우에는 당해 영업자는 폐업신고 전의 영업자의 지위를 승계한다고 하고 있는 점으로 미루어 볼 때, 게임장에 대한 행정청의 영업정지처분에 따른 영업정지기간이 종료되지 아니한 상태에서 게임장 영업자가 자진하여 폐업신고서를 제출하였고, 행정청이 이를 수리하였다고 하더라도 당해 게임장에 대한 행정처분의 효력은 일정 부분 유지될 수 있다고 보았는데(법제처 법령해석례 06－0353, 2007. 1. 22.) 현행 게임산업법 제30조제1항단서로 인하여 영업정지처분에 따른 영업정지기간이 종료되지 아니한 경우에는 폐업신고를 할 수 없다.

나 직권말소

특별자치시장·특별자치도지사·시장·군수·구청장은 게임산업법 제22조제1항의 규정에 따라 폐업신고를 하지 아니하는 자에 대하여는 문화체육관광부령으로 정하는 바에 따라 폐업한 사실을 확인한 후 허가 또는 등록·신고사항을 직권으로 말소할 수 있다(게임산업법 제30조제2항).

특별자치시장·특별자치도지사·시장·군수·구청장이 법 제30조제2항에 따라 폐업한 영업소의 허가·등록 또는 신고사항을 직권으로 말소하려는 때에는 ① 임대차계약의 종료여부, ② 영업소의 기구·기기 설치여부, ③ 관할세무서에의 폐업신고 등 영업의 폐지 여부를 확인하여야 한다(게임산업법 시행규칙 제23조제1항 각 호).

특별자치시장·특별자치도지사·시장·군수·구청장은 법 제30조제2항에 따라 직권으로 허가·등록 또는 신고사항을 말소하려는 경우에는 미리 영업자에게 통지하여야 하며, 게시판과 인터넷 홈페이지에 20일 이상 예고하여야 한다(게임산업법 시행규칙 제23조제2항).

법령 해석례에 따르면 시장·군수·구청장이 「게임산업진흥에 관한 법률 시행규칙」 제23조제1항 각 호 중 어느 하나의 사유를 확인한 경우에는 같은 조 제2항의 영업자에 대한 사전 통지 및 예고절차를 통하여 원칙적으로 영업자의 폐업의사를 확인해 보고, 이에 대하여 아무런 응답이 없는 경우 시장·군수·구청장은 같은 법 제30조제2항에 따라 허가·등록 또는 신고사항을 말소할 수 있다. 또한 시장·군수·구청장이 같은 법 시행규칙 제23조제1항 각 호 중 어느 하나의 사유를 확인하였음에도 불구하고 영업자가 영업계속의사를 주장하는 때에는, 영업자가 일시적인 휴업상태임을 객관적으로 인정할 만한 자료로써 입증하지 못하는 경우에 시장·군수·구청장은 허가·등록 또는 신고사항을 직권으로 말소할 수 있다(법제처 08-0072, 2008. 5. 9., 문화관광부 문화산업본부 문화산업진흥단 게임산업팀).

09 사후관리(제31조)

문화체육관광부장관은 게임물의 공정한 등급분류, 유통 및 이용제공의 건전한 영업질서 확립을 위하여 게임물관리위원회의 게임물 유통과 관련된 사후관리 업무, 등급분류기관 및 게임물 관련사업자에 대하여 이 법의 준수 여부에 관한 사항을 문화체육관광부령으로 정하는 바에 따라 주기적으로 조사하고 관리하여야 한다(게임산업법 제31조제1항).

문화체육관광부장관은 게임산업법 제31조제1항에 따른 게임물의 유통 및 이용 실태에 대한 조사를 연 1회 실시하여야 하고, 문화체육관광부 장관은 제1항에 따른 조사를 실시하기 위하여 필요한 자료를 게임물관리위원회에 제출할 것을 요청할 수 있으며 게임물관리위원회는 특별한 사정이 없는 한 이에 의하여야 한다(게임산업법 시행규칙 제24조 제1항, 제2항).

문화체육관광부장관, 특별시장·광역시장·특별자치시장·도지사·특별자치도지사(이하 "시·도지사"라 한다) 또는 시장·군수·구청장은 ① 게임물의 유통질서 확립, ② 게임물의 사행행위에의 이용 방지, ③ 게임물의 사행성 조장 방지 목적을 위하여 필요하다고 인정되는 때에는 게임물 관련사업자에 대하여 필요한 보고를 하게 하거나 관계 공무원으로 하여금 게임제공업 또는 인터넷컴퓨터게임시설제공업의 영업소 등에 출입하여 필요한 조사를 하게 하거나 서류를 열람하게 할 수 있으며, 관계 공무원의 경우 그 권한을 표시하는 증표인 공무원증을, 게임물관리위원회 직원의 경우 게임산업법 시행규칙 별지 제18호의3서식의 게임물 단속반원증을 관계인에게 내보여야 한다(게임산업법 제31조제2항 및 제4항, 게임산업법 시행규칙 제24조제4항). 게임산업법 제31조제2항에 따른 출입·조사 및 서류 열람 업무를 수행하기 위하여 영업소에 출입하는 관계 공무원과 문화체육관광부 장관으로부터 게임산업법 제31조제2항에 따른 업무를 위탁받아 수행하는 게임물관리위원회 직원은 게임산업법 시행규칙 별지 제18호의2서식에 따른 관계 공무원 등 출입·조치사항기록부를 작성하고 서명·날인하여 영업자에게 교부하여야 한다(게임산업법 시행규칙 제24조제3항).

시·도지사 및 시장·군수·구청장은 ① 게임물 관련사업자의 허가, 등록 등의 현황 및 변동 사항, ② 게임물 관련사업자가 제공하는 게임물의 종류에 관한 사항, ③ 게임물 관련사업자에 대한 행정처분 현황 및 행정처분 관련 소송현황이 포함된 게임물 관련사업자 실태보고서를 문화체육관광부 장관, 행정안전부 장관, 경찰청장 및 여성가족부 장관에게 주기적으로 매년 2회(반기별 1회) 제출하여야 한다(게임산업법 제31조제3항, 게임산업법 시행령 제18조의2 제1항 및 제2항).

Section 02

게임물의 유통 관련 제한

01 불법게임물의 유통금지(제32조)

게임산업법 제32조제1항에 따르면 누구든지 게임물의 유통질서를 저해하는 다음 각 호의 행위를 하여서는 아니 된다. 이 법률조항의 입법목적은 등급분류를 받지 아니하거나 등급분류를 받은 게임물과 다른 내용의 게임물(이하 "불법게임물"이라 한다)의 유통을 방지함으로써 게임물의 등급분류제를 정착시키고, 나아가 불법게임물로 인한 사행성의 조장을 억제하여 건전한 사회기풍을 조성하기 위한 것이다(헌법재판소 2002. 10. 31.자 선고 2000헌가12 전원합의체 결정).

가 게임산업법 제21조제1항 또는 제21조의10제1항에 따라 등급을 받지 아니한 게임물을 유통 또는 이용에 제공하거나 이를 위하여 진열·보관하는 행위 금지

누구든지 게임산업법 제21조제1항 또는 제21조의10제1항에 따라 등급을 받지 아니한 게임물을 유통 또는 이용에 제공하거나 이를 위하여 진열·보관하는 행위를 하여서는 안된다. 이를 위반하는 자에 대하여는 5년 이하의 징역 또는 5천만 원 이하의 벌금에 처하고(게임산업법 제44조제1항제2호), 영업정지 등 행정처분을 받는다(게임산업법 제35조제1항제5호, 같은 조 제2항제5호 및 제3항제5호, 같은 법 시행규칙 제26조제1항 및 별표5).

대법원 2014. 10. 30. 선고 2013도13930 판결

대법원은 게임산업진흥에 관한 법률(2011. 12. 31. 법률 제11139호로 개정되기 전의 것) 제21조 제1항 제4호 및 제9항에 의하면, 게임물의 제작주체·유통과정의 특성 등으로 인하여 게임물등급위원회를 통한 등급분류가 적절하지 아니한 게임물을 이용에 제공하거나 유통시키고자 하는 사람은 게임물등급위원회로부터 등급분류를 받는 대신 게임물등급위원회와 협의한 별도의 기준에 따라 자체적으로 등급분류를 할 수 있으나, 이 경우에도 위 기준에 따른 청소년이용불가 게임물은 게임물등급위원회로부터 등급분류를 받아야 한다고 하면서, 이 사건 게임물은 경마를 모사한 게임물로서 그 내용 자체가 청소년이용불가 게임물에 해당하므로 게임물등급위원회로부터 등급분류를 받아야 한다고 판단한 원심의 판단[5]에 상고이유 주장과 같이 게임산업진흥에 관한 법률 위반죄에서의 등급분류 대상, 몰수 및 추징에 관한 법리를 오해하거나 자유심증주의의 한계를 벗어난 위법이 없다고 하였다.

대법원 2010. 1. 28. 선고 2009도13758 판결

게임산업법 제32조는 불법게임물 등의 유통 등의 행위를 금지하고 있고 이 조항의 취지가 게임물산업의 정상적인 발전을 도모하기 위한 점임을 고려하여 보면, 그 법규정에서 정하는 불법게임물에는 그 성질에 반하지 아니하는 한 사행성게임물도 포함된다고 할 것이다. 그러므로 게임산업법 제32조 제1항 제1호의 "등급을 받지 아니한 게임물"은 사행성게임물을 포함한다.

5 제주지방법원 2013. 10. 24. 선고 2013노275 판결: ABC racing 게임물은 경마를 묘사한 게임물로서 그 내용 자체가 청소년이용불가 게임물에 해당하므로(게임물등급위원회의 감정결과 회신에 따르면, 이 사건 게임물과 같은 종류의 경마모사 게임물인 'JORANGMA'가 청소년이용불가 게임물에 해당하는바, 이 사건 게임물도 마찬가지로 볼 수 있다, 증거기록 제13쪽 참조), 피고인의 이 사건 게임물이 미국 Apple사의 자체등급분류 대상이고 Apple사가 이 사건 게임물을 '17세 이상' 등급으로 분류하고 있어서 등급분류를 받았다고 믿었다는 피고인의 주장은 받아들일 수 없다고 하였다.

대법원 2024. 12. 24. 선고 2022도7294 판결

「게임산업진흥에 관한 법률」 제32조 제1항 제1호에서 '보관하는 행위'란 등급을 받지 아니한 게임물을 유통 또는 이용에 제공할 수 있도록 간직하고 관리하는 등으로 사실상 지배하는 행위를 말하므로, 특별한 사정이 없는 이상 자기가 지배하지 않는 서버 등에 저장된 게임물을 인터넷을 통해 접근하여 이용할 수 있는 상태에 두고 이러한 상태를 유지하는 것만으로는 그 게임물을 '보관하는 행위'로 평가할 수 없고, 손님들의 이용에 제공하기 위한 일반적인 개인용 컴퓨터 자체는 게임산업법 제2조 제1호 본문이 규정한 '게임물'에 해당한다고 보기 어렵고 이 사건 게임물을 피고인이 '보관하는 행위'를 하였다고 평가할 수 없다. 이와 같은 취지의 원심 판단은 정당하고, 거기에 게임산업법 제32조 제1항 제1호가 정한 '보관하는 행위'에 관한 법리를 오해하는 등으로 판결에 영향을 미친 잘못이 없다.

나 제21조제1항 또는 제21조의10제1항에 따라 등급을 받은 내용과 다른 내용의 게임물을 유통 또는 이용에 제공하거나 이를 위하여 진열·보관하는 행위 금지

누구든지 제21조제1항 또는 제21조의10세1항에 따라 등급을 받은 내용과 다른 내용의 게임물을 유통 또는 이용에 제공하거나 이를 위하여 진열·보관하는 행위를 하여서는 아니 된다. 이를 위반한 자는 2년 이하의 징역 또는 2천만 원 이하의 벌금에 처하며(게임산업법 제45조제4호), 영업정지 등 행정처분을 받는다(게임산업법 제35조제1항제5호, 같은 법 시행규칙 제26조제1항 및 별표5).

판례는 게임물의 내용 구현과 밀접한 관련이 있는 게임물의 운영방식을 등급분류신청서나 그에 첨부된 게임물내용설명서에 기재된 내용과 다르게 변경하여 이용에 제공하는 행위를 '등급을 받은 내용과 다른 내용의 게임물을 이용에 제공하는 행위'라고 보았다. 다만 게임물 이용자의 게임물 이용을 보조할 뿐 게임물의 내용에 변경을 가져오지 않는 별개의 외장기기를 제공하는 행위는 포함되지 않는다고 보았다.

대법원 2014. 11. 13. 선고 2013도9831 판결

대법원은 '게임물의 내용 구현과 밀접한 관련이 있는 게임물의 운영방식을 등급분류신청서나 그에 첨부된 게임물내용설명서에 기재된 내용과 다르게 변경하여 이용에 제공하는 행위'도 게임산업진흥에 관한 법률 제32조 제1항 제2호에서 정한 '등급을 받은 내용과 다른 내용의 게임물을 이용에 제공하는 행위'에 해당한다고 하였다. 피고인 갑 주식회사의 게임 부문 대표인 피고인 을이 특정 게임물을 제공하는 온라인 게임포털을 운영하면서 게임물내용설명서의 기재 내용과 달리 '선물하기 기능'과 '광고 방식(CPA)'을 통하여 이용자들로 하여금 위 게임물에 구매한도를 초과한 금액을 제한 없이 투입할 수 있도록 하여 게임산업진흥에 관한 법률(이하 '게임산업법'이라 한다) 위반으로 기소된 사안에서, 위 게임물에 이용자가 투입할 수 있는 금액을 일정한 한도로 제한한 구매한도는 이용자가 게임 내에서의 승패에 따라 잃을 수 있는 게임머니의 한도를 정한 것으로서, 게임의 실행 단계에서는 이용자가 베팅할 수 있는 게임머니 또는 이용자가 참가할 수 있는 게임의 횟수를 제한하는 효과가 있는 점, 위 게임물은 사행성이 강한 고스톱과 포커 등을 모사한 게임물로서 게임의 승패에 따른 게임머니의 득실이 누적된 상태로 반복적으로 게임이 진행되는 점, 이와 같은 게임의 방법과 진행 과정 등에 비추어 구매한도가 단순히 게임의 준비절차에만 관련되어 있다고 볼 수는 없는 점 등을 종합할 때, 위 구매한도는 게임물 자체의 내용 구현과 밀접한 관련이 있는 운영방식으로서 등급분류의 대상이 되는 게임물의 내용에 해당함에도, 이와 달리 보아 피고인들에게 무죄를 인정한 원심판결에 게임산업법이 정한 '게임물의 내용'에 관한 법리오해의 위법이 있다.

대법원 2014. 5. 29. 선고 2014도12 판결

게임산업진흥에 관한 법률(이하, '게임산업법'이라 한다)이 규정하는 등급분류의 대상은 게임물이나 프로그램 소스 자체가 아닌 게임물의 내용, 즉 등급분류신청서나 그에 첨부된 게임물내용설명서의 기재내용이다. 따라서 게임산업법 제32조 제1항 제2호에서 정하는 '등급을 받은 내용과 다른 내용의 게임물을 이용에 제공하는 행위'에, 등급분류를 신청하면서 제출한 신청서나 그에 첨부된 설명서의 내용을 변경하는 행위는 물론 위 신청서나 설명서에 기재되어 있지 아니한 중요기능을 부가하는 행위는 포함되지만(대법원 2007. 11. 29. 선고 2007도7467 판결 등 참조), 게임물 이용자의 게임물 이용을 보조할 뿐 게임물의 내용에 변경을 가져올 여지가 전혀 없는 별개의 외장기기를 제공하는 행위까지 포함된다고 볼 수는 없다.

원심이 적법하게 채택하여 조사한 증거들에 의하면, ① 이 사건 게임물의 등급분류신청서에 첨부된 게임물내용설명서는 이 사건 게임물에 관하여 '좌우방향조작 버튼과 총알발사 버튼을 눌러 화면 속의 석궁을 든 캐릭터가 화살을 발사하여 좌우로 출현하는 몬스터를 잡아 점수를 획득하고 게임결과에 따라 아이템카드가 배출되는 게임제공업용 외장기기 일체형 게임물로서, 게임물 이용자의 민첩성과 몬스터의 진행속도와 진행방향 등을 고려하여 게임물 이용자의 순수 실력에 의해 진행되고 단순조작 또는 외부 장치 등을 이용하여서는 절대 게임목적을 달성할 수 없으며, 버튼을 누르지 않거나 버튼을 누르고만 있는 경우에 자동으로 게임이 진행되지 아니한다'고 설명하고 있는 사실, ② 피고인들은 손님들에게 이 사건 게임물을 제공하면서 버튼자동누름장치인 이른바 '똑딱이'를 이 사건 게임물에 설치하여 사용할 수 있도록 제공하였는데, 위 '똑딱이'는 이 사건 게임물과 별개의 외장기기로서 위 게임물 기기의 버튼 위에 올려놓고 자체 전원스위치를 켜면 손님들의 손을 대신하여 단순·반복적으로 게임물 기기의 버튼을 눌러주는 역할을 할 뿐, 게임시간의 경과나 게임의 반복에 따라 자동적으로 일정 수준의 몬스터를 명중시켜 게임목적을 달성할 수 있게 하는 등 게임물의 진행방식 자체에 어떠한 변경을 가져오지는 아니하고, 위 버튼 자체의 구조·기능상의 변경 없이 손님들에 의해 언제든지 쉽게 설치·제거될 수 있도록 제작된 것인 사실을 알 수 있다.

위와 같은 사실관계를 앞서 본 법리에 비추어 보면, 위 '똑딱이'는 이 사건 게임물의 내용을 변경하지 아니한 채 단순히 게임물 기기의 버튼조작을 보조하는 별개의 외장기기일 뿐이므로, 이 사건 게임물에 위와 같은 '똑딱이'를 설치·사용하게 한 것만으로는 등급을 받은 내용과 다른 내용의 게임물을 이용에 제공하였다고 볼 수 없다.

대법원 2021. 7. 21. 선고 2021도4785 판결

게임산업진흥에 관한 법률(이하 '게임산업법'이라고 한다) 제21조 제1항, 제5항, 제22조 제2항, 제28조 제2호의2, 제32조 제1항 제2호, 제38조 제8항, 제45조 제4호, 제46조 제6호, 게임산업진흥에 관한 법률 시행규칙 제9조의2 제2항, 제3항의 내용 및 입법 취지 등에 비추어 보면, 게임물 자체의 내용뿐만 아니라 게임물의 내용 구현과 밀접한 관련이 있는 게임물의 운영방식을 등급분류신청서나 그에 첨부된 게임물내용설명서에 기재된 내용과 다르게 변경하여 이용에 제공하는 행위도 게임산업법 제32조 제1항 제2호에서 정한 '등급을 받은 내용과 다른 내용의 게임물을 이용에 제공하는 행위'에 해당한다고 보아야 한다.

피고인들이 PC방에 게임기 60대를 설치하고 무료 모바일 게임물로 등급분류 받은 특정 게임물을 아케이드 게임물로 플랫폼을 변경하여 게임기의 지폐투입구에 현금 1만 원을 투입하면 3분 동안 위 게임물이 작동되게 하는 방식으로 영업함으로써 게임산업진흥에 관한 법률(이하 '게임산업법'이라고 한다)을 위반하였다는 내용으로 기소된 사안에서, 무료인 모바일 게임이 유료의 아케이드 게임물 형태로 변경됨으로써 잠재적·현실적 게임이용자의 게임 참가가능성, 게임에 참여할 수 있는 횟수·정도 등에 변경이 초래된 점, 위 게임물이 사행성이 강한 슬롯머신(릴회전류)을 모사한 게임물인 점을 고려할 때 게임물의 과금체계를 무료에서 유료로 변경하는 것은 사행성 조장의 정도에서 현격한 차이가 있고, 과금체계 변경은 등급분류에 있어 중요한 의미가 있는 점 등의 여러 사정을 종합하면, 무료 모바일 게임물로 등급분류 받은 게임물을 유료 아케이드 게임물 형태로 제공한 피고인들의 행위는 '게임물의 내용 구현과 밀접한 관련이 있는 게임물의 운영방식을 변경하여 이용에 제공한 행위'로서 게임산업법 제32조 제1항 제2호에서 정한 '등급을 받은 내용과 다른 내용의 게임물을 이용에 제공하는 행위'에 해당한다는 이유로, 이와 달리 보아 공소사실을 무죄로 판단한 원심판결에 게임산업법이 정한 '게임물의 내용' 및 등급분류에 관한 법리오해의 잘못이 있다.

다 등급을 받은 게임물을 제21조제2항 각 호의 등급구분을 위반하여 이용에 제공하는 행위 금지

누구든지 등급을 받은 게임물을 게임산업법 제21조제2항 각 호의 등급구분을 위반하여 이용에 제공하는 행위를 하여서는 아니 된다. 청소년게임제공업을 영위하는 자가 게임산업법 제28조제1항제4호의 규정을 위반하여 청소년이용불가 게임물을 제공한 경우에는 2년 이하의 징역 또는 2천만 원 이하의 벌금에 처하고(게임산업법 제45조 제3호의2), 그 외의 자가 제21조제2항제4호의 등급구분을 위반하여 청소년이용불가 게임물을 제공한 경우에는 1년 이하의 징역 또는 1천만 원 이하의 벌금에 처한다(게임산업법 제46조제3호). 또한 그 외의 등급구분을 위반한 자가 게임물관리위원회의 제32조제1항제3호에 따른 제21조제2항제2호 및 제3호의 등급구분을 위반하여 위원회로부터 시정조치를 받고 이를 이행하지 아니한 상태로 게임물을 제공한 자에게는 500만 원의 과태료가 부과된다(게임산업법 제48조제1항제7호의2, 게임산업법 시행령 제24조제1항 별표4). 이 외에 영업정지 등 행정처분이 부과된다(게임산업법 제35조제1항제5호, 동법 시행규칙 제26조제1항 및 별표5).

대구지방법원 2017. 6. 16. 선고 2017구단10307 판결

인터넷컴퓨터게임시설제공업의 업주가 등급을 받은 게임물을 등급구분에 위반하여 "이용에 제공"한 것으로 보기 위해서는, 컴퓨터를 이용하여 게임물에 접속하려는 청소년에게 게임 계정을 제공하는 등 등급구분을 위반한 게임물 이용을 가능케 하는 행위를 하거나 이용자가 등급구분을 위반하여 게임물에 접속하고 있는 사실을 알면서도 묵인하는 등의 행위가 있어야 한다.

한편 인터넷컴퓨터게임시설제공업의 업주에게 업소 내 등급구분에 위반된 게임물 이용 행위를 관리·감독할 책임이 있고, 이를 위하여는 등급구분을 위반한 게임물의 이용금지 안내문 게재, 방송장비 등을 통한 이용자 계도, 수시 순찰을 통한 적극적인 이용자 관리 등의 의무가 있다고 하더라도, 그러한 의무를 충분히 다하지 못하였다는 사정만으로 등급구분에 위반된 게임물을 "이용에 제공"하였다고 보기 어렵다.

이 사건으로 돌아와 보건대, 원고는 이 사건 청소년들에게 이 사건 게임의 계정을 제공하는 등 위 게임의 이용을 가능하게 하는 행위를 하거나 위 청소년들이 이 사건 게임에 접속하고 있는 사실을 알면서도 묵인하였다고 인정할 만한 증거가 없다.

오히려 갑 제7호증의 기재 및 영상에 의하면, 원고는 이 사건 PC방을 운영하면서 비록 이 사건 게임은 아니지만 15세 미만 청소년들이 등급구분에 위반하여 자주 이용하는 '오버워치' 게임물에 대하여 등급구분에 위반한 이용의 금지 안내문을 게재한 사실을 인정할 수 있는바, 평소 등급구분에 위반된 게임물의 이용을 막기 위해 조치를 취해 왔다고 볼 것이고, 충분한 주의의무를 다 하지 못하였다고 하더라도 묵인에 이르지 않는 이상 이 사건 게임을 "이용에 제공"하였다고 볼 수 없다.

라 제22조제2항의 규정에 따라 사행성게임물에 해당되어 등급분류가 거부된 게임물을 유통시키거나 이용에 제공하는 행위 또는 유통·이용제공의 목적으로 진열·보관하는 행위 금지

누구든지 게임산업법 제22조제2항의 규정에 따라 사행성게임물에 해당되어 등급분류가 거부된 게임물을 유통시키거나 이용에 제공하는 행위 또는 유통·이용제공의 목적으로 진열·보관하는 행위를 하여서는 아니 된다. 다만, 「사행행위 등 규제 및 처벌특례법」에 따라 사행행위영업을 하는 자는 제외한다. 이를 위반한 자는 5년 이하의 징역 또는 5천만 원 이하의 벌금에 처한다(게임산업법 제44조제1항제2호). 또한 허가·등록 취소 또는 영업폐쇄처분을 받는다(게임산업법

제35조제1항제5호, 제2항제5호, 제3항제5호, 게임산업법 시행규칙 제26조 별표5).

사행성게임물이란 “베팅이나 배당을 내용으로 하는 게임물, 우연적인 방법으로 결과가 결정되는 게임물, 한국마사회법에서 규율하는 경마와 이를 모사한 게임물, 경륜·경정법에서 규율하는 경륜·경정과 이를 모사한 게임물, 관광진흥법에서 규율하는 카지노와 이를 모사한 게임물, 그 밖에 대통령령이 정하는 게임물로서 그 결과에 따라 재산상 이익 또는 손실을 주는 것”을 의미한다(게임산업법 제2조 제1의2호).

대법원은 게임산업법의 적용대상이 되는 게임물에서 제외되는 사행성게임물이라 함은 게임의 진행이 위에서 본 게임산업법 제2조제1의2호에서 제한적으로 열거한 내용 또는 방법에 의하여 이루어져야 할 뿐만 아니라, 게임의 결과에 따라 게임기기 또는 게임장치에 설치된 지급장치를 통하여 게임이용자에게 직접 금전이나 경품 등의 재산상 이익을 제공하거나 손실을 입히도록 만들어진 게임기기 또는 장치를 의미하며, 게임제공업자가 게임이용자에게 게임결과에 따라 시상하거나 경품을 제공하는 등 간접적인 방법에 의하여 재산상 이익이나 손실을 주는 경우에는 비록 게임의 내용이나 방법이 게임산업법 제2조 제1의2호에서 열거하고 있는 것이라고 하더라도 ‘사행행위 등 규제 및 처벌특례법’에서의 사행성 유기기구에 해당함은 별론으로 하고 이를 위에서 본 ‘사행성게임물’이라고 할 수 없다고 하였다(대법원 2010. 1. 28. 선고 2009도13758 판결).

마 제22조제3항제1호에 따른 등급분류증명서를 매매·증여 또는 대여하는 행위 금지

누구든지 게임산업법 제22조제3항제1호에 따른 등급분류증명서를 매매·증여 또는 대여하는 행위를 하여서는 아니 된다. 이를 위반한 자는 2년 이하의 징역 또는 2천만 원 이하의 벌금에 처한다(게임산업법 제45조제5호). 이 외에 영업정지 등 행정처분이 부과된다(게임산업법 제35조제1항제5호, 동법 시행규칙 제26조제1항 및 별표5).

바 제33조제1항 또는 제3항을 위반하여 등급 및 게임물 내용정보 등의 표시사항을 표시하지 아니한 게임물 또는 게임물의 운영에 관한 정보를 표시하는 장치를 부착하지 아니한 게임물을 유통시키거나 이용에 제공하는 행위

누구든지 게임산업법 제33조제1항 또는 제3항을 위반하여 등급 및 게임물 내용정보 등의 표시사항을 표시하지 아니한 게임물 또는 게임물의 운영에 관한 정보를 표시하는 장치를 부착하지 아니한 게임물을 유통시키거나 이용에 제공하는 행위를 하여서는 아니 된다. 이를 위반한 자는 2년 이하의 징역 또는 2천만 원 이하의 벌금에 처한다(게임산업법 제45조제7호). 이 외에 영업정지 등 행정처분이 부과된다(게임산업법 제35조제1항제5호, 동법 시행규칙 제26조제1항 및 별표 5).

사 누구든지 게임물의 이용을 통하여 획득한 유·무형의 결과물(점수, 경품, 게임 내에서 사용되는 가상의 화폐로서 대통령령으로 정하는 게임머니 및 대통령령으로 정하는 이와 유사한 것을 말한다)을 환전 또는 환전 알선하거나 재매입을 업으로 하는 행위

1) 서론

헌법재판소는 2009. 6. 25.자 선고 2007헌마451 전원합의체 결정에서 사행성을 판단하는 데 있어 핵심이 되는 기준은 '우연성이 결합된 결과에 대한 보상의 환가성'이라 할 것인데, 이 사건 법률조항은 게임 결과물의 환가성을 제거하여 게임이 사행행위의 수단이 되거나 사행행위 그 자체로 변질되는 것을 막기 위한 것이라고 하였다.[6] 해당 규정을 위반한 자는 5년 이하의 징역 또는 5천만 원 이하의 벌금에 처한다(게임산업법 제44조제2호). 또한 허가·등록취소 또는 영업폐

6 이 사건에서 헌법재판소는 '게임산업진흥에 관한 법률'(2007. 1. 19. 법률 제8247호로 개정된 것) 제32조 제1항 제7호가 게임결과물의 환전·환전알선·재매입을 업으로 하는 행위를 금지하는 것은 그와 같은 입법목적을 달성하기 위한 적절한 수단이 되고, 게임결과물의 환전·환전알선·재매입행위를 일절 금지하는 것이 아니라 그러한 것을 업으로 하는 행위만을 금지하고 있으므로 침해의 최소성원칙에 반하지 아니하며, 이로 인하여 청구인들의 기본권이 어느 정도 제한된다 하더라도 게임물의 사행화를 방지하려는 공익은 그보다 훨씬 크다 할 것이므로 과잉금지의 원칙에도 위배되지 않는다고 하면서 합헌 결정을 하였다.

쇄처분이 부과될 수 있다(게임산업법 제35조제1항제5호, 제2항제5호, 제3항제5호). 특별자치시장·특별자치도지사·시장·군수·구청장은 제35조제1항부터 제3항까지에 따라 영업폐쇄명령, 허가취소 또는 등록취소를 하고자 하는 경우에는 청문을 실시하여야 한다(게임산업법 제40조).

2) 게임물의 이용을 통하여 획득한 유·무형의 결과물

게임산업법 시행령 제18조의3에 의하면 게임물의 이용을 통하여 획득한 유·무형의 결과물 중 '게임 내에서 사용되는 가상의 화폐로서 대통령령으로 정하는 게임머니 및 대통령령으로 정하는 이와 유사한 것'이란 게임물을 이용할 때 베팅 또는 배당의 수단이 되거나 우연적인 방법으로 획득된 게임머니(같은 조 제1호), 제1호에서 정하는 게임머니의 대체 교환 대상이 된 게임머니 또는 게임아이템(게임의 진행을 위하여 게임 내에서 사용되는 도구를 말한다. 이하 같다) 등의 데이터(같은 조 제2호), 게임제작업자의 컴퓨터 프로그램을 복제, 개작, 해킹 등을 하여 생산·획득한 게임머니 또는 게임아이템 등의 데이터(같은 조 제3호가목), 법 제32조제1항제8호에 따른 컴퓨터 프로그램이나 기기 또는 장치를 이용하여 생산·획득한 게임머니 또는 게임아이템 등의 데이터(같은 조 제3호나목), 다른 사람의 개인정보로 게임물을 이용하여 생산·획득한 게임머니 또는 게임아이템 등의 데이터(같은 조 제3호다목), 게임물을 이용하여 업으로 게임머니 또는 게임아이템 등을 생산·획득하는 등 게임물의 비정상적인 이용을 통하여 생산·획득한 게임머니 또는 게임아이템 등의 데이터를 말한다(같은 조 제3호라목).

대법원은 '다른 사람의 개인정보로 게임물을 이용하여 생산·획득한 게임머니 또는 게임아이템 등의 데이터(같은 조 제3호다목)'와 관련하여 해당 조항의 입법취지와 목적은 권한 없이 타인의 아이디와 유심칩이 삽입된 휴대폰 등을 이용하여 게임물에 접속한 후 소액결제의 방법으로 게임머니 등을 반복적으로 구매함으로써 불법적으로 대량 생산한 게임머니 등도 게임물의 비정상적인 이용을 통하여 생산·획득한 것으로 보아, 이를 환전 또는 환전 알선하거나 재매입을 업으로 하는 경우 처벌대상으로 삼으려던 것이라고 하였다(대법원 2014. 11. 13. 선고 2014도8838 판결).

이와 같은 견지에서, 대법원은 피고인이 다른 사람의 개인정보를 이용하여 생성한 계정으로 리니지 온라인 게임서버에 접속한 후 게임물 내의 캐릭터 간 거래창을 통하여 이 사건 아덴을 이전받은 사건에서 피고인이 리니지 온라인 게임에서 아덴을 이전받으려면 리니지 온라인 게임 서버에 접속한 후에 피고인에게 아덴을 판매하기로 한 사람의 캐릭터가 있는 게임 내부의 가상공간으로 이동시켜 캐릭터 간 거래창을 조작하여야 함을 알 수 있는 바, 이 사건 아덴은 게임산업법 시행령 제18조의3 제3호 다목에서 규정한 '다른 사람의 개인정보로 게임물을 이용하여 생산·획득한 게임머니 또는 게임아이템 등의 데이터'에 해당하는 것으로 판단된다고 하였다(대법원 2015. 11. 27. 선고 2014도10551 판결).

3) 환전 또는 환전을 업으로 하는 행위

'환전'은 게임이용자로부터 게임결과물을 수령하고 돈을 교부하는 행위뿐 아니라 게임결과물을 교부하고 돈을 수령하는 행위도 포함된다(대법원 2012. 12. 13. 선고 2012도11505 판결).

또한 해당 조항은 게임 결과물에 대한 환전·환전알선·재매입을 '업'으로 하는 행위만을 금지하고 있다. 이는 게임물의 유통질서를 저해하는 게임물 이용을 적극적으로 조장하는 경우만을 규제의 대상으로 삼는 것으로, 영업이 아닌 단순한 환전, 환전 알선 및 재매입 행위는 금지·처벌되지 않는다(헌재 2009. 6. 25. 2007헌마451 참조). 이와 같이 게임결과물을 '환전 또는 환전 알선하거나 재매입을 업으로 하는 행위'를 금지하는 것은, '게임물의 유통질서를 저해하는 게임물 이용을 조장하는 행위'를 차단하는 기능을 한다(헌법재판소 2022. 2. 24.자 2017헌바438 전원합의체 결정).

대법원은 대부업과 관련된 사안에서 '업으로' 한다는 것은 같은 행위를 계속하여 반복하는 것을 의미하고, 여기에 해당하는지 여부는 단순히 그에 필요한 인적 또는 물적 시설을 구비하였는지 여부와는 관계없이 금전의 대부 또는 중개의 반복·계속성 여부, 영업성의 유무, 그 행위의 목적이나 규모·횟수·기간·태양 등의 여러 사정을 종합적으로 고려하여 사회통념에 따라 판단하여야 한다(대법원 2012. 3. 29. 선고 2011도1985 판결 등 참조)고 하면서 행위의 반복·계속성 여부, 영업성의 유무 등 여러 사정을 종합적으로 고려하여 사회 통념에 따라 판단하여야 한다고 하였다. 헌법재판소는 현금 거래를 반복적으로 계속하면 게임산업법 및 기타 관련 법상 위법한 게임물 이용을 조장하는 경우로 보았다(헌법재판소 2022. 2. 24.자 선고 2017헌바438 전원합의체 결정).

아 게임물의 정상적인 운영을 방해할 목적으로 게임물 관련사업자가 제공 또는 승인하지 아니한 컴퓨터프로그램이나 기기 또는 장치를 배포하거나 배포할 목적으로 제작하는 행위

헌법재판소는 '게임물의 정상적인 운영을 방해'한다 함은 게임산업법 제2조제1호 본문에서 규정하고 있는 '게임물' 본래의 시스템을 와해시키고, 다른 정상적인 이용자의 게임활동을 방해하며, 게임서버에 과부하를 가져오는 등 게임내용에 부정적인 영향을 주는 일체의 행위를 의미함을 알 수 있고, '컴퓨터 프로그램이나 기기 또는 장치'란 이용자가 마우스나 키보드를 조작하는 방식으로 명령하지 않더라도 자동으로 게임머니나 게임아이템을 취득함으로써 하루 24시간 지속적으로 게임을 할 수 있게 되는 프로그램 즉, 자동 게임 프로그램을 의미한다고 하였다(헌법재판소 2012. 6. 27.자 선고 2011헌마288 전원합의체 결정).

즉, 위 조항은 게임물 관련사업자의 정상적인 영업을 방해할 수 있는 일체의 행위를 금지하는 규정이라기보다, 정밀하게 설계된 게임 속 환경을 망치거나 게임 전체의 관리전략에 혼란을 주는 등 게임물의 내용 자체에 부정적인 영향을 줄 목적으로 컴퓨터 프로그램 등을 배포하거나 제작하는 행위를 금지하는 규정으로 해석된다(광주지방법원 2013. 4. 26. 선고 2012노2525 판결).

해당 조항을 위반한 자는 1년 이하의 징역 또는 1천만 원 이하의 벌금에 처한다(게임산업법 제46조제3호의2).

자 게임물 관련사업자가 제공 또는 승인하지 아니한 게임물을 제작, 배급, 제공 또는 알선하는 행위와 이와 같은 불법행위를 할 목적으로 컴퓨터 프로그램이나 기기 또는 장치를 제작 또는 유통하는 행위 금지

해당 조항은 2016. 12. 20. 온라인 게임의 불법 사설서버 운영 및 불법 위·변조 프로그램 배포 등을 근절하기 위해 도입되었다. 당시 다수의 온라인 게임이 불법 사설서버, 또는 불법 위·변조 프로그램 등으로 인해 금전적 손실을 입고 저작권을 침해받고 있으며 이용자 역시 위·변조된 게임으로 인해 직·간접적 피해를 입고 있었으나 불법 사설서버와 위·변조 프로그램에 대한 정의와 처벌 조항이 없어 불법 행위를 적발하더라도 마땅한 제재 방법이 없어 문제되었다.[7]

사설서버는 영업권을 가진 정식 게임업체의 허가 없이 사용자를 모집하고 정식 게임과 유사한(동일한) 게임을 할 수 있도록 구축된 서버로, 통상 "프리서버", "사설서버"로 불린다. 사설서버는 공식서버와 달리 아이템을 얻기 쉽고 유료로 운영되거나 게임머니나 아이템을 판매하게 되는데, 게임업체 매출액의 감소를 가져오고 기준 연령 미달의 청소년들도 사설서버에 접속해서 게임을 하게 되는 문제가 있었다.

특히 대법원은 주식회사 C의 인터넷 온라인게임 A의 클라이언트 서버 프로그램을 개작한 클라이언트 서버 프로그램을 다운받은 후 자신이 운영하는 프리서버에 접속하게 한 사안과 관련하여, 「저작권법」 위반은 인정되나 「게임산업진흥에 관한 법률」 제32조제1항제8호 위반에 대해서는 무죄로 판결하였다.[8]

이에 게임산업법 제32조제1항제9호에 게임물 관련사업자가 제공 또는 승인하지 아니한 게임물이나 이를 임의로 변경한 게임물을 제작, 배급, 제공 또는 알선하는 행위(게임산업법 제32조제1항제9호) 및 이와 같은 불법행위를 할 목적으로 컴퓨터 프로그램이나 기기 또는 장치를 제작 또는 유통하는 행위(게임산업법 제32조제1항제10호)를 금지하는 조항을 신설하였다. 이를 위반한 자는 5년 이하의 징역 또는 5천만 원 이하의 벌금에 처하며, 소유 또는 점유하는 게임물, 그 범죄행위에 의하여 생긴 수익(이하 이 항에서 "범죄수익"이라 한다)과 범죄수익에서 유래한 재산은 「범죄수익은닉의 규제 및 처벌 등에 관한 법률」 제8조부터 제10조까지를 준용하여 몰수하고, 이를 몰수할 수 없는 때에는 그 가액을 추징한다(게임산업법 제44조제2호, 제2항 및 제3항).

---

7 게임산업진흥에 관한 법률 일부개정법률안(이동섭의원 대표발의) 검토보고서, 국회 교육문화체육관광위원회, 2016. 11.

8 대법원 2013. 10. 24. 선고 2013도5800 판결 ,원심은 광주지방법원 2013. 4. 26. 선고 2012노2525 판결

카 게임물 관련사업자가 승인하지 아니한 방법으로 게임물의 점수·성과 등을 대신 획득하여 주는 용역의 알선 또는 제공을 업으로 함으로써 게임물의 정상적인 운영을 방해하는 행위 금지

해당 조항은 2019. 8. 신설된 조항으로, 당시 일부 게임 이용자가 제3자에게 금전을 지급하고 자신의 개인정보와 계정정보를 공유하여 대리게임을 하게 하여 이용자의 게임 캐릭터 등급을 상승시키거나 아이템을 획득하는 등의 사례가 있었다. 이러한 행위는 공정하지 못한 게임이용행위로 평가될 수 있으며, 게임사들도 게임 내 운영정책을 통하여 대리게임에 대한 제재를 해 왔으나 법률적으로 규제할 수는 없었다.

다만 해당 조항은 사업자가 승인하지 않은 방법으로 대리 게임 용역 제공 및 알선을 업으로 하면서 게임물의 정상적 운영을 방해하는 경우로 한정하고 있다.

해당 조항을 위반한 자는 2년 이하의 징역 또는 2천만 원 이하의 벌금에 처한다(게임산업법 제45조제5호의2).

파 반국가적 행동 묘사 등의 게임물 제작 또는 반입금지

누구든지 ① 반국가적인 행동을 묘사하거나 역사적 사실을 왜곡함으로써 국가의 정체성을 현저히 손상시킬 우려가 있는 게임물, ② 존비속에 대한 폭행·살인 등 가족윤리의 훼손 등으로 미풍양속을 해칠 우려가 있는 게임물, ③ 범죄·폭력·음란 등을 지나치게 묘사하여 범죄심리 또는 모방심리를 부추기는 등 사회질서를 문란하게 할 우려가 있는 게임물을 제작 또는 반입을 하여서는 아니된다.

이를 위반한 자는 2년 이하의 징역 또는 2천만 원 이하의 벌금에 처한다(게임산업법 제45조제6호). 위반자가 게임물 관련사업자인 경우 영업정지 등 행정처분을 받는다(게임산업법 제35조제1항5호, 제2항제5호, 제3항제5호, 게임산업법 시행규칙 제26조, 별표5).

02 광고·선전의 제한(제34조)

광고는 상품의 품질, 특징, 가격 등의 정보를 제공함으로써 소비자의 소비선택을 위한 판단과 의사결정에 보조적인 역할을 수행함과 동시에 구매의사결정에 설득적으로 작용하는 수단으로 현대 자본주의 사회의 필수불가결한 제도이자 기업 마케팅 활동의 필수요소이다.[9] 문화체육관광부와 한국콘텐츠진흥원이 발표한 통계에 의하면 모바일 게임이용자들이 모바일 게임을 선택할 때 정보를 얻는 경로로 '구글(플레이스토어), 아이폰(앱스토어), 원스토어의 게임순위'와 '친구의 직접 추천'이 각각 28.5%로 가장 높았고, 다음으로 '포털 광고'(24.0%)순으로 나타났으며, 포털 광고 외에도 게임커뮤니티 광고 및 기사(12.7%), TV 광고(11.4%) 등 대부분 여러 매체별 광고를 통하여 게임을 선택하고 있는 점을 알 수 있는바,[10] 게임이용자의 게임 선택에 있어 게임광고가 중요한 역할을 하는 것을 알 수 있다.

게임산업법 제34조제1항에서는 게임물이용자의 보호와 건전한 유통질서를 위하여 누구든지 ① 등급을 받은 게임물의 내용과 다른 내용의 광고를 하거나 그 선전물을 배포·게시하는 행위, ② 등급분류를 받은 게임물의 등급과 다른 등급을 표시한 광고·선전물을 배포·게시하는 행위, ③ 게임물 내용정보를 다르게 표시하여 광고하거나 그 선전물을 배포하는 행위, ④ 게임물에 대하여 내용정보 외에 경품제공 등 사행심을 조장하는 내용을 광고하거나 선전물을 배포·게시하는 행위를 금지하고 있다.

또한 같은 조 제2항에 의하면 게임제공업, 인터넷컴퓨터게임시설제공업 또는 복합유통게임제공업을 하는 자는 사행행위와 도박이 이루어지는 장소로 오인할 수 있는 광고물로서 대통령령으로 정하는 광고물을 설치 또는 게시하여서는 안 된다고 규정하고 있는데, "대통령령이 정하는 광고물"은 다음과 같다.

9 헌법재판소 2002. 12. 18. 선고 2000헌마764, 판례집 14-2, 866

10 문화체육관광부·한국콘텐츠진흥원, "2022년 게임백서", 2023. 1., 593면

게임산업진흥에 관한 법률 시행령

제20조(광고·선전의 제한) 법 제34조제2항에서 "대통령령이 정하는 광고물"이라 함은 다음 각 호의 매체 또는 수단을 이용한 광고물을 말한다. 〈개정 2008. 2. 29., 2008. 12. 3., 2010. 1. 27., 2016. 7. 6., 2022. 6. 21.〉

1. 「옥외광고물 등의 관리와 옥외광고산업 진흥에 관한 법률」 제2조제1호에 따른 옥외광고물
2. 정보통신망
3. 「신문 등의 진흥에 관한 법률」 제2조제1호 및 제2호에 따른 신문·인터넷신문 또는 「잡지 등 정기간행물의 진흥에 관한 법률」 제2조제1호에 따른 정기간행물
4. 「방송법」 제2조제1호에 따른 방송
5. 「전기통신기본법」 제2조제1호에 따른 전기통신
6. 전단지·견본 또는 입장권
7. 비디오물·음반·서적·간행물·영화 또는 연극
8. 그 밖에 문화체육관광부령이 정하는 매체 또는 수단

현재 게임광고의 경우 일반적으로 매체별로 민간심의기구에서 사전·사후심의를 하면서, 게임산업법에 따라 게임물관리위원회에서 실무적으로 사후관리를 하고 있다.

해당 조항을 위반하여 광고·선전물을 배포·게시한 자에 대하여 문화체육부장관은 게임물관리위원회의 사후심의 및 시정권고를 거쳐 그 취급을 거부·정지 또는 제한하는 등의 시정을 명할 수 있으며(게임산업법 제38조제7항), 500만 원의 과태료를 부과한다(게임산업법 제48조제1항 및 같은 법 시행령 제24조).

문제는 허위광고가 아니면서 선정적인 게임 광고의 경우에는 게임산업법상 선정적이거나 폭력적인 광고에 대한 별도의 규제조항이 없어 게임물관리위원회 및 문화체육관광부 장관이 시정조치를 할 수 있는 근거가 없다.

Section 03

게임물 관련사업자 관련 행정처분

01 허가 취소 등(게임산업법 제35조)

게임산업진흥에 관한 법률

제35조(허가취소 등) ① 특별자치시장·특별자치도지사·시장·군수·구청장은 제25조제1항에 따라 게임제작업 또는 게임배급업의 등록을 한 자가 다음 각 호의 어느 하나에 해당하는 때에는 6월 이내의 기간을 정하여 영업정지를 명하거나 영업폐쇄를 명할 수 있다. 다만, 제1호 또는 제2호에 해당하는 때에는 영업폐쇄를 명하여야 한다. 〈개정 2007. 1. 19., 2018. 2. 21., 2023. 8. 8.〉

1. 거짓이나 그 밖의 부정한 방법으로 등록한 때
2. 영업정지명령을 위반하여 영업을 계속한 때
3. 제25조제2항의 규정을 위반하여 변경등록을 하지 아니한 때
4. 제28조에 따른 준수사항을 위반한 때
5. 제32조에 따른 불법게임물 등의 유통금지의무 등을 위반한 때

② 특별자치시장·특별자치도지사·시장·군수·구청장은 제26조에 따라 게임제공업·인터넷컴퓨터게임시설제공업 또는 복합유통게임제공업의 허가를 받거나 등록 또는 신고를 한 자(제26조제2항에 따라 정보통신망을 통한 게임제공업 등록을 한 자는 제외한다)가 다음 각 호의 어느 하나에 해당하는 때에는 6월 이내의 기간을 정하여 영업정지를 명하거나 허가·등록취소 또는 영업폐쇄를 명할 수 있다. 다만, 제1호 또는 제2호에 해당하는 때에는 허가·등록취소 또는 영업폐쇄를 명하여야 하고, 제5호 중 인터넷컴퓨터게임시설제공업을 영위하는

자가 제28조제5호의2에 따른 준수사항을 위반하여 제1항제4호에 해당하는 경우로서 청소년의 신분증 위조·변조 또는 도용으로 청소년의 연령을 알지 못하였거나 폭행 또는 협박으로 연령을 확인하지 못한 사정이 인정되는 때에는 문화체육관광부령으로 정하는 바에 따라 해당 행정처분을 면제할 수 있다. 〈개정 2007. 1. 19., 2018. 2. 21., 2019. 11. 26., 2023. 3. 21., 2023. 8. 8.〉

1. 거짓이나 그 밖의 부정한 방법으로 허가를 받거나 등록 또는 신고를 한 때
2. 영업정지명령을 위반하여 영업을 계속한 때
3. 제26조제1항부터 제3항까지에 따른 허가·등록기준을 갖추지 아니한 때
4. 제26조제4항에 따른 변경허가를 받지 아니하거나 변경등록·변경신고를 하지 아니한 때
5. 제1항제4호 및 제5호에 해당한 때

③ 특별자치시장·특별자치도지사·시장·군수·구청장은 제26조제2항에 따라 정보통신망을 통한 게임제공업 등록을 한 자가 다음 각 호의 어느 하나에 해당하는 때에는 6월 이내의 기간을 정하여 그 영업의 전부 또는 일부의 정지를 명하거나 등록취소 또는 영업폐쇄를 명하여야 한다. 다만, 제1호 또는 제2호에 해당하는 때에는 등록취소 또는 영업폐쇄를 명하여야 한다. 〈신설 2019. 11. 26.〉

1. 거짓이나 그 밖의 부정한 방법으로 등록한 때
2. 영업정지명령을 위반하여 영업을 계속한 때
3. 제26조제2항에 따른 등록기준을 갖추지 아니한 때
4. 제26조제4항에 따른 변경등록을 하지 아니한 때
5. 제1항제4호 및 제5호에 해당한 때

④ 제1항부터 제3항까지에 따라 영업의 폐쇄명령 또는 허가·등록의 취소처분을 받은 자는 그 처분의 통지를 받은 날부터 7일 이내에 허가증 또는 등록증·신고증을 반납하여야 한다. 〈개정 2007. 1. 19., 2019. 11. 26., 2023. 8. 8.〉

⑤ 제1항부터 제3항까지에 따른 행정처분의 세부기준은 그 위반행위의 유형과 위반의 정도 등을 고려하여 문화체육관광부령으로 정한다. 〈개정 2008. 2. 29., 2019. 11. 26., 2023. 8. 8.〉

[제목개정 2007. 1. 19.]

가 내용

해당 조항은 게임물 관련사업자가 게임산업법상의 의무를 위반한 경우에 의무위반에 따른 제재를 가하는 것이다.

특별자치시장·특별자치도지사·시장·군수·구청장은 게임제작업 및 게임배급

업자(게임산업법 제35조제1항), 온라인게임제공업자를 제외한 게임제공업·인터넷컴퓨터게임시설제공업자 또는 복합유통게임제공업자(게임산업법 제35조제2항), 온라인게임제공업자가 게임산업법상의 의무를 위반한 경우에 의무위반에 따른 영업정지 또는 영업폐쇄처분을 명하여야 한다고 규정하고 있다. 다만 거짓이나 그 밖의 부정한 방법으로 허가·등록·신고하거나 영업정지 명령을 위반하여 영업을 계속한 때에는 영업폐쇄를 명하여야 한다. 특별자치시장·특별자치도지사·시장·군수·구청장은 행정처분을 한 때에는 그 사실 및 내용을 공고하고, 게임산업법 시행규칙 별지 제19호 서식의 행정처분기록대장에 그 내용을 기록하여야 하며(게임산업법 시행규칙 제26조제2항), 영업의 폐쇄 명령 또는 허가·등록의 취소처분을 받은 자는 그 처분의 통지를 받은 날부터 7일 이내에 허가증 또는 등록증·신고증을 반납하여야 한다(게임산업법 제35조제4항).

또한 인터넷컴퓨터게임시설제공업자가 청소년들에게 등급구분을 위반하여 게임물을 제공한 경우 중 청소년의 신분증 위조·변조 또는 도용으로 청소년의 연령을 알지 못하였거나 폭행 또는 협박으로 연령을 확인하지 못한 사정이 인정되는 때에는 문화체육관광부령으로 정하는 바에 따라 해당 행정처분을 면제할 수 있도록 2023. 3. 21. 제35조제2항 본문 단서 후단이 신설되었다. 개정 당시 청소년이 PC방에서 부모·형제 등 성인의 주민등록번호를 활용하여 계정을 생성한 후 청소년이용불가 등급의 게임물을 이용하는 등 게임물의 등급구분을 위반하여 이용하는 사례가 발생하였고, 적발되면 PC방 영업자에게 행정처분이 부과되고 있는 실정이었다.[11]

특별자치시장·특별자치도지사·시장·군수·구청장은 법 제35조제2항 각 호 외의 부분 단서에 따라 ① 인터넷컴퓨터게임시설제공업자가 청소년의 신분증 위조·변조 또는 도용으로 청소년인 사실을 알지 못한 사정이 영상정보처리기기에 촬영된 영상정보, 진술 또는 그 밖의 방법으로 확인된 경우, ② 인터넷컴퓨터게임시설제공업자가 청소년의 폭행 또는 협박으로 청소년임을 확인하지 못한 사정이 영상정보처리기기에 촬영된 영상정보, 진술 또는 그 밖의 방법으로 확인된 경

11 문화체육관광위원회, "게임산업진흥에 관한 일부개정법률안(김승원의원 대표발의) 검토보고서", 2022. 9.; 「식품위생법」 제75조, 「청소년보호법」 제54조, 「담배사업법」 제17조에서도 청소년의 신분증 위조·변조, 폭행·협박 등 업주에게 위반행위에 대한 책임을 묻는 것이 부적절한 경우에는 동일한 취지의 영업자 보호 규정을 마련하고 있다는 점을 고려할 때 개정안의 취지는 타당하다고 하였다.

우, ③ 인터넷컴퓨터게임시설제공업자가 청소년의 신분증 위조·변조 또는 도용으로 청소년인 사실을 알지 못했거나 폭행 또는 협박으로 청소년임을 확인하지 못한 사정이 인정되어 불송치 또는 불기소(불송치 또는 불기소를 받은 이후 해당 사건에 대하여 다시 수사절차가 진행 중인 경우 또는 해당 사건에 대하여 공소가 제기되어 형사재판이 진행 중인 경우는 제외한다)를 받거나 선고유예 판결을 받은 경우 해당 인터넷컴퓨터게임시설제공업자에 대한 행정처분을 면제한다(게임산업법 시행규칙 제26조제2항). 다만, ①, ②의 경우에도 불구하고 특별자치시장·특별자치도지사·시장·군수·구청장은 인터넷컴퓨터게임시설제공업자가 법원의 판결에 따라 유죄로 확정된 경우(선고유예 판결을 받은 경우는 제외한다)에는 행정처분을 면제하지 아니한다(게임산업법 시행규칙 제26조제4항).

만일 종업원이 게임산업법상의 의무를 위반하였을 경우 영업주에게 행정처분을 부과할 수 있는지와 관련하여, 게임산업진흥에 관한 법률 제35조에 따른 처분은 행정법규 위반에 대하여 가하는 제재조치로서 대법원은 행정목적의 달성을 위하여 행정법규 위반이라는 객관적 사실에 착안하여 가하는 제재이므로 위반자의 의무 해태를 탓할 수 없는 정당한 사유가 있는 등의 특별한 사정이 없는 한 위반자에게 고의나 과실이 없다고 하더라도 부과될 수 있고(대법원 2003. 9. 2. 선고 2002두5177 판결, 대법원 1980. 5. 13. 선고 79누251 판결, 2000. 5. 26. 선고 98두5972 판결 등 참조), 종업원의 행정법규 위반행위에 대한 책임은 허가 또는 등록의 명의자인 업주가 부담하여야 한다고 하며(대법원 1993. 5. 25. 선고 92누18726 판결 등 참조), 행정법규 위반에 대한 제재조치는 행정목적의 달성을 위하여 행정법규 위반이라는 객관적 사실에 착안하여 가하는 제재이므로 반드시 현실적인 행위자가 아니라도 법령상 책임자로 규정된 자에게 부과되고, 특별한 사정이 없는 한 위반자에게 고의나 과실이 없더라도 부과할 수 있다고 하는바(대법원 2017. 5. 11. 선고 2014두8773 판결), 이와 같은 대법원의 태도에 따르면 영업주가 종업원의 게임산업법상 의무 위반사항을 알고 있었는지의 여부를 불문하고 종업원의 위반행위를 이유로 행정제재처분을 가할 수 있다고 보아야 할 것이다.

게임산업법 제35조제1항부터 제3항까지에 따른 행정처분의 세부기준은 그 위반행위의 유형과 위반의 정도 등을 고려하여 문화체육관광부령으로 정하고 있는바(게임산업법 제35조제5항), 게임산업법 시행규칙 제26조 별표5에 따른 행정처분의 기준은 다음과 같다.

게임산업진흥에 관한 법률 시행규칙 [별표5]

행정처분의 기준(제26조제1항 관련)

1. 일반기준

가. 둘 이상의 위반행위를 한 때에는 이를 병합하여 처분하되, 이 경우 그 위반행위의 처분기준이 모두 영업정지에 해당하는 때에는 가장 중한 정지처분기간에 나머지 정지처분기간의 2분의 1을 더하여 처분한다. 다만, 6개월을 초과할 수 없다.

나. 행정처분 절차가 진행 중에 반복하여 동일 위반행위(개별기준의 위반사항과 행정처분기준이 동일한 경우의 위반행위를 말한다. 이하 같다)를 하는 경우에는 위반횟수마다 행정처분기준의 2분의 1씩 더하여 처분한다. 다만, 6개월을 초과할 수 없다.

다. 위반행위의 차수에 따른 행정처분의 기준은 위반행위를 적발한 날 이전의 최근 1년 동안 동일위반행위로 행정처분을 받은 경우에 적용한다. 이 경우 적용기준일은 행정처분일로 한다.

라. 같은 날 동일위반행위의 위반사항이 적발되는 경우에는 같은 위반행위로 본다

마. 최근 1년 동안 3차 또는 4차의 처분을 받은 후 다시 동일위반행위를 하다가 적발되어 처분을 해야 하는 경우에 개별기준에 따른 처분기준이 정하여져 있지 않은 경우에는 6개월의 영업정지처분을 하고, 6개월의 영업정지처분을 받은 자가 또다시 동일위반행위를 하면 허가취소, 등록취소 또는 영업장 폐쇄처분을 한다.

바. 처분권자는 다음의 어느 하나에 해당하는 경우에는 그 처분기준의 2분의 1 범위에서 감경[그 처분이 허가취소, 등록취소 또는 영업폐쇄인 경우(법 제35조제1항제1호·제2호, 같은 조 제2항제1호·제2호 및 같은 조 제3항제1호·제2호에 해당하는 경우는 제외한다)에는 6개월의 영업정지 처분으로의 감경을 말한다]할 수 있다.

1) 위반행위가 사소한 부주의나 오류로 인한 것으로 인정되는 경우

2) 제6조에 따른 모범 게임제공영업소로 지정된 자가 시설기준을 위반하여 영업정지 처분을 받은 경우

3) 그 밖의 특별한 사유가 있다고 인정되는 자가 시설기준을 위반하여 영업정지처분을 받은 경우

사. 처분권자는 고의 또는 중과실 없는 위반행위자가 「소상공인기본법」에 따른 소상공인인 경우에는 다음의 사항을 고려하여 제2호의 개별기준에 따른 처분을 그 처분기준의 100분의 70 범위에서 감경할 수 있다. 이 경우 그 처분이 허가취소, 등록취소 또는 영업폐쇄인 경우(법 제35조제1항제1호·제2호, 같은 조 제2항제1호·제2호 및 같은

조 제3항제1호·제2호에 해당하는 경우는 제외한다)에는 6개월의 영업정지 처분으로 감경할 수 있다. 다만, 바목에 따른 감경과 중복하여 적용하지 않는다.

1) 해당 행정처분으로 위반행위자가 더 이상 영업을 영위하기 어렵다고 객관적으로 인정되는지 여부
2) 경제위기 등으로 위반행위자가 속한 시장·산업 여건이 현저하게 변동되거나 지속적으로 악화된 상태인지 여부

아. 영업정지처분기간 1개월은 30일로 보며, 감경처분하려는 경우의 영업정지기간을 산정할 때 1일 미만은 처분기간에서 제외한다.

2. 개별기준

위반사항	근거법조문	행정처분기준			
		1차 위반	2차 위반	3차 위반	4차 위반
가. 거짓 그 밖의 부정한 방법으로 법 제25조에 따른 등록을 한 경우	법 제35조 제1항제1호	영업 폐쇄			
나. 영업정지명령을 위반하여 영업을 계속한 경우	법 제35조 제1항제2호	영업 폐쇄			
다. 법 제25제제2항을 위반하여 변경등록을 하지 않은 경우	법 제35조 제1항제3호	경고	영업 정지 10일	영업 정지 20일	영업 정지 1개월
라. 법 제28조에 따른 준수사항을 위반한 경우	법 제35조 제1항제4호, 제2항제5호 및 제3항제5호				
1) 삭제 <2020. 12. 1.>					
2) 게임물을 이용하여 도박이나 그 밖의 사행행위를 하게 하거나 이를 하도록 내버려 둔 경우		허가·등록취소 또는 영업 폐쇄			
3) 법 제28조제3호 및 영 제16조의2를 위반하여 경품을 제공한 경우		영업 정지 1개월	영업 정지 3개월	허가·등록 취소	

				또는 영업 폐쇄	
4) 청소년게임제공업을 영위하는 자가 청소년이용불가 게임물을 제공한 경우		영업 정지 10일	영업 정지 1개월	영업 정지 3개월	등록 취소
5) 일반게임제공업 또는 복합유통게임제공업(「청소년 보호법」에 따라 청소년 출입을 허용하는 경우는 제외한다)을 영위하는 자가 게임장에 청소년을 출입시킨 경우		영업 정지 10일	영업 정지 1개월	영업 정지 3개월	허가·등록 취소
5의2) 인터넷컴퓨터게임시설제공업을 영위하는 자가 이용자로 하여금 법 제21조 제2항 각 호의 등급구분을 위반하여 게임물을 이용하도록 한 경우		경고	영업 정지 5일	영업 정지 10일	영업 정지 1개월
6) 게임물 및 컴퓨터 설비 등에 문화체육관광부장관이 고시하는 음란물 및 사행성게임물 차단프로그램 또는 장치를 설치하지 않은 경우		경고	영업 정지 10일	영업 정지 1개월	영업 정지 2개월
7) 영 제16조에 따른 영업시간 및 청소년의 출입시간을 준수하지 않은 경우		영업 정지 10일	영업 정지 1개월	영업 정지 3개월	영업 정지 6개월
8) 영 별표2에 따른 준수사항을 위반한 경우					
가) 복합유통게임제공업자의 준수사항을 위반한 경우					

(1) 영업소에 주류를 보관하거나 이용자의 주류 반입을 허용하거나 묵인한 경우		영업정지 10일	영업정지 1개월	영업정지 3개월	등록취소 또는 영업폐쇄
(2) 남녀 접대부(청소년은 제외한다)를 고용·알선하는 행위를 한 경우		영업정지 1개월	영업정지 2개월	등록취소 또는 영업폐쇄	
(3) 청소년을 남녀 접대부로 고용·알선하는 행위를 한 경우		등록취소 또는 영업폐쇄			
나) 법 제28조제1항제3호 단서에 따라 경품을 제공하는 청소년게임제공업자가 경품을 환전, 환전 알선, 재매입하거나 다른 물품으로 교환하여 준 경우		등록취소 또는 영업폐쇄			
다) 일반게임제공업자, 청소년게임제공업자, 인터넷컴퓨터게임시설제공업자 및 복합유통게임제공업자가 게임물의 버튼 등 입력장치를 자동으로 조작하여 게임을 진행하는 장치 또는 소프트웨어를 제공하거나 게임물 이용자가 이를 이용하게 한 경우		영업정지 1개월	영업정지 3개월	허가·등록취소 또는 영업폐쇄	

라) 그 밖에 영 별표2 를 위반한 경우		경고	영업 정지 5일	영업 정지 10일	영업 정지 1개월
마. 법 제32조제1항 및 제2항 각 호의 어느 하나에 해당하는 게임물을 제작·유통 또는 이용에 제공하거나 이를 위하여 진열·보관한 경우	법 제35조 제1항제5호, 제2항제5호 및 제3항제5호				
1) 게임물을 제작한 경우		영업 정지 3개월	등록 취소		
2) 게임물을 유통한 경우					
가) 적발수량이 5개 미만인 경우		경고	영업 정지 10일	영업 정지 20일	영업 정지 1개월
나) 적발수량이 20개 미만인 경우		영업 정지 10일	영업 정지 1개월	영업 정지 3개월	허가·등록 취소 또는 영업 폐쇄
다) 적발수량이 20개 이상인 경우		영업 정지 1개월	영업 정지 3개월	허가·등록 취소 또는 영업 폐쇄	
3) 게임물을 이용에 제공한 경우		영업 정지 1개월	영업 정지 3개월	허가·등록 취소 또는 영업 폐쇄	

4) 게임물을 제작·유통 또는 이용에 제공하기 위하여 진열·보관한 경우 가) 적발수량이 20개 미만인 경우	경고	영업 정지 10일	영업 정지 1개월	영업 정지 2개월
나) 적발수량이 20개 이상인 경우	영업 정지 10일	영업 정지 1개월	영업 정지 2개월	허가·등록 취소 또는 영업 폐쇄
5) 등급분류증명서를 매매·증여 또는 대여한 경우	영업 정지 3개월	허가·등록 취소 또는 영업 폐쇄		
6) 법 제33조제1항 또는 제2항을 위반한 게임물을 유통시키거나 이용에 제공한 경우	영업 정지 10일	영업 정지 1개월	영업 정지 3개월	
7) 법 제22조제2항에 따라 사행성게임물에 해당되어 등급분류가 거부된 게임물을 유통시키거나 이용에 제공한 경우 또는 유통·이용제공의 목적으로 진열·보관한 경우	허가·등록 취소 또는 영업 폐쇄			
8) 게임물의 이용을 통해 획득한 유·무형의 결과물(점수, 경품, 게임 내에서 사용되는 가상의 화폐로서 영 제18조의3 각 호의 어	허가·등록 취소 또는 영업			

느 하나에 해당하는 것을 말한다)을 환전 또는 환전 알선하거나 재매입을 업으로 한 경우		폐쇄			
바. 거짓 그 밖의 부정한 방법으로 제26조에 따른 허가를 받거나 등록 또는 신고를 한 경우	법 제35조 제2항제1호 및 제3항제1호	허가·등록 취소 또는 영업 폐쇄			
사. 영업정지명령을 위반하여 영업을 계속한 경우	법 제35조 제2항제2호 및 제3항제2호	허가·등록 취소 또는 영업 폐쇄			
아. 법 제26조제1항에 따른 허가기준을 갖추지 않은 경우	법 제35조 제2항제3호				
1) 시설기준을 일부 갖추지 않은 경우		경고	영업 정지 1개월	영업 정지 3개월	허가 취소
2) 시설기준을 전혀 갖추지 않은 경우		허가 취소			
자. 법 제26조제2항 또는 제3항에 따른 등록기준을 갖추지 않은 경우	법 제35조 제2항제3호 및 제3항제3호				
1) 시설기준을 일부 갖추지 않은 경우		경고	영업 정지 1개월	영업 정지 3개월	등록 취소
2) 시설기준을 전혀 갖추지 않은 경우		등록 취소			
차. 법 제26조에 따른 변경허가를 받지 않거나 변경등록·변경신고를 하지 않은 경우	법 제35조 제2항제4호 및 제3항제4호	경고	영업 정지 10일	영업 정지 20일	영업 정지 1개월

비고
법 제26조제2항에 따라 정보통신망을 통한 게임제공업 등록을 한 자가 제2호라목·마목·자목 또는 차목에 해당하는 위반행위를 하여 영업의 일부를 정지하는 경우에는 위반행위와 관련된 게임물의 영업에 한정하여 영업정지처분을 한다.

게임산업법 시행규칙 제26조 별표5에 따른 행정처분의 기준 중 일반 기준과 관련하여, 게임물 관련사업자가 「게임산업진흥에 관한 법률」 제28조제7호 및 같은 법 시행령 제16조에 따른 청소년 출입시간 준수사항을 위반하여 1차 행정처분(2012. 4. 19.)을 받은 후 1년 이내에 같은 규정의 위반이 적발되어 2차 행정처분(2013. 3. 18.)을 받았는데, 다시 같은 규정을 위반(2013. 11. 9.)한 사실이 적발(2013. 11. 28.)된 경우에, 이에 대한 행정처분은 같은 법 시행규칙 별표5 제1호다목에서 정하는 위반행위의 차수에 따른 행정처분의 기준에 따르면 2차 행정처분 대상인지, 아니면 3차 행정처분 대상인지가 문제되었다.

이에 대하여 게임산업법상 위반행위의 차수에 따라 가중된 행정처분을 부과하는 취지는 종전 행정처분의 경고적 기능을 무시하고 다시 위법한 행위를 하였다는 점에서 비난 가능성이 더 크기 때문이고, 「게임산업진흥에 관한 법률 시행규칙」 별표5 제1호다목에 따르면, "위반행위를 적발한 날 이전의 최근 1년 동안 동일위반행위로 행정처분을 받은 경우"란 그 문언상 위반행위에 대해 행정처분을 받고 그로부터 1년 이내에 다시 동일한 위반행위를 하는 경우 앞의 행정처분보다 가중된 처분을 하여야 한다는 뜻으로 보아야 할 것이라고 하면서 이 사안은 두 차례에 걸쳐 동일위반행위를 하여 각각에 대해 1차 행정처분과 2차 행정처분을 받은 뒤, 최근의 행정처분인 2차 행정처분을 받은 날부터 1년 이내에 다시 동일위반행위가 적발된 경우에 해당하는바, 위반행위가 적발된 날 이전의 최근 1년 동안 동일위반행위로 받은 행정처분이 2차 행정처분에 해당하므로, 적발된 위반행위에 대해서는 그에 가중하여 3차 행정처분을 하는 것이 가중처분의 취지 및 다른 규정과의 조화로운 해석을 고려할 때 타당하다고 하였다(법제처 13-0654, 2014. 1. 21., 경상북도 포항시 북구).

「게임산업진흥에 관한 법률 시행령」 별표2 중 「게임산업진흥에 관한 법률 시행규칙」 별표5 제2호라목8)다)의 "그 밖에 영 별표2를 위반한 때"에 해당되는 각각의 위반행위를 동일위반행위로 보아 위반행위의 차수에 포함하여 행정처분할 수 있는지 여부과 문제된 사안에서, 법제처는 「게임산업진흥에 관한 법률 시행규칙」 별표5 제2호라목8)다)에서 사실상 수 개의 행위에 해당하는 위반행위를 "그 밖에 영 별표2를 위반한 때"로 포괄하여 규정한 것은 여러 개 항목을 동시에 위반하는 경우에 일괄하여 1개의 행위로 보고 행정처분하되, 최초 위반한 항목과 다른 항목의 준수사항을 위반한 경우라도 이를 위반행위의 차수에 포함하여 행정처분하는 것이 게임물 관련사업자로 하여금 준수사항을 지키도록 함에 있어 보다 효율적이라는 판단에서 비롯된 것이라고 보는 것이 합리적일 것이라고 하면서, 「게임산업진흥에 관한 법률 시행령」 별표2 중 「게임산업진흥에 관한 법률 시행규칙」 별표5 제2호라목8)다)의 "그 밖에 영 별표2를 위반한 때"에 해당되는 각각의 위반행위를 동일위반행위로 보아 위반행위의 차수에 포함하여 행정처분할 수 있다고 하였다(법제처 13-0205, 2013. 7. 23., 서울특별시 강서구).

게임제작업에서 위반된 게임물에 대해서만 일부 영업정지처분이 가능한지 여부와 관련하여, 「게임산업진흥에 관한 법률」 제35조제1항제5호에서는 영업의 전부뿐 아니라 일부를 정지할 수 있다는 명문의 규정을 둔 유사 입법례와 달리(「식품위생법」 제75조제1항 등 참조), 문제된 불법게임물에 대해서만 일부 영업정지를 명할 수 있다는 규정을 명시적으로 두고 있지 않고, 게임산업법에서는 게임제작업 영업의 등록·폐쇄·정지는 영업 전부를 대상으로 하여 이루어지는 것으로 규정하고 있을 뿐이므로, 게임제작업자가 2개 이상의 게임물을 제작하여 공급하거나 이용하게 한다고 하여 일부 게임물에 대해서만 영업정지를 할 수 있는 명시적인 근거는 없다고 하였다.

또한 「게임산업진흥에 관한 법률 시행규칙」 별표5 행정처분의 기준에서는 게임제작업자가 2개 이상의 게임물을 제작하여 공급·이용하게 하는 경우 일부 게임물에 한정해서만 일부 영업정지의 감경 처분을 할 수 있다고 규정하지 않고, 일부 영업정지를 부과할 구체적인 기준도 마련하고 있지 않은바, 만일 게임제작업자에 대한 일부 영업정지를 허용할 수 있다고 본다면 행정처분의 자의적 집행이 될 우려가 있으므로, 이러한 점을 종합하면, 게임산업법령은 문제된 게임물에 대해서만 일부 영업을 정지하는 것을 예정하지 않았다고 보는 것이 체계적인 해석이라고 할 것이라고 하면서 일부 영업정지처분은 불가능하다고 해석하였다(법제처 16-0370, 2016. 10. 10., 문화체육관광부).

다만, 법 제26조제2항에 따른 온라인게임제공업자가 제2호라목·마목·자목 또는 차목에 해당하는 위반행위를 하여 영업의 일부를 정지하는 경우에는 위반행위와 관련된 게임물의 영업에 한정하여 영업정지처분을 한다(게임산업법 시행규칙 별표5 비고).

나 절차

행정절차법 제3조 제1항에 따르면 처분에는 다른 법률에 특별한 규정이 있는 경우를 제외하고는 행정절차법이 적용되므로, 게임산업법 제35조에 따른 행정처분도 행정절차법에 따른 절차를 준수하여야 한다.

특별자치시장·특별자치도지사·시장·군수·구청장은 행정처분을 한 때에는 그 사실 및 내용을 공고하고, 게임산업법 시행규칙 별지 제19호 서식의 행정처분기록대장에 그 내용을 기록하여야 하고(게임산업법 시행규칙 제26조제2항), 영업의 폐쇄명령 또는 허가·등록의 취소처분을 받은 자는 그 처분의 통지를 받은 날부터 7일 이내에 허가증 또는 등록증·신고증을 반납하여야 한다(게임산업법 제35조제4항).

특별자치시장·특별자치도지사·시장·군수·구청장은 제35조제1항부터 제3항까지에 따라 영업폐쇄명령, 허가취소 또는 등록취소를 하고자 하는 경우에는 청문을 실시하여야 한다(게임산업법 제40조).

02 과징금 부과(제36조)

게임산업진흥에 관한 법률

제36조(과징금 부과) ① 특별자치시장·특별자치도지사·시장·군수·구청장은 게임물 관련 사업자가 다음 각 호의 어느 하나에 해당하여 영업정지처분을 하여야 하는 때에는 대통령령으로 정하는 바에 따라 그 영업정지처분에 갈음하여 10억원 이하의 과징금을 부과할 수 있다. 다만, 제3호는 제26조제2항에 따라 정보통신망을 통한 게임제공업 등록을 한 자에 한정하여 적용한다. 〈개정 2007. 1. 19., 2018. 2. 21., 2019. 11. 26., 2023. 3. 21., 2023. 8. 8., 2024. 10. 22.〉

1. 제26조제1항·제2항 또는 제3항 본문의 규정에 따른 허가기준·등록기준을 갖추지 아니한 때
2. 제28조제1항제4호, 제5호, 제5호의2 및 제6호부터 제8호까지에 따른 준수사항을 위반한 때
3. 제32조제1항제2호에 따른 유통금지의무 등을 위반한 때

② 특별자치시장·특별자치도지사·시장·군수·구청장은 제1항에 따라 과징금으로 징수한 금액에 상당하는 금액을 다음 각 호의 용도에 사용하여야 하며 매년 다음 연도의 과징금운용계획을 수립·시행하여야 한다. 〈개정 2007. 1. 19., 2018. 2. 21., 2023. 8. 8.〉

1. 건전한 게임물의 제작 및 유통
2. 게임장의 건전화 및 유해환경 개선
3. 모범영업소의 지원
4. 불법게임물 및 불법영업소의 지도·단속활동에 따른 지원
5. 압수된 불법게임물의 보관장소 확보 및 폐기

③ 특별자치시장·특별자치도지사·시장·군수·구청장은 제1항에 따른 과징금을 납부하여야 할 자가 납부기한까지 이를 납부하지 아니하는 때에는 「지방행정제재·부과금의 징수 등에 관한 법률」에 따라 징수한다. 〈개정 2013. 8. 6., 2018. 2. 21., 2020. 3. 24., 2023. 8. 8.〉

④ 제1항에 따라 과징금을 부과하는 위반행위의 종별·정도 등에 따른 과징금의 금액과 그 부과절차 등에 관하여 필요한 사항은 문화체육관광부령으로 정한다. 〈개정 2008. 2. 29., 2023. 8. 8.〉

게임산업법 시행령

제21조(과징금) 법 제36조제1항에 따른 영업정지에 갈음하는 과징금 부과처분은 해당영업자의 영업이 건전한 게임문화의 조성에 지장을 초래하지 아니하는 경우에 한하여 부과할 수 있다.

게임산업진흥에 관한 법률 시행규칙

제27조(과징금의 금액산정기준 등) ① 법 제36조제1항에 따라 부과하는 과징금의 금액산정기준은 별표 6과 같다.

② 특별자치시장·특별자치도지사·시장·군수·구청장은 위반행위의 정도·위반횟수 및 위반행위의 동기와 그 결과 등을 참작하여 제1항에 따른 과징금 금액의 2분의 1의 범위안에서 가중 또는 경감할 수 있다. 다만, 가중하는 경우에도 과징금의 총액은 10억원을 초과할 수 없다. 〈개정 2020. 2. 18., 2020. 5. 27.〉

제28조(과징금의 부과 및 납부) ① 특별자치시장·특별자치도지사·시장·군수·구청장은 법 제36조제1항에 따라 과징금을 부과하려는 때에는 그 위반행위의 내용과 과징금의 금액 등을 명시하여 이를 납부할 것을 서면으로 통지하여야 한다. 〈개정 2020. 2. 18., 2020. 5. 27.〉

② 제1항에 따라 통지를 받은 자는 20일 이내에 특별자치시장·특별자치도지사·시장·군수·구청장이 정하는 수납기관에 과징금을 납부해야 한다. 〈개정 2020. 2. 18., 2023. 12. 12.〉

③ 제2항에 따라 과징금을 받은 수납기관은 납부자에게 영수증을 교부하여야 한다.

④ 과징금의 수납기관은 제2항에 따라 과징금을 받았을 때에는 지체 없이 그 사실을 특별자치시장·특별자치도지사·시장·군수·구청장에게 통보하여야 한다. 〈개정 2020. 2. 18.〉

⑤ 특별자치시장·특별자치도지사·시장·군수·구청장은 과징금의 부과·징수에 관한 사항을 기록·관리하여야 한다. 〈개정 2020. 2. 18.〉

제29조(과징금의 운용계획) 특별자치시장·특별자치도지사·시장·군수·구청장은 법 제36조제2항에 따라 매년 10월 31일까지 다음 연도의 과징금 운용계획을 수립·시행하여야 한다.

게임산업진흥에 관한 법률 시행규칙 별표6

과징금의 금액산정기준(제27조 관련)

1. 일반게임제공업, 복합유통게임제공업, 청소년게임제공업, 인터넷컴퓨터게임시설제공업(법 제26조제2항에 따라 정보통신망을 통한 게임제공업 등록을 한 경우는 제외한다)

 가. 일반기준

  1) 영업정지 1개월은 30일을 기준으로 한다.

  2) 위반행위의 유형에 따른 과징금의 금액은 영업정지처분기간에 나목에 의하여 산정한 영업정지 1일에 해당하는 과징금 금액을 곱하여 얻은 금액으로 한다.

  3) 2)의 영업정지기간은 별표5에 따라 산정된 기간(그 기간을 늘리거나 줄인 경우에는 그에 따라 늘어나거나 줄어든 기간을 말한다)을 말한다.

 나. 과징금 기준

처분대상	영업정지 1일에 해당하는 과징금 금액
일반게임제공업자, 복합유통게임제공업자	100,000원
청소년게임제공업자, 인터넷컴퓨터게임시설제공업자	50,000원

2. 게임제작업, 게임배급업, 게임제공업(법 제26조제2항에 따라 정보통신망을 통한 게임제공업 등록을 한 경우만 해당한다)

 가. 일반기준

  1) 영업정지 1개월은 30일을 기준으로 한다.

  2) 위반행위의 유형에 따른 과징금의 금액은 영업정지처분기간에 나목에 의하여 산정한 영업정지 1일에 해당하는 과징금 금액을 곱하여 얻은 금액으로 한다. 다만, 과징금 산정금액이 10억원을 초과하는 경우에는 10억원으로 한다.

  3) 2)의 영업정지처분기간은 별표5에 따라 산정된 기간(그 기간을 늘리거나 줄인 경우에는 그에 따라 늘어나거나 줄어든 기간을 말한다)을 말한다.

  4) 영업정지 1일에 해당하는 과징금 금액은 위반행위를 한 사업자의 연간 매출액을 기준으로 나목의 표에 따라 산출한다.

  5) 연간 매출액의 산정 기준은 다음과 같다.

   가) 영업의 전부를 정지하는 경우: 해당 업체에 대한 처분일이 속한 연도의 전년도의 1년간 총매출금액을 기준으로 한다.

   나) 영업의 일부를 정지하는 경우: 해당해당 업체에 대한 처분일이 속한 연도의

전년도의 1년간 영업정지 대상 게임물의 영업에서 발생한 총매출금액

다) 신규사업, 휴업 등으로 인해 가) 및 나)에 따라 1년간의 총매출금액을 산출할 수 없거나 1년간의 총매출금액을 기준으로 하는 것이 불합리하다고 인정되는 경우: 분기별·월별 또는 일별 매출금액을 기준으로 연간 총매출액을 환산하여 산출한다.

나. 과징금 기준

등급	연간매출액 (단위: 백만원)	영업정지 1일에 해당하는 과징금의 금액(단위: 만원)
1	30 이하	5
2	30 초과 ~ 47 이하	8
3	47 초과 ~ 65 이하	12
4	65 초과 ~ 85 이하	16
5	85 초과 ~ 100 이하	20
6	100 초과 ~ 153 이하	24
7	153 초과 ~ 262 이하	39
8	262 초과 ~ 460 이하	68
9	460 초과 ~ 1,000 이하	132
10	1,000 초과 ~ 1,470 이하	160
11	1,470 초과 ~ 2,700 이하	250
12	2,700 초과 ~ 4,000 이하	400
13	4,000 초과 ~ 10,000 이하	700
14	10,000 초과 ~ 30,000 이하	950
15	60,000 초과 ~ 64,000 이하	1,500
16	64,000 초과	2,000

게임산업법 제36조에서는 게임물 관련사업자가 ① 제26조제1항·제2항 또는 제3항 본문의 규정에 따른 허가기준·등록기준을 갖추지 아니한 때, ② 제28조제1항제4호, 제5호, 제5호의2 및 제6호부터 제8호까지에 따른 준수사항을 위반한 때, ③ 제32조제1항제2호에 따른 유통금지의무 등을 위반한 때에 해당하여 영업정지처분을 하여야 하는 때에는 해당영업자의 영업이 건전한 게임문화의 조성에 지장을 초래하지 아니하는 경우에 한하여 그 영업정지처분에 갈음하여 10억 원 이하의 과징금을 부과할 수 있다(게임산업법 제36조제1항 및 게임산업법 시행령 제21조).

과징금이란 행정법규의 위반이나 행정법상의 의무 위반으로 경제적 이익을

얻게 되는 경우 당해 위반으로 인한 불법적 이익을 박탈하기 위하여 그 이익액에 따라 부과되는 행정상 제재금으로서, 원래는 의무위반에 따른 불법적 이익을 전적으로 박탈함으로써 간접적으로 의무이행을 강제하는 효과를 거두기 위한 취지에서 도입된 것이다.

현재는 이러한 본래의 의미의 과징금과는 달리 다수 국민이 이용하는 업무(또는 영업 내지 사업)나 국가 및 사회에 중대한 영향을 미치는 업무를 행하는 자가 행정법규를 위반하였을 경우, 그 위반자에 대하여 업무정지처분을 한다면 오히려 국민에게 불편과 생활의 어려움을 줄 수 있으므로, 이러한 공익상의 이유로 업무정지처분 등과 선택적으로 또는 이에 갈음하여 과징금을 부과시키도록 규정하고 있는 이른바 '변형된 과징금제도'가 있다(의정부지방법원 2017. 4. 26.자 2016아3157 결정). 게임산업법 제36조제1항의 영업정지에 갈음하는 과징금은 이러한 변형된 과징금제도에 해당한다.

게임산업법 시행규칙 별표6 과징금 금액산정 기준에 따르면 일반게임제공업, 복합유통게임제공업, 청소년게임제공업, 인터넷컴퓨터게임시설제공업(법 제26조제2항에 따라 정보통신망을 통한 게임제공업 등록을 한 경우는 제외한다)은 영업정지처분기간에 같은 표 제1호나목에 의하여 산정한 영업정지 1일에 해당하는 과징금 금액을 곱하여 얻은 금액으로 한다. 일반게임제공업, 복합유통게임제공업은 1일당 10만 원, 청소년게임제공업, 인터넷컴퓨터게임시설제공업(법 제26조제2항에 따라 정보통신망을 통한 게임제공업 등록을 한 경우는 제외한다)은 1일당 5만 원이다.

게임제작업, 게임배급업, 게임제공업(법 제26조제2항에 따라 정보통신망을 통한 게임제공업 등록을 한 경우만 해당한다)의 경우 같은 표 제2호에 의하여 영업정지처분기간에 나목에 의하여 산정한 영업정지 1일에 해당하는 과징금 금액을 곱하여 얻은 금액으로 한다. 영업정지 1일에 과징금 금액은 위반행위를 한 사업자의 연간 매출액을 기준으로 같은 표 제2호 나목의 표에 따라 산출한다. 다만, 과징금 산정금액이 10억 원을 초과하는 경우에는 10억 원으로 한다.

특별자치시장·특별자치도지사·시장·군수·구청장은 게임산업법 제36조제1항에 따라 과징금을 부과하려는 때에는 그 위반행위의 내용과 과징금의 금액 등을 명시하여 이를 납부할 것을 서면으로 통지하여야 한다(게임산업법 시행규칙 제28조제1항). 과징금 부과 통지를 받은 자는 20일 이내에 특별자치시장·특별자치도지사·시장·군수·구청장이 정하는 수납기관에 과징금을 납부해야 한다(게임산업법 시행규칙 제28조제2항). 과징금을 받은 수납기관은 납부자에게 영수증을 교부하여야 하고, 지체없이 과징금을 받은 사실을 특별자치시장·특별자치도지사·시장·군수·구청장에게 통보하여야 한다(게임산업법 시행규칙 제28조제3항 및 제4항). 특별자치시장·특별자치도지사·시장·군수·구청장은 과징금의 부과·징수에 관한 사항을 기록·관리하여야 한다(게임산업법 시행규칙 제28조제5항).

특별자치시장·특별자치도지사·시장·군수·구청장은 게임산업법 제36조제1항에 따른 과징금을 납부하여야 할 자가 납부기한까지 이를 납부하지 아니하는 때에는 「지방행정제재·부과금의 징수 등에 관한 법률」에 따라 징수한다(게임산업법 제36조제3항).

03 폐쇄 및 수거(제38조)

게임산업진흥에 관한 법률

제38조(폐쇄 및 수거 등) ① 특별자치시장·특별자치도지사·시장·군수·구청장은 제25조 또는 제26조의 규정에 따른 허가를 받지 아니하거나 등록 또는 신고를 하지 아니하고 영업을 하는 자와 제35조제1항부터 제3항까지에 따라 영업폐쇄명령을 받거나 허가·등록 취소처분을 받고 계속하여 영업을 하는 자에 대하여는 관계 공무원으로 하여금 그 영업소를 폐쇄하기 위하여 다음 각 호의 조치를 하게 할 수 있다. 〈개정 2007. 1. 19., 2016. 12. 20., 2018. 2. 21., 2019. 11. 26., 2023. 8. 8.〉

1. 해당 영업 또는 영업소의 간판 그 밖의 영업표지물의 제거·삭제
2. 해당 영업 또는 영업소가 위법한 것임을 알리는 게시물의 부착
3. 영업을 위하여 필요한 기구 또는 시설물을 사용할 수 없게 하는 봉인

② 제1항의 조치를 함에 있어서는 미리 해당 영업자 또는 그 대리인에게 서면으로 이를 알려 주어야 한다. 다만, 대통령령으로 정하는 급박한 사유가 있는 경우에는 그러하지 아니하다. 〈개정 2016. 12. 20., 2023. 8. 8.〉

③ 문화체육관광부장관, 시·도지사 또는 시장·군수·구청장은 유통되거나 이용에 제공되는 게임물 또는 광고·선전물 등이 다음 각 호의 어느 하나에 해당하는 때에는 이를 수거하거

나 폐기 또는 삭제할 수 있다. 다만, 제2호의 경우 「사행행위 등 규제 및 처벌특례법」에 의한 사행행위영업을 하는 경우를 제외한다. 〈개정 2007. 1. 19., 2008. 2. 29., 2023. 8. 8.〉

1. 등급분류를 받지 아니하거나 등급분류를 받은 것과 다른 내용의 게임물

1의2. 시험용 게임물로서 제21조제1항제3호의 대통령령으로 정하는 대상·기준과 절차 등을 위반한 게임물

2. 사행성게임물에 해당되어 등급분류가 거부된 게임물

2의2. 제2조제6호다목의 대통령령으로 정하는 종류 및 방법 등을 위반하여 제공된 게임물

3. 제25조에 따라 등록을 하지 아니한 자가 영리의 목적으로 제작하거나 배급한 게임물

4. 제34조의 규정을 위반하여 배포·게시한 광고·선전물

5. 게임물의 기술적 보호조치를 무력하게 하기 위하여 제작된 기기·장치 및 프로그램

④ 제3항에 따라 관계공무원이 해당 게임물 등을 수거한 때에는 그 소유자 또는 점유자에게 수거증을 교부하여야 한다. 다만, 수거증의 인수를 거부한 경우에는 그러하지 아니하다. 〈개정 2016. 12. 20., 2023. 8. 8.〉

⑤ 문화체육관광부장관, 시·도지사 또는 시장·군수·구청장은 제3항 각 호의 게임물 등에 대한 단속을 함에 있어서 필요한 때에는 협회등에 협조를 요청할 수 있으며 협조요청을 받은 협회등은 이에 따라 필요한 협조를 하여야 한다. 〈개정 2008. 2. 29.〉

⑥ 제1항 및 제3항에 따라 게시물의 부착·봉인·수거·폐기 등의 처분을 하는 관계 공무원이나 협회등의 임·직원은 그 권한을 표시하는 증표를 지니고 이를 관계인에게 내보여야 한다. 〈개정 2023. 8. 8.〉

⑦ 문화체육관광부장관은 정보통신망을 통하여 제공되는 게임물 또는 광고·선전물 등이 제3항 각 호의 어느 하나에 해당하는 경우 「정보통신망 이용촉진 및 정보보호 등에 관한 법률」 제2조제1항제3호의 정보통신서비스 제공자 또는 같은 항 제9호의 게시판을 관리·운영하는 자로 하여금 그 취급을 거부·정지 또는 제한하는 등의 시정을 명할 수 있다. 이 경우 사전에 위원회의 심의 및 시정권고의 절차를 거쳐야 한다. 〈개정 2011. 4. 5., 2013. 5. 22.〉

⑧ 문화체육관광부장관은 제28조제1항제2호의2를 위반하여 게임물의 내용구현과 밀접한 관련이 있는 운영방식 또는 기기·장치 등을 통하여 사행성을 조장하는 자에 대하여 그 운영방식을 개선하거나 그 기기·장치 등을 개선 또는 삭제하도록 하는 등의 시정을 명할 수 있다. 시정명령 이전에 문화체육관광부장관은 시정 방안을 정하여 이에 따를 것을 권고할 수 있다. 〈신설 2011. 4. 5., 2024. 10. 22.〉

⑨ 문화체육관광부장관은 제33조제2항을 위반하여 확률형 아이템의 종류 및 종류별 공급 확률정보 등을 표시하지 아니하거나 거짓으로 표시한 게임물을 유통시키거나 이용에 제공

한 자에 대하여 시정을 명할 수 있다. 이 경우 시정을 명하기 전에 문화체육관광부장관은 시정 방안을 정하여 이에 따를 것을 권고할 수 있다. 〈신설 2023. 3. 21.〉
⑩ 제7항부터 제9항까지에 따라 시정권고나 시정명령을 받은 자는 7일 이내에 조치를 완료하고 그 결과를 게임물관리위원회위원장 또는 문화체육관광부장관에게 통보하여야 한다. 〈신설 2011. 4. 5., 2013. 5. 22., 2023. 3. 21.〉
⑪ 게임물관리위원회위원장 또는 문화체육관광부장관은 제7항부터 제9항까지에 따른 시정권고나 시정명령의 대상이 되는 자에게 사전에 의견제출의 기회를 주어야 한다. 다만, 다음 각 호의 어느 하나에 해당하는 경우에는 그러하지 아니하다. 〈신설 2007. 12. 21., 2011. 4. 5., 2013. 5. 22., 2023. 3. 21.〉
1. 공공의 안전 또는 복리를 위하여 긴급한 경우
2. 의견청취가 현저히 곤란하거나 명백히 불필요한 경우
3. 명백한 의사로 의견제출을 포기하거나, 정당한 이유 없이 의견제출을 지연하는 경우

특별자치시장·특별자치도지사·시장·군수·구청장은 게임산업법 제25조 또는 제26조의 규정에 따른 허가를 받지 아니하거나 등록 또는 신고를 하지 아니하고 영업을 하는 자와 같은 법 제35조제1항부터 제3항까지에 따라 영업폐쇄 명령을 받거나 허가·등록 취소처분을 받고 계속하여 영업을 하는 자에 대하여는 관계 공무원으로 하여금 그 영업소를 폐쇄하기 위하여 ① 해당 영업 또는 영업소의 간판 그 밖의 영업표지물의 제거·삭제, ② 해당 영업 또는 영업소가 위법한 것임을 알리는 게시물의 부착, ③ 영업을 위하여 필요한 기구 또는 시설물을 사용할 수 없게 하는 봉인을 하게 할 수 있다(게임산업법 제38조제1항).

게임산업법 제38조제1항의 조치를 하기 전 미리 당해 영업자 또는 대리인에게 서면으로 이를 알려주어야 하나, 행정절차법 제21조제4항 각 호의 정한 사유에 해당하는 경우에는 서면으로 통지하지 않아도 된다(게임산업법 제38조제2항, 게임산업법 시행령 제22조). 행정절차법 제21조제4항에 따르면 처분의 사전통지 예외사유를 규정하고 있는 바, ① 공공의 안전 또는 복리를 위하여 긴급히 처분을 할 필요가 있는 경우, ② 법령 등에서 요구된 자격이 없거나 없어지게 되면 반드시 일정한 처분을 하여야 하는 경우에 그 자격이 없거나 없어지게 된 사실이 법원의 재판 등에 의하여 객관적으로 증명된 경우, ③ 해당 처분의 성질상 의견청취가 현저히 곤란하거나 명백히 불필요하다고 인정될 만한 상당한 이유가 있

는 경우로 규정하고 있다.

문화체육관광부 장관, 시·도지사 또는 시장·군수·구청장은 유통되거나 이용에 제공되는 게임물 또는 광고·선전물 등이 ① 등급분류를 받지 아니하거나 등급분류를 받은 것과 다른 내용의 게임물, ② 시험용 게임물로서 제21조제1항제3호의 대통령령으로 정하는 대상·기준과 절차 등을 위반한 게임물(「사행행위 등 규제 및 처벌특례법」에 의한 사행행위영업을 하는 경우를 제외), ③ 사행성게임물에 해당되어 등급분류가 거부된 게임물, ④ 제2조제6호다목의 대통령령으로 정하는 종류 및 방법 등을 위반하여 제공된 게임물, ⑤ 제25조에 따라 등록을 하지 아니한 자가 영리의 목적으로 제작하거나 배급한 게임물, ⑥ 제34조의 규정을 위반하여 배포·게시한 광고·선전물, ⑦ 게임물의 기술적 보호조치를 무력하게 하기 위하여 제작된 기기·장치 및 프로그램에 해당하는 때에는 이를 수거하거나 폐기 또는 삭제할 수 있다(게임산업법 제38조제3항).

관계 공무원이 해당 게임물 등을 수거한 때에는 그 소유자 또는 점유자에게 수거증을 교부하여야 하나 수거증의 인수를 거부한 경우에는 교부하지 않아도 된다(게임산업법 제38조제4항). 게임산업법 제1항 및 제3항에 따라 게시물의 부착·봉인·수거·폐기 등의 처분을 하는 관계 공무원이나 협회 등의 임·직원은 그 권한을 표시하는 증표를 지니고 이를 관계인에게 내보여야 한다(게임산업법 제38조제6항).

문화체육관광부 장관은 정보통신망을 통하여 제공되는 게임물 또는 광고·선전물 등이 게임산업법 제38조제3항 각 호의 어느 하나에 해당하는 경우 사전에 게임물관리위원회의 심의 및 시정권고의 절차를 거쳐 「정보통신망 이용촉진 및 정보보호 등에 관한 법률」 제2조제1항제3호의 정보통신서비스 제공자 또는 같은 항 제9호의 게시판을 관리·운영하는 자[12]로 하여금 그 취급을 거부·정지 또

12 「정보통신망 이용촉진 및 정보보호 등에 관한 법률」 제2조(정의) ① 이 법에서 사용하는 용어의 뜻은 다음과 같다.
(생 략)
3. "정보통신서비스 제공자"란 「전기통신사업법」 제2조제8호에 따른 전기통신사업자와 영리를 목적으로 전기통신사업자의 전기통신역무를 이용하여 정보를 제공하거나 정보의 제공을 매개하는 자를 말한다.
(생 략)
9. "게시판"이란 그 명칭과 관계없이 정보통신망을 이용하여 일반에게 공개할 목적으로 부호·문자·

는 제한하는 등의 시정을 명할 수 있다(게임산업법 제38조제7항).

문화체육관광부 장관은 게임산업법 제28조제1항제2호의2를 위반하여 게임물의 내용구현과 밀접한 관련이 있는 운영방식 또는 기기·장치 등을 통하여 사행성을 조장하는 자에 대하여 그 운영방식을 개선하거나 그 기기·장치 등을 개선 또는 삭제하도록 하는 등의 시정을 명할 수 있고, 같은 법 제33조제2항을 위반하여 확률형 아이템의 종류 및 종류별 공급 확률정보 등을 표시하지 아니하거나 거짓으로 표시한 게임물을 유통시키거나 이용에 제공한 자에 대하여 시정을 명할 수 있다. 문화체육관광부 장관은 시정명령 이전에 시정 방안을 정하여 이에 따를 것을 권고할 수 있다(게임산업법 제38조제8항 및 제9항). 게임물관리위원회 위원장 또는 문화체육관광부 장관은 제7항부터 제9항까지에 따른 시정권고나 시정명령의 대상이 되는 자에게 사전에 의견제출의 기회를 주어야 하나, ① 공공의 안전 또는 복리를 위하여 긴급한 경우, ② 의견청취가 현저히 곤란하거나 명백히 불필요한 경우, ③ 명백한 의사로 의견제출을 포기하거나, 정당한 이유 없이 의견제출을 지연하는 경우에는 예외로 한다(게임산업법 제38조제11항). 문화체육관광부 장관의 시정권고나 시정명령을 받은 자는 7일 이내에 조치를 완료하고 그 결과를 게임물관리위원회 위원장 또는 문화체육관광부 장관에게 통보하여야 한다(게임산업법 제38조제10항).

음성·음향·화상·동영상 등의 정보를 이용자가 게재할 수 있는 컴퓨터 프로그램이나 기술적 장치를 말한다.

(생 략)

Section 04

벌칙

01 게임산업법 제44조

게임산업진흥에 관한 법률

제44조(벌칙) ① 다음 각 호의 어느 하나에 해당하는 자는 5년 이하의 징역 또는 5천만원 이하의 벌금에 처한다. 〈개정 2007. 1. 19., 2016. 12. 20., 2023. 8. 8., 2024. 10. 22.〉

1. 제28조제1항제2호의 규정을 위반하여 도박 그 밖의 사행행위를 하게 하거나 이를 하도록 내버려둔 자

1의2. 제28조제1항제3호의 규정을 위반하여 사행성을 조장한 자

2. 제32조제1항제1호·제4호·제7호·제9호 또는 제10호에 해당하는 행위를 한 자

3. 제38조제1항 각 호에 따른 조치를 받고도 계속하여 영업을 하는 자

② 제1항의 규정에 해당하는 자가 소유 또는 점유하는 게임물, 그 범죄행위에 의하여 생긴 수익(이하 이 항에서 “범죄수익”이라 한다)과 범죄수익에서 유래한 재산은 몰수하고, 이를 몰수할 수 없는 때에는 그 가액을 추징한다.

③ 제2항에서 규정한 범죄수익 및 범죄수익에서 유래한 재산의 몰수·추징과 관련되는 사항은 「범죄수익은닉의 규제 및 처벌 등에 관한 법률」 제8조부터 제10조까지를 준용한다. 〈개정 2023. 8. 8.〉

게임산업법 제44조제1항 각 호의 행위는 사행성게임물의 근절 및 건전한 게임문화의 조성이라는 입법취지 달성에 비추어 가장 심각한 의무 위반행위로서 5년 이하의 징역 또는 5천만 원 이하의 벌금에 처한다. 같은 법 제44조제1항의 규정에 해당하는 자가 소유 또는 점유하는 게임물, 그 범죄행위에 의하여 생긴 수익(이하 이 항에서 "범죄수익"이라 한다)과 범죄수익에서 유래한 재산은 몰수하고, 이를 몰수할 수 없는 때에는 그 가액을 추징하고, 재산의 몰수·추징과 관련되는 사항은 「범죄수익은닉의 규제 및 처벌 등에 관한 법률」 제8조부터 제10조까지를 준용한다(게임산업법 제44조제2항 및 제3항).

판례는 게임산업진흥법 제32조 제1항 제7호의 규정을 위반하여 게임물의 이용을 통하여 획득한 유·무형의 결과물을 환전 또는 환전 알선하거나 재매입을 업으로 하는 행위를 한 자가 소유 또는 점유하는 게임물은 그 게임물이 그 위반행위의 수행에 실질적으로 기여하였다고 인정되는 한, 게임산업진흥법 제44조 제2항에 규정된 필요적 몰수의 대상이 된다고 하였다(대법원 2006. 9. 14. 선고 2006도4075 판결 참조).

기판과 본체가 서로 물리적으로 결합되어야만 비로소 그 기능을 발휘할 수 있는 게임기기의 경우에는 본체를 포함한 그 전부가 범죄행위에 제공된 물건으로서 몰수의 대상이 되나(대법원 2006. 12. 8. 선고 2006도6400 판결), PC방에서의 컴퓨터 본체, 모니터, 키보드, 마우스는 게임산업법 제2조 제1호 본문에 규정된 영상물의 이용에 활용될 수 있지만 이를 주된 목적으로 하여 제작되었다고 할 수 없는 기기 및 장치이므로 게임산업법 제2조 제1호 본문의 '게임물'이 아니어서, 게임산업법 제44조 제2항을 근거로 이러한 기기 및 장치를 몰수할 수 없다고 하였다(대법원 2010. 4. 29. 선고 2009도13435 판결)

또한 서울중앙지방법원 2022. 12. 7. 선고 2021나34185 판결에서 게임산업법 제44조 제2항은 '제1항의 규정에 해당하는 자가 소유 또는 점유하는 게임물, 그 범죄행위에 의하여 생긴 수익과 범죄수익에서 유래한 재산은 몰수하고, 이를 몰수할 수 없는 때에는 그 가액을 추징한다'고 규정하고 있으므로, 위 규정에 의한 몰수는 형법총칙이 규정한 몰수에 대한 특별규정으로서 몰수할 게임물이 피고인 이외의 제3자의 소유에 속하더라도 그 선의·악의를 불문하고 필요적으로 이를 몰수하여야 하는 것으로 해석되나 형사소송법상 몰수는 공소사실에 관하여 형사재판을 받는 피고인에 대한 유죄의 판결에서 다른 형에 부가하여 선고되는 형인 점에 비추어 피고인 이외의 제3자의 소유에 속하는 물건에 대하여 몰수를 선고한 판결의 효력은 원칙적으로 몰수의 원인이 된 사실에 관하여 유죄의 판결을 받은 피고인에 대한 관계에서 그 물건을 소지하지 못하게 하는 데 그치고 그 사건에서 재판을 받지 아니한 제3자의 소유권에 어떤 영향을 미치는 것은 아니라고 하면서(대법원 2010. 9. 9. 선고 2010다43054 판결 참조), 이 사건 게임기에 대하여 몰수를 선고한 이 사건 판결의 효력은 피고인이 아닌 원고(게임기의 소유자)에게는 미치지 않고 피고(대한민국)는 소유자인 원고에게 이 사건 게임기를 인도할 의무가 있다고 하였다.

02 게임산업법 제45조

게임산업진흥에 관한 법률

제45조(벌칙) 다음 각 호의 어느 하나에 해당하는 자는 2년 이하의 징역 또는 2천만원 이하의 벌금에 처한다. 〈개정 2007. 1. 19., 2011. 7. 21., 2016. 5. 29., 2018. 12. 11., 2018. 12. 24., 2019. 11. 26., 2023. 3. 21., 2023. 8. 8., 2024. 10. 22.〉

1. 제12조의3제5항에 따른 문화체육관광부장관의 시정명령을 따르지 아니한 자

1의2. 제22조제4항에 따른 정당한 권원을 가지지 아니하거나 거짓이나 그 밖의 부정한 방법으로 게임물의 등급분류를 받은 자

1의3. 제21조의8제4항에 따른 문화체육관광부장관의 명령을 이행하지 아니한 자

2. 제25조 또는 제26조제1항·제2항·제3항 본문의 규정을 위반하여 허가를 받지 아니하거나 등록을 하지 아니하고 영업을 한 자

3. 삭제 〈2007. 1. 19.〉

3의2. 제28조제1항제4호의 규정을 위반하여 청소년이용불가 게임물을 제공한 자

4. 제32조제1항제2호의 규정을 위반하여 등급분류를 받은 게임물과 다른 내용의 게임물을 유통 또는 이용제공 및 전시·보관한 자

5. 제32조제1항제5호의 규정을 위반하여 등급분류증명서를 매매·증여 또는 대여한 자

5의2. 제32조제1항제11호를 위반하여 게임물의 정상적인 운영을 방해한 자

6. 제32조제2항 각 호의 규정을 위반하여 게임물을 제작 또는 반입한 자
7. 제32조제1항제6호 및 제33조제1항·제3항을 위반하여 표시의무를 이행하지 아니한 게임물을 유통시키거나 이용에 제공한 자
8. 제35조제1항제1호·제2항제1호 및 제3항제1호에 따른 거짓이나 그 밖의 부정한 방법으로 허가를 받거나 등록 또는 신고를 한 자
9. 제35조제2항제2호 및 제3항제2호에 따른 영업정지명령을 위반하여 영업한 자
10. 제38조제3항제3호 또는 제4호의 규정에 해당하는 게임물 및 게임상품 등을 제작·유통·시청 또는 이용에 제공하거나 그 목적으로 전시·보관한 자
11. 제38조제9항 전단에 따른 문화체육관광부장관의 명령을 이행하지 아니한 자

게임산업법 제45조 각 호에 해당하는 자는 2년 이하의 징역 또는 2천만 원 이하의 벌금에 처한다. 대법원은 사진관을 운영하면서 관할관청에 등록하지 않은 채 크레인게임기를 운영한 자에 대하여 '크레인 게임기'(일명 인형뽑기)를 게임산업진흥에 관한 법률 제2조 제1호의 게임물에 해당한다고 하면서, 다만 등급분류를 받지 아니한 게임물을 공중의 이용에 제공하는 것은 게임산업법 제2조제6호의2가목에 규정된 청소년게임제공업에 해당되지 않으므로 이러한 영업을 관할 관청에 등록하지 않고 하였다 하더라도 이를 제45조 제2호, 제26조 제2항에 의하여 처벌할 수는 없다고 하였다(대법원 2010. 6. 24. 선고 2010도3358 판결).

또한 대법원은 피고인이 갑, 을의 부탁으로 자신이 운영하는 가게 옆에 크레인 게임기들을 설치할 장소와 이용할 전력을 제공하고 대가를 받음으로써 이들과 공모하여 무등록 청소년게임제공업을 영위하였다는 내용으로 기소된 사안에서, 같은 법 제45조 제2호 위반죄는 청소년게임제공업 등을 영위하고자 하는 자가 등록의무를 이행하지 아니하였다는 것만으로 구성요건이 실현되는 것은 아니고, 나아가 영업을 하였다는 요건까지 충족되어야 비로소 구성요건이 실현되는 것이므로 진정부작위범으로 볼 수 없고, 게임산업진흥에 관한 법률 제26조 제2항에서 '청소년게임제공업 등을 영위하고자 하는 자'란 청소년게임제공업 등을 영위함으로 인한 권리의무의 귀속주체가 되는 자(이하 '영업자'라고 한다)를 의미하므로, 영업활동에 지배적으로 관여하지 아니한 채 단순히 영업자의 직원으로 일하거나 영업을 위하여 보조한 경우, 또는 영업자에게 영업장소 등을 임대하고 사용대가를 받은 경우 등에는 같은 법 제45조 위반에 대한 본질적인 기

여를 통한 기능적 행위지배를 인정하기 어려워, 이들을 방조범으로 처벌할 수 있는지는 별론으로 하고 공동정범으로 처벌할 수는 없다고 하였다(대법원 2011. 11. 10. 선고 2010도11631 판결).

무료 모바일 게임을 유료 아케이드 게임물로 변경하여 제공한 행위는 게임산업법 제32조 제1항 제2호에서 정한 '등급을 받은 내용과 다른 내용의 게임물을 이용에 제공하는 행위'에 해당한다고 보는 것이 타당하다고 하였다(대법원 2021. 12. 16. 선고 2021도7951 판결).

03 게임산업법 제46조

게임산업진흥에 관한 법률

제46조(벌칙) 다음 각 호의 어느 하나에 해당하는 자는 1년 이하의 징역 또는 1천만원 이하의 벌금에 처한다. 〈개정 2007. 1. 19., 2007. 12. 21., 2011. 4. 5., 2013. 3. 23., 2016. 5. 29., 2023. 8. 8., 2024. 10. 22.〉

1. 제26조제3항 단서의 규정을 위반하여 신고를 하지 아니하고 영업을 한 자
2. 제28조제1항제7호에 따른 청소년의 출입시간을 위반하여 청소년을 출입시킨 자
3. 제32조제1항제3호에 따른 제21조제2항제4호의 등급구분을 위반하여 게임물을 제공한 자

3의2. 제32조제1항제8호를 위반하여 게임물 관련사업자가 제공 또는 승인하지 아니한 컴퓨터프로그램이나 기기 또는 장치를 배포하거나 배포할 목적으로 제작하는 행위를 한 자

4. 삭제 〈2007. 1. 19.〉
5. 제35조제1항제2호에 따른 영업정지명령을 위반하여 영업한 자
6. 제38조제7항 및 제8항에 따른 문화체육관광부장관의 명령을 이행하지 아니한 자

게임산업법 제46조 각 호의 어느 하나에 해당하는 자는 1년 이하의 징역 또는 1천만 원 이하의 벌금에 처한다. 게임산업법 제46조 제2호에 의하여 처벌대상이 되는 자는 '게임물 관련사업자'이어야 한다. 그리고 '게임물 관련사업자'라 함은 인터넷컴퓨터게임시설제공업 등을 영위함으로 인한 권리의무의 귀속주체

가 되는 자를 의미하므로, 영업자의 직원이나 보조자의 경우에는 이에 포함되지 아니한다(대법원 2008. 3. 27. 선고 2008도89 판결; 대법원 2011. 11. 10. 선고 2010도11631 판결 참조).

04 양벌규정(제47조)

> **게임산업진흥에 관한 법률**
> **제47조(양벌규정)** 법인의 대표자나 법인 또는 개인의 대리인·사용인 그 밖의 종업원이 그 법인 또는 개인의 업무에 관하여 제44조부터 제46조까지에 따른 위반행위를 한 때에는 행위자를 벌하는 외에 그 법인 또는 개인에 대하여도 각 해당 조의 벌금형을 과한다. 다만, 법인 또는 개인이 그 위반행위를 방지하기 위하여 해당 업무에 관하여 상당한 주의와 감독을 게을리하지 아니한 경우에는 그러하지 아니하다. 〈개정 2011. 4. 5., 2023. 8. 8.〉

종업원인 B가 게임장에서 환전 알선행위로 게임산업법 제44조1항, 제32조제1항제7호로 기소되고, 영업주 A가 게임산업법 제47조본문, 게임산업법 제44조1항, 제32조제1항제7호로 기소된 사안에서, 법원은 게임산업법 제47조 본문(이하 '이 사건 양벌규정'이라 한다)의 죄는, 단순히 개인 영업주가 고용한 종업원 등이 게임산업법위반의 범죄행위를 하였다는 이유만으로 영업주 개인에 대하여 처벌을 하는 조항이 아니라, 개인 영업주가 종업원 등에 대한 관리·감독상의 주의의무를 게을리하는 경우 영업주 개인의 독자적인 형사책임을 규정하는 것(헌법재판소 2010. 7. 29. 선고 2009헌가14, 2010헌가18, 2009헌가16, 2010헌가9, 2009헌가35, 2010헌가4, 5, 34 결정, 2011. 4. 5. 법률 제10554호로 개정된 게임산업법 개정이유 참조)이라고 하였다.

즉, 게임산업법위반의 범죄행위를 한 종업원 등과 그 종업원 등에 대한 관리·감독상의 주의의무를 게을리 한 개인 영업주는 공범에 해당한다고 할 수 없고, 종업원 등의 게임산업법위반의 범죄행위에 제공하였거나 제공하려고 한 물건이 그 종업원 등에 대한 관리·감독상의 주의의무를 게을리한 개인 영업주의 소유라면, 그 개인 영업주에 종업원 등과 공범 관계가 된다는 등의 특별한 사정이 없는 한 그 물건을 몰수할 수 없다고 하면서 게임기가 형법 제48조제1항에 의한 몰수의 대상이 되지 아니한다고 하였다(서울북부지방법원 2019. 5. 3. 선고 2018노2305 판결).

헌법재판소 2024. 7. 18.자 선고 2022헌마1632 전원재판부 결정에서 청구인은 PC방 종업원으로 오전 0시부터 오후 1시까지 무인으로 운영되는 PC방에서 무인으로 운영되는 시간 동안 청소년 출입을 막기 위해 신분을 확인할 수 있는 무인출입기계를 작동시켜야 함에도 불구하고, 아르바이트를 마치고 무인 출입기계를 작동시키지 않고 현장을 이탈하여 청소년이 출입하게 하여 게임산업법을 위반하였다고 하여 기소유예처분을 받았는데, 해당 기소유예처분으로 인하여 평등권과 행복추구권을 침해당했다고 주장하면서 해당 처분의 취소를 구하는 헌법소원심판을 청구하였다.

위 결정에서 헌법재판소는 구 게임산업법 제47조 본문의 취지는 위 제46조 등의 벌칙 규정이 적용되는 게임물 관련사업자가 아니면서 그러한 업무를 실제로 집행하는 자가 있을 때 벌칙 규정의 실효성을 확보하기 위하여 적용대상자를 해당 업무를 실제로 집행하는 자까지 확장하여 그 행위자도 아울러 처벌하려는데 있는바, 이러한 양벌규정은 해당 업무를 실제로 집행하는 자에 대한 처벌의 근거 규정이 된다고 하면서(대법원 2017. 11. 14. 선고 2017도7492 판결 등 참조), 청구인이 PC방의 종업원으로서 게임물 관련사업자가 아니며 특별한 사정이 없는 한 청구인이 퇴근하여 근무지를 이탈한 이후에도 업주로부터 이 사건 PC방의 업무를 위임받아 집행하였다거나 그 위임에 따라 구 게임산업법 제28조 제7호에 따른 청소년의 출입시간을 준수할 의무를 부담한다고 볼 수 없다고 하면서 기소유예처분을 취소하였다.

05 과태료(게임산업법 제48조)

게임산업진흥에 관한 법률

제48조(과태료) ① 제31조의2제1항을 위반하여 국내대리인을 지정하지 아니한 자에게는 2천만원 이하의 과태료를 부과한다. 〈신설 2024. 10. 22.〉

② 다음 각 호의 어느 하나에 해당하는 자에게는 1천만원 이하의 과태료를 부과한다. 〈개정 2007. 1. 19., 2011. 7. 21., 2016. 2. 3., 2016. 5. 29., 2020. 12. 8., 2023. 8. 8., 2024. 10. 22., 2025. 4. 8.〉

1. 제12조의3제4항에 따른 문화체육관광부장관의 자료 제출 또는 보고 요청에 따르지 아니한 자

1의2. 제12조의3제6항에 따른 보고를 하지 아니한 자

1의3. 제25조제2항의 규정을 위반하여 변경등록을 하지 아니한 자

2. 제26조제4항의 규정을 위반하여 변경허가를 받지 아니하거나 변경등록 또는 변경신고를 하지 아니한 자

2의2. 제21조제5항 및 제6항을 위반하여 변경신고를 하지 아니한 자

2의3. 제21조제8항을 위반하여 수정한 게임물의 내용을 위원회에 제출하지 아니한 자

2의4. 제21조의3제2항제1호를 위반하여 협력의무를 준수하지 아니한 자

2의5. 제21조의3제2항제2호를 위반하여 위원회에 통보하지 아니한 자

2의6. 제21조의5제2항을 위반하여 해외 게임물을 이용자에게 제공한 자

2의7. 제21조의9제3항에 따른 문화체육관광부장관의 명령을 이행하지 아니한 자

2의8. 제21조의11제2호를 위반하여 자료 요구에 따르지 아니한 자

3. 제28조제1항제1호의 규정을 위반하여 교육을 받지 아니한 자

4. 제28조제1항제5호의 규정을 위반하여 일반게임장 또는 복합유통게임장(「청소년 보호법」에 따라 청소년 출입을 허용하는 경우는 제외한다)에 청소년을 출입시킨 자

5. 제28조제1항제6호의 규정을 위반하여 음란물 및 사행성게임물 차단 프로그램 또는 장치를 설치하지 아니한 자

6. 제29조제4항의 규정을 위반하여 신고를 하지 아니한 자

7. 제31조제2항에 따른 보고를 하지 아니하거나 관계공무원의 출입·조사 또는 서류열람을 거부·방해 또는 기피한 자

7의2. 제32조제1항제3호에 따른 제21조제2항제2호 및 제3호의 등급구분을 위반하여 위원회로부터 시정조치를 받고 이를 이행하지 아니한 상태로 게임물을 제공한 자

8. 제34조의 규정을 위반한 자

③ 제1항 및 제2항에 따른 과태료는 대통령령으로 정하는 바에 따라 문화체육관광부장관, 시·도지사 또는 시장·군수·구청장(이하 "부과권자"라 한다)이 부과·징수한다. 〈개정 2008. 2. 29., 2023. 8. 8., 2024. 10. 22.〉
④ 삭제 〈2018. 2. 21.〉
⑤ 삭제 〈2018. 2. 21.〉

게임산업진흥에 관한 법률 시행령
제24조(과태료의 부과기준) ① 법 제48조제1항에 따른 과태료의 부과기준은 별표 4와 같다.
② 문화체육관광부장관, 시·도지사 또는 시장·군수·구청장은 제1항에 따라 과태료를 부과하는 경우 위반행위의 정도, 위반횟수, 위반행위의 동기와 그 결과 등을 고려하여 별표 4에 따른 과태료 금액의 2분의 1의 범위에서 그 금액을 경감하거나 가중할 수 있다. 다만, 가중하는 경우에는 법 제48조제1항에 따른 과태료 금액의 상한을 초과할 수 없다.
③ 문화체육관광부장관, 시·도지사 또는 시장·군수·구청장은 고의 또는 중과실이 없는 위반행위자가 「소상공인기본법」 제2조에 따른 소상공인에 해당하고, 과태료를 체납하고 있지 않은 경우에는 다음 각 호의 사항을 고려하여 별표 4에 따른 과태료의 100분의 70 범위에서 그 금액을 줄여 부과할 수 있다. 다만, 제2항 본문에 따른 감경과 중복하여 적용하지 않는다. 〈신설 2023. 4. 25.〉
1. 위반행위자의 현실적인 부담능력
2. 경제위기 등으로 위반행위자가 속한 시장·산업 여건이 현저하게 변동되거나 지속적으로 악화된 상태인지 여부

[전문개정 2009. 9. 10.] ▪ 게임산업진흥에 관한 법률 시행령 [별표4] 〈개정 2021. 11. 30.〉

과태료의 부과기준(제24조제1항 관련)

위반행위	근거 법조문	과태료 금액
1. 법 제12조의3제4항에 따른 문화체육관광부장관의 자료 제출 또는 보고 요청에 따르지 않은 경우	법 제48조제1항제1호	100만 원
2. 법 제12조의3제6항에 따른 보고를 하지 않은 경우	법 제48조제1항제1호의2	200만 원
3. 법 제21조제5항을 위반하여 변경신고를 하지 않은 경우	법 제48조제1항제2호의2	100만 원

4. 법 제21조의3제2항제1호를 위반하여 협력의무를 준수하지 않은 경우	법 제48조제1항제2호의3	100만 원
5. 법 제21조의3제2항제2호를 위반하여 위원회에 통보하지 않은 경우	법 제48조제1항제2호의4	100만 원
6. 법 제21조의5제2항을 위반하여 해외 게임물을 이용자에게 제공한 경우	법 제48조제1항제2호의5	300만 원
7. 법 제21조의9제3항에 따른 문화체육관광부장관의 명령을 이행하지 않은 경우	법 제48조제1항제2호의6	1,000만 원
7의2. 법 제21조의11제2호를 위반하여 자료 요구에 따르지 않은 경우	법 제48조제1항제2호의7	1,000만 원
8. 법 제25조제2항을 위반하여 변경등록을 하지 않은 경우	법 제48조제1항제1호의3	100만 원
9. 법 제26조제4항을 위반하여 변경허가를 받지 않거나 변경등록 또는 변경신고를 하지 않은 경우	법 제48조제1항제2호	100만 원
10. 법 제28조제1호를 위반하여 교육을 받지 않은 경우	법 제48조제1항제3호	30만 원
11. 법 제28조제5호를 위반하여 일반게임장 또는 복합유통게임장(「청소년 보호법」에 따라 청소년 출입을 허용하는 경우는 제외한다)에 청소년을 출입시킨 경우	법 제48조제1항제4호	1,000만 원
12. 법 제28조제6호를 위반하여 음란물 및 사행성게임물 차단 프로그램 또는 장치를 설치하지 않은 경우	법 제48조제1항제5호	300만 원
13. 법 제29조제4항을 위반하여 신고를 하지 않은 경우	법 제48조제1항제6호	100만 원
14. 법 제31조제2항에 따른 보고를 하지 않거나 관계 공무원의 출입 · 조사 또는 서류열람을 거부 · 방해 또는 기피한 경우	법 제48조제1항제7호	1,000만 원

15. 법 제32조제1항제3호에 따른 법 제21조제2항제2호 및 제3호의 등급구분을 위반하여 위원회로부터 시정조치를 받고 이를 이행하지 않은 상태로 게임물을 제공한 경우	법 제48조제1항제7호의2	500만 원
16. 법 제34조를 위반한 경우	법 제48조제1항제8호	500만 원

게임산업법 제48조에서는 게임산업법상 경미한 의무위반행위를 한 자에 대하여 과태료를 부과하도록 규정하고 있다. 행정질서벌인 과태료는 행정법규 위반의 정도가 비교적 경미하여 간접적으로 행정목적 달성에 장애를 줄 위험성이 있는 정도의 단순한 의무태만에 대해 과하는 일종의 금전적 제재이다. 과태료의 부과·징수절차는 질서위반행위규제법에 따른다.

게임산업법 제48조에 따른 과태료는 대통령령으로 정하는 바에 따라 문화체육관광부장관, 시·도지사 또는 시장·군수·구청장(이하 "부과권자"라 한다)이 부과·징수한다(게임산업법 제48조제3항).

게임산업법은 2024. 10. 22. 국내에 주소 또는 영업소가 없는 게임 배급업자 및 게임제공업자가 국내대리인을 지정하여 사후관리에 따른 보고의 이행, 확률형 아이템 정보 등 게임물 표시의무의 이행 등을 대리하도록 하는 국내대리인 제도를 신설하고(게임산업법 제31조의2), 이를 위반하여 국내대리인을 지정하지 않은 자에게는 2천만 원 이하의 과태료를 부과하도록 게임산업법 제48조제1항을 신설하였다. 게임산업법 제48조제1항은 2025. 10. 23. 시행된다.

2025. 4. 8. 게임산업법 제48조제1항제2호의2에 제21조제6항을 위반하여 변경신고를 하지 아니한 자도 추가하고, 같은 항 제2호의3부터 제2호의7까지를 각각 제2호의4부터 제2호의8까지로 하며, 같은 항에 제2호의3을 신설하여 '제21조제8항을 위반하여 수정한 게임물의 내용을 위원회에 제출하지 아니한 자'에게도 과태료를 부과하도록 개정하였다. 위 개정규정들은 2025. 10. 9. 시행된다.

게임산업법 제48조에 따른 과태료의 부과기준은 게임산업법 시행령 별표4에 따른다(게임산업법 시행령 제24조제1항). 국내대리인 지정 위반에 대한 과태료 부과

기준은 2025. 10 23.에 게임산업법 시행령이 개정·시행되면서 규정될 것이다.

문화체육관광부 장관, 시·도지사 또는 시장·군수·구청장은 게임산업법 시행령 제24조제1항에 따라 과태료를 부과하는 경우 위반행위의 정도, 위반횟수, 위반행위의 동기와 그 결과 등을 고려하여 별표4에 따른 과태료 금액의 2분의 1의 범위에서 그 금액을 경감하거나 가중할 수 있다. 다만, 가중하는 경우에는 법 제48조제1항에 따른 과태료 금액의 상한을 초과할 수 없다(게임산업법 시행령 제24조제2항).

문화체육관광부 장관, 시·도지사 또는 시장·군수·구청장은 고의 또는 중과실이 없는 위반행위자가 「소상공인기본법」 제2조에 따른 소상공인에 해당하고, 과태료를 체납하고 있지 않은 경우에는 위반행위자의 현실적인 부담능력이나 경제위기 등으로 위반행위자가 속한 시장·산업 여건이 현저하게 변동되거나 지속적으로 악화된 상태인지 여부를 고려하여 별표4에 따른 과태료의 100분의 70 범위에서 그 금액을 줄여 부과할 수 있다. 다만, 제2항 본문에 따른 감경과 중복하여 적용하지 않는다(게임산업법 시행령 제24조제3항).

제9장

청소년 및 이용자 보호제도

제1절 폭력성·선정성·사행성 요소로부터의 청소년 및 이용자 보호

제2절 불법게임물 유통금지조항 중 이용자 보호 관련 내용

제3절 게임물 관련 표시의무

제4절 확률형 아이템 확률 정보표시의무

제5절 관계법령에 의한 이용자 보호

Section 01

폭력성·선정성·사행성 요소로부터의 청소년 및 이용자 보호

01 게임물 내용상 폭력성·선정성·사행성 요소 차단

제12조(게임문화의 기반조성) ① 정부는 건전한 게임문화의 기반을 조성하기 위하여 다음 각 호의 사업을 추진하여야 한다.

1. 게임과몰입이나 사행성·폭력성·선정성 조장 등 게임의 역기능을 예방하기 위한 정책개발 및 시행
2. 게임문화 체험시설 또는 상담·교육시설 등 공공목적의 게임문화시설의 설치·운영
3. 건전한 게임문화조성을 위한 사업이나 활동을 하는 단체에 대한 지원

② 문화체육관광부장관은 청소년의 게임문화 기반을 조성하기 위하여 제21조제2항제4호의 청소년이용불가 게임물 외의 게임물을 제공하는 게임물 관련사업자에 대한 지원시책을 추진할 수 있다.

③ 제1항 및 제2항에 따른 사업추진 및 지원 등에 관하여 필요한 사항은 대통령령으로 정한다.

제22조(등급분류 거부 및 통지 등) ① 위원회는 제16조제2항제1호부터 제4호까지의 규정에 따른 업무의 수행을 위하여 필요한 경우에는 등급분류를 신청한 자에게 등급심사에 필요한 자료의 제출을 요구할 수 있다.

② 위원회는 「사행행위 등 규제 및 처벌특례법」, 「형법」 등 다른 법률의 규정 또는 이 법

에 의하여 규제 또는 처벌대상이 되는 행위 또는 기기에 대하여 등급분류를 신청한 자, 정당한 권원을 갖추지 아니하였거나 거짓이나 그 밖의 부정한 방법으로 등급분류를 신청한 자 또는 사행성게임물에 해당되는 게임물에 대하여 등급분류를 신청한 자에 대하여 등급분류를 거부할 수 있다.

③ 위원회는 등급분류 결정을 한 경우에는 다음 각 호의 서류를 신청인에게 교부하고, 사행성게임물에 해당되어 등급분류를 거부결정한 경우에는 결정의 내용 및 그 이유를 기재한 서류를 지체 없이 신청인에게 교부하여야 한다.

1. 게임물의 해당등급을 기재한 등급분류증명서
2. 등급분류에 따른 의무사항을 기재한 서류
3. 게임물내용정보를 기재한 서류

④ 위원회는 등급분류를 받은 게임물이 제2항의 규정에 따른 등급분류 거부 대상인 사실을 알게 된 때에는 지체 없이 등급분류 결정을 취소하여야 한다.

⑤ 제1항부터 제3항까지에 따른 자료제출요구의 기준·절차·방법, 등급분류 결정, 등급분류 거부결정 및 사행성게임물 결정의 절차, 등급분류증명서의 교부와 게임물내용정보에 포함될 사항 등에 관하여 필요한 사항은 문화체육관광부령으로 정한다.

제32조(불법게임물 등의 유통금지 등) ① 누구든지 게임물의 유통질서를 저해하는 다음 각 호의 행위를 하여서는 아니 된다. 다만, 제4호의 경우 「사행행위 등 규제 및 처벌특례법」에 따라 사행행위영업을 하는 자는 제외한다.

1. 제21조제1항 또는 제21조의10제1항에 따라 등급을 받지 아니한 게임물을 유통 또는 이용에 제공하거나 이를 위하여 진열·보관하는 행위
2. 제21조제1항 또는 제21조의10제1항에 따라 등급을 받은 내용과 다른 내용의 게임물을 유통 또는 이용에 제공하거나 이를 위하여 진열·보관하는 행위
3. 등급을 받은 게임물을 제21조제2항 각 호의 등급구분을 위반하여 이용에 제공하는 행위
4. 제22조제2항의 규정에 따라 사행성게임물에 해당되어 등급분류가 거부된 게임물을 유통시키거나 이용에 제공하는 행위 또는 유통·이용제공의 목적으로 진열·보관하는 행위
5. 제22조제3항제1호에 따른 등급분류증명서를 매매·증여 또는 대여하는 행위
6. 제33조제1항 또는 제3항을 위반하여 등급 및 게임물내용정보 등의 표시사항을 표시하지 아니한 게임물 또는 게임물의 운영에 관한 정보를 표시하는 장치를 부착하지 아니한 게임물을 유통시키거나 이용에 제공하는 행위
7. 누구든지 게임물의 이용을 통하여 획득한 유·무형의 결과물(점수, 경품, 게임 내에서 사용되는 가상의 화폐로서 대통령령으로 정하는 게임머니 및 대통령령으로 정하는 이와

유사한 것을 말한다)을 환전 또는 환전 알선하거나 재매입을 업으로 하는 행위

8. 게임물의 정상적인 운영을 방해할 목적으로 게임물 관련사업자가 제공 또는 승인하지 아니한 컴퓨터프로그램이나 기기 또는 장치를 배포하거나 배포할 목적으로 제작하는 행위
9. 게임물 관련사업자가 제공 또는 승인하지 아니한 게임물을 제작, 배급, 제공 또는 알선하는 행위
10. 제9호에 따른 불법행위를 할 목적으로 컴퓨터프로그램이나 기기 또는 장치를 제작 또는 유통하는 행위
11. 게임물 관련사업자가 승인하지 아니한 방법으로 게임물의 점수·성과 등을 대신 획득하여 주는 용역의 알선 또는 제공을 업으로 함으로써 게임물의 정상적인 운영을 방해하는 행위

② 누구든지 다음 각 호에 해당하는 게임물을 제작 또는 반입하여서는 아니 된다.

1. 반국가적인 행동을 묘사하거나 역사적 사실을 왜곡함으로써 국가의 정체성을 현저히 손상시킬 우려가 있는 것
2. 존비속에 대한 폭행·살인 등 가족윤리의 훼손 등으로 미풍양속을 해칠 우려가 있는 것
3. 범죄·폭력·음란 등을 지나치게 묘사하여 범죄심리 또는 모방심리를 부추기는 등 사회질서를 문란하게 할 우려가 있는 것

가 등급분류제도를 통한 청소년의 보호

앞서 살펴보았듯, 게임산업법은 게임물을 유통·제공하기 전에 반드시 게임물관리위원회의 등급분류를 받아야 하며(게임산업법 제21조 제1항), 게임물의 내용에 따라 전체이용가/12세이용가/15세이용가/청소년이용불가(게임산업법 제21조 제2항) 또는 전체이용가와 청소년이용불가(청소년게임제공업과 일반게임제공업의 경우, 게임산업법 제21조 제3항)의 각 등급으로 분류된다.

게임물관리위원회는 등급분류 시 폭력성, 선정성, 사행성 여부와 정도를 심사하여(게임산업법 시행규칙 제12조 및 등급분류규정) 게임물의 등급을 판단하는데, 누구든지 위원회가 분류한 등급구분을 위반하여 등급에 해당하는 연령 미만의 청소년에게 게임물을 이용에 제공하여선 안 되므로(게임산업법 제32조 제1항 제3호) 등급분류제도는 청소년들이 게임물을 통하여 무분별한 폭력성·선정성·사행성에 노출되는 것을 차단하는 효과를 가져온다.

나 등급분류거부 및 취소처분을 통한 이용자의 보호

더 나아가, 우리 게임산업법은 '등급분류거부' 및 '등급분류취소'제도를 두고 있어 청소년이 아닌 성인 게임 이용자에 대하여도 과도한 폭력성·선정성·사행성을 사전적, 사후적으로 차단하고 있다.

사행성 요소와 관련하여서 게임물관리위원회는 등급분류신청 게임물의 사행성 여부를 확인하여야 하며(게임산업법 제21조 제4항), 사행성게임물에 해당하는 경우 그 자체로 등급분류거부 및 취소 사유를 충족하게 되는데(게임산업법 제2조 제1호 및 제22조 제2항), 사행성게임물에 해당하기 위해서는 게임물 그 자체에서 우연적인 방법에 의하여 결정된 결과에 따른 재산상의 손익이 직접 제공되어야 한다.

한편 폭력성 및 선정성이 성인에게 있어서도 유해한 정도에 이른다고 판단되는 게임물에 대하여, 게임물관리위원회는 게임산업법 제32조 제2항 제3호에서 제작 및 반입을 금지하는 "범죄·폭력·음란 등을 지나치게 묘사하여 범죄심리 또는 모방심리를 부추기는 등 사회질서를 문란하게 할 우려가 있는 게임물"에 해당함을 처분 사유로 하여 등급분류를 거부하거나 취소하고 있다.

이와 같이 게임물관리위원회의 성인 게임 이용자 대상 게임물의 등급분류거부 및 등급분류취소처분과 그 근거가 되는 법령은 게임산업법의 목적인 '게임물의 건전한 이용'과 '유해성으로부터의 이용자 보호'를 달성하기 위하여 이루어지는 것이겠으나, 최근 이러한 제도의 결과 게임물의 이용이 원천 차단되는 것이 과도한 표현의 자유 및 문화 향유권 제한이라는 취지의 논란이 불거지고 있다. 이에 관한 자세한 내용은 이슈별 게임법 쟁점 중 '게임산업진흥에 관한 법률 제32조 제2항 제3호 헌법소원' 부분을 참고하기 바란다.

02 게임물 관련 사행행위로부터의 이용자 보호

게임산업법은 게임물의 내용 자체가 사행적인 경우뿐만 아니라 게임물을 이용에 제공하면서 이루어지는 영업이 사행적으로 이루어지는 경우 또한 불법게임물 유통금지(게임산업법 제32조), 게임물 관련사업자 준수사항(제28조)을 통해 금지하고 있다(각 조항의 상세 및 그에 따른 행정처분과 형사처벌 등 제재에 관하여는 해당 부분을 참고).

또한 게임물관리위원회는 사행적인 영업방식과 결부되어 제공될 가능성이 높은 게임물에 대하여 사행행위 규제법상 '사행성 유기기구'에 해당한다거나(사행행위규제법 제2조 제1항 제6호), '게임물을 이용한 사행행위(게임산업법 제28조 제2호)'를 근거로 들어 게임물의 등급분류를 거부하거나 취소하고 있으며, 이슈별 쟁점으로 살펴볼 'Play to Earn', 이른바 'P2E 게임'의 경우에도 '경품 등 제공을 통한 사행성 조장(게임산업법 제28조 제3호)'을 근거로 허용하지 않고 있다는 점은 우리나라 이외의 국가 대부분에서 'P2E 게임'이 허용되고 있다는 점과 비교하면 특기할 사항이다.

환전행위, 경품 기준을 벗어나는 경품 제공, 점수보관행위, 게임물당 투입금액 제한, 자동진행장치 금지 등 게임물이 결부된 사행적 영업방식을 제한하고 있는 내용 또한 그 본질적인 목적은 이용자의 사행심이 과도하게 유발되지 않도록 하기 위함이므로, 마찬가지로 이용자를 보호하기 위한 목적이 존재한다고 볼 수 있다.

03 정부의 예방정책 수립 및 시행 의무

게임산업법 제12조의2 제1항에 따르면, 정부는 게임과몰입과 게임물의 사행성, 선정성, 폭력성 등의 예방을 위하여 "예방과 치료를 위한 기본계획 수립", "실태조사", "상담·교육·홍보", "전문인력 및 기관 양성" 등과 관련한 정책을 수립하여야 한다.

또한 동법 제12조의3에따라 게임 과몰입 예방을 위한 각종 조치가 의무화되어 있는데, 주로 청소년 보호를 위한 실명·연령 확인 및 본인 인증과 고지 의무 및 게임물 이용시간 표시, 과도한 이용 방지 문구 표시 등의 내용을 골자로 하고 있다.

Section 02

불법게임물 유통금지조항 중 이용자 보호 관련 내용

제32조(불법게임물 등의 유통금지 등) ① 누구든지 게임물의 유통질서를 저해하는 다음 각 호의 행위를 하여서는 아니 된다.

8. 게임물의 정상적인 운영을 방해할 목적으로 게임물 관련사업자가 제공 또는 승인하지 아니한 컴퓨터프로그램이나 기기 또는 장치를 배포하거나 배포할 목적으로 제작하는 행위
9. 게임물 관련사업자가 제공 또는 승인하지 아니한 게임물을 제작, 배급, 제공 또는 알선하는 행위
10. 제9호에 따른 불법행위를 할 목적으로 컴퓨터프로그램이나 기기 또는 장치를 제작 또는 유통하는 행위
11. 게임물 관련사업자가 승인하지 아니한 방법으로 게임물의 점수·성과 등을 대신 획득하여 주는 용역의 알선 또는 제공을 업으로 함으로써 게임물의 정상적인 운영을 방해하는 행위

01 불법 프로그램 유포 처벌

가 의의

게임산업법 제32조 제1항 제8호는 "게임물의 정상적인 운영을 방해할 목적으로 게임물 관련사업자가 제공 또는 승인하지 아니한 컴퓨터프로그램이나 기기

또는 장치를 배포하거나 배포할 목적으로 제작하는 행위"를 금지하고 있는바, 주로 '매크로(반복 입력)', '핵' 등의 프로그램 판매자 및 배포자가 의율대상이 된다.

위와 같은 악성프로그램은 이용자 간 공정한 경쟁에 심각한 악영향을 미치는 경우가 부지기수이며, 설사 경쟁에 이용되는 경우가 아니라 하더라도 게임 내 일정한 공간이나 리소스를 점유하여 반복적인 행동만 이루어지게 할 뿐이므로, 다른 이용자에게 불쾌한 경험을 선사하게 된다.

이러한 점에서 악성 프로그램의 배포 및 배포 목적 제작에 대한 처벌로 인하여 악성 프로그램의 사용이 줄어드는 것은 곧 이용자의 게임 이용이 쾌적해지는 결과로 이어지므로, 그 효과는 게임물 관련사업자의 보호뿐만 아니라 이용자의 게임 이용 경험에도 긍정적인 영향을 미치는 것이다.

나 구성요건

보다 구체적으로 구성요건을 살펴보면, 먼저 게임물의 정상적인 운영을 방해할 목적이 요구되는데, 이용자 간 경쟁 콘텐츠에서의 핵 사용이나 이용자의 직접 조작을 요하는 콘텐츠를 자동으로 진행하게끔 하는 매크로 등이라면, 특히 여러 이용자가 함께 이용하는 온라인 게임과 관련하여서는 대부분 인정되고 있다.

또한 위 조항의 대상 요건으로서 게임물 관련사업자가 제공하거나 승인하지 않은 프로그램, 기기, 장치여야 하므로 게임물 관련사업자가 직접 제공하는 보조 프로그램이나 제3자가 제공하고 있으나, 게임물 관련사업자가 이용자를 위하여 허용하여 주는 '애드온', '계산 프로그램' 등의 경우에는 이러한 요건이 부정된다.

마지막으로 위와 같은 프로그램을 배포하거나 배포 목적으로 제작하는 행위를 한 자가 제재의 대상이 되므로, 이러한 프로그램을 제공받아 이용한 이용자는 본 조항을 위반한 것이 아니라고 보아야 한다.

다만 최근 단순 불법 프로그램 이용자들에 대하여도 과태료를 부과할 수 있도록 하는 취지의 게임산업법 개정이 논의되고 있으나, 이러한 프로그램의 주된 이용자가 해외 게임 이용자인 경우가 많아 실효성 확보가 어렵다는 점과 단순 호기심에 이용하는 사례가 많다는 점을 고려한다면 이용자 교육 및 인식 재고가 선행될 필요가 있으며, 지나친 처벌 만능주의로 나아가는 것을 경계할 필요가 있다고 보인다.

다 적용 사례

인천지방법원 부천지원 2023고단3199 판결 및 수원지방법원 안산지원 2021고단3382 판결 등에 따르면 게임의 정상적인 운영을 방해하고, 게임물 관련 사업자가 승인하지 않은 프로그램의 배포 행위가 이에 해당하며, 단순 이용자가 아닌 배포를 위한 제작 행위자 및 배포자가 처벌 대상으로서 영리 목적이 없더라도 배포 목적만으로도 처벌이 가능함은 물론, 실제 게임물에 영향을 미쳤는지의 여부와 관계없이 배포 행위만으로도 처벌이 가능하다고 판시한 바 있다(위계에 의한 업무방해죄가 성립하기 위해서는 게임이용자가 변조된 게임 프로그램을 설치·실행하여 게임서버에 접속하여야 한다고 판시한 내용과 비교).

게임물관리위원회는 매크로에 이용되는 특수한 마우스, 키보드 등의 오프라인 기기만 판매하고, 홈페이지를 통해 이러한 기기를 작동시키는 로직파일 등을 이용자들끼리 자체적으로 공유할 수 있도록 자료실을 운영한 업주에 대하여도 게임산업법 제32조 제1항 제8호 위반이라 판단한 사례가 있었으며, 프로그램 또는 장치가 게임에 미치는 영향이나 이용자들의 인식, 게임 이외의 활용용도 등 여러 사정을 종합하여 적용 여부에 대한 개별적인 판단이 이루어져야 할 것이다.

라 처벌

상기 내용에 해당하는 불법 프로그램 유포 시 게임산업법 제46조 제3의2호에 따라 2년 이하의 징역 또는 2천만 원 이하의 벌금에 해당하는 형사처벌의 대상이 된다.

02 게임물 관련사업자가 제공 또는 승인하지 아니한 게임물의 제작 등 금지

가 의의

게임산업법 제32조 제1항 제9호는 "게임물 관련사업자가 제공 또는 승인하지 아니한 게임물을 제작, 배급, 제공 또는 알선하는 행위"를 금지하고 있으며, 주로 '사설 서버 금지법'이라 불리운다.

이때의 '게임물'이란, 게임물 관련사업자가 제작 및 제공하는 게임물을 복제하여 무단으로 제공하거나 개작하여 2차적 저작물의 형태로 제공하는 경우는 물론이고, 별도의 서버를 개설하여 본래의 게임물 프로그램을 그대로 사용하면서도 게임물 관련사업자의 공식 서버 이외의 서버를 제공하는 경우 또한 포함된다.

사설 서버가 운영되는 경우, 게임의 이용자들이 게임물 관련사업자가 아닌 사설 서버의 운영자에 대하여 금전을 지급하고 게임물을 이용하게 되어 사업자의 이익을 부당하게 침해하는 결과가 되므로, 이러한 규제의 일차적인 목적은 게임물의 건전한 유통질서를 확립하여 게임물 관련사업자의 영업이익을 보호하는 것이다.

하지만 불법 게임물 및 사설 서버로 인하여 이용자가 입을 수 있는 피해를 방지하고 게임물 관련사업자의 공식 프로그램 또는 서버를 이용하는 이용자의 정상적인 게임 이용을 보호하는 부수적인 효과도 존재하는바, 이용자를 보호하는 측면도 존재한다고 볼 수 있다.

나 구성 요건

게임물 관련사업자가 제공 또는 승인하지 않은 게임물 또는 서버 등을 제작, 배급, 제공하는 행위로서 게임물 관련사업자의 고소를 요하지 않는 비친고죄에 해당한다는 점에서 저작권법상의 저작권 침해와 구별된다.

적용 대상이 되는 행위 유형에 '알선' 또한 포함된다는 점에서 포섭 범위가 넓다고 할 수 있는바, 결국 실무상 본 조항의 주요 쟁점이 되는 부분은 어디까지나 '게임물 관련사업자가 승인하였는지의 여부'이다.

다 적용 사례 및 개정 논의

주로 리니지, 바람의 나라 등 국내 게임물 관련사업자가 서비스하는 게임물의 사설 서버가 문제가 되는 경우가 많으며, 이러한 게임물들의 경우 통상적으로 약관 및 운영정책에서 사설 서버의 금지를 규정하여 두고 있기 때문에 비교적 적용이 명확하게 이루어진다(**울산지방법원 2020노16 판결, 대전지방법원 2022고단66 판결 등**).

다만 최근에 논란이 되고 있는 부분은, 명시적으로 사설 서버 개설 및 운영 등의 행위를 금지하지 않고 있거나 더 나아가 게임물 관련사업자가 인플루언서를 섭외하여 직접 사설 서버 형태의 콘텐츠를 기획하는 등의 상황에 있는 'Grand Theft Auto 5(GTA5)' 등 해외 게임물과 관련한 내용이다.

'마인크래프트'의 개발사인 모장과 같이 명시적으로 일정 조건하에 유저 개인 서버 운영을 허용하고 있는 경우도 있겠으나, 위 GTA5 사례의 경우 사설 서버를 이용하려는 이용자는 게임물 정품을 기기에 보유하고 있어야만 하므로 제작사인 테이크투인터렉티브에 금전적 피해가 발생하지 않는다는 점과, 해당 제작사가 사설 서버 클라이언트 운영사를 인수하여 사설 서버를 추천하거나 공식 지원하는 등의 행위를 하고 있음에도 '명시적인 승인'이 존재하지 않았다는 이유로 해당 게임의 사설 서버 운영 관련자들이 처벌을 받고 있는 사례가 번번이 발생하고 있다.

더하여 위 게임사가 제공하는 Grand Theft Auto 샌안드레아스의 사설 서버 운영자에 대하여 **대법원 2024. 2. 15. 선고 2023도16356 판결** 등 유죄판결이 확정된 사례가 발생함에 따라 사설 서버 금지법의 무분별한 확대 적용이 논란이 되고 있는 와중, 본 조항을 친고죄로 변경하여 적용 범위를 축소하는 취지의 개정안이 지난 21대 국회에 발의되었으나, 회기 만료로 폐기된 상태에서 현재에도 논의가 지속되고 있다.

라 처벌

게임물 관련사업자가 승인하지 않은 게임물 등을 제작, 배급, 제공, 알선하는 행위는 게임산업법 제44조 제1항 제2호에 따라 5년 이하의 징역 또는 5천만 원 이하의 벌금에 처해질 수 있다.

한편 이러한 미승인 게임물의 제공의 대가로 직접적으로 발생하는 수익은 추징의 대상이 될 수 있겠으나, 사설 서버를 운영하면서 게임 내 아이템을 이용자들에게 판매하여 얻게 되는 수익은 환전행위(게임산업법 제32조 제1항 제7호)로 인한 수익이라 보아야 하므로, 본 조항 위반을 이유로 한 추징의 대상이 될 수 없다.

03 대리게임행위 금지

가 의의

게임산업법 제32조 제1항 제11호는 "게임물 관련사업자가 승인하지 아니한 방법으로 게임물의 점수·성과 등을 대신 획득하여 주는 용역의 알선 또는 제공을 업으로 함으로써 게임물의 정상적인 운영을 방해하는 행위", 이른바 '대리게임'을 금지하는 것을 내용으로 한다.

대리 게임은 게임 내에서 측정된 실력에 따른 계정의 등급에 맞지 않는 이용자가 대신 게임을 이용함으로써 실력이 다른 이용자들 사이에 난입하게 되어 여타 이용자들이 일방적으로 제압당하는 등의 불쾌한 경험을 하거나, 캐릭터의 육성 및 이벤트 도전 등을 대신하여 다른 이용자들이 얻어야 할 정당한 보상을 선취하는 등 이용자의 쾌적한 게임 이용을 심각하게 저해하는 행위이므로, 이러한 행위를 금지하는 것은 이용자의 게임 이용 환경을 보호하는 것이 주된 입법목적이라 할 수 있다.

나 구성 요건

가장 먼저 상기 동법 제32조 제1항 제8호 및 제9호와 마찬가지로, '게임물 관련사업자의 승인을 받지 않았을 것'이 주요 요건 중 하나가 된다.

또한 게임물의 점수나 성과 등을 대신 획득해주는 행위 자체는 일반적인 게임 이용자들 사이에서도 종종 발생할 수 있는 상황이므로, 단순히 이러한 행위를 하는 것을 넘어서서 이를 용역으로서 제공하거나 알선하는 것을 업으로 삼는 정도에 이르러야 한다.

마지막으로 게임물의 정상적인 운영을 방해하는 것을 구성 요건으로 규정하고 있기 때문에, 점수나 선착, 아이템 획득 경쟁이 이루어지는 온라인 게임의 경우에 한하여 문제가 된다.

다 적용 사례

수원지방법원 안양지원 2021고합224 판결, 수원지방법원 2022고정927 판결, 서울남부지방법원 2021고정1361 판결 등에서 본 조항의 위반을 이유로 한 벌금형을 선고한 바 있으며, '리그 오브 레전드' 게임에서 계정의 실력에 따른 티어(아이언 – 브론즈 – 실버 – 골드 – 플래티넘 – 에메랄드 – 다이아 – 마스터 – 그랜드마스터 – 챌린지)를 향상시켜주는 대가로 금전을 받는 대리게임행위를 홈페이지를 개설하여 홍보하면서 계속적, 반복적으로 행한 사례에 대한 처벌이 주를 이룬다.

라 처벌

게임산업법 제45조 제5호의2에 따라 2년 이하의 징역 또는 2천만 원 이하의 벌금에 처해지게 된다.

마 이용제한조치 관련 사례

한편 최근 게임 이용자들의 많은 관심을 받았던 대리게임 관련 판결이 선고되었다. 내용인즉슨, 한 게임사가 게임 이용자의 대리게임행위를 이유로 해당

이용자의 계정 이용을 영구적으로 제한하는 조치를 한 사안에 대한 해제를 구하는 소송의 항소심에서 법원은 “해당 이용자가 대리게임을 했고, 규정상 ‘이벤트 진행을 방해하는 행위’에 해당할 여지가 있다면서도 곧바로 영구 정지 조치하는 것은 부당하다고 판단했다(**수원고등법원** 2024. 12. 5. **선고** 2024**나**20887 **판결**).”

Section
03 게임물 관련 표시의무

제33조(표시의무) ① 게임물을 유통시키거나 이용에 제공할 목적으로 게임물을 제작 또는 배급하는 자는 해당 게임물마다 제작 또는 배급하는 자의 상호(도서에 부수되는 게임물의 경우에는 출판사의 상호를 말한다), 등급 및 게임물내용정보를 표시하여야 한다.

② 게임물을 유통시키거나 이용에 제공할 목적으로 게임물을 제작, 배급 또는 제공하는 자는 해당 게임물과 그 인터넷 홈페이지 및 광고·선전물마다 해당 게임물 내에서 사용되는 확률형 아이템의 종류와 종류별 공급 확률정보 및 그 밖에 대통령령으로 정하는 사항을 표시하여야 한다.

③ 게임물을 유통시키거나 이용에 제공할 목적으로 게임물을 제작 또는 배급하는 자는 대통령령으로 정하는 게임물에 대하여 게임물의 운영에 관한 정보를 표시하는 장치를 부착하여야 한다.

④ 제1항부터 제3항까지에 따른 표시의무 대상 게임물의 범위 및 표시의 방법 등에 관하여 필요한 사항은 대통령령으로 정한다.

시행령 제19조의2(확률형 아이템의 종류별 공급 확률정보 등의 표시) ① 법 제33조제2항에서 "대통령령으로 정하는 사항"이란 다음 각 호의 사항을 말한다.

1. 확률형 아이템의 제공 총수 또는 기간(제공되는 총수 또는 기간이 한정된 확률형 아이템인 경우만 해당한다)
2. 다음 각 목의 어느 하나에 해당하는 사항으로서 문화체육관광부장관이 게임물 이용자의 권익을 보호하기 위하여 표시할 필요가 있다고 인정하여 고시하는 사항
   가. 게임물 이용자의 확률형 아이템 구매 또는 사용 여부 판단에 결정적인 영향을 미칠 수 있는 사항
   나. 게임물 이용자의 합리적인 판단을 현저하게 그르칠 가능성이 있는 사항

② 법 제33조제2항에 따른 표시의무 대상 게임물은 정보통신망을 통하여 제공되는 게임물로서 확률형 아이템을 제공하는 것으로 한다. 다만, 다음 각 호의 게임물은 제외한다.

1. 청소년게임제공업과 일반게임제공업에 제공되는 게임물
2. 법 제21조제1항 각 호의 게임물
3. 해당 게임물을 제작, 배급 또는 제공하는 자가 각각 다음 각 목의 요건을 모두 갖춘 게임물
   가. 영상, 방송통신 및 정보서비스 업종의 중소기업일 것
   나. 최근 3년간 연 평균 매출액(신규사업, 휴업 등으로 인해 최근 3년간 연 평균 매출액을 산출할 수 없거나 최근 3년간 연 평균 매출액을 기준으로 하는 것이 불합리하다고 인정되는 경우에는 분기별·월별 또는 일별 매출금액을 3년간 연 평균 매출액으로 환산한 금액을 말한다)이 1억원 이하일 것

③ 법 제33조제2항에 따른 확률형 아이템 공급 확률정보 등의 표시내용 및 표시방법은 별표 3의2와 같다.

01 등급 및 게임물 내용 정보에 대한 표시

게임산업법 제33조 제1항은 게임 이용자 또는 학부모가 쉽게 게임물의 유해성 여부 및 정도를 판단할 수 있도록, 등급 관련 정보와 해당 등급이 설정된 근거가 되는 요소 등에 대하여 시행령 별표에 따른 표시 사항을 기재토록 하였다.

02 아케이드 게임물의 운영정보 표시장치 부착의무

동조 제3항은 게임물의 불법 개·변조 방지 및 사행성 요소 차단을 통한 행정기관의 관리 용이성 확보 및 이용자 보호 차원에서 사행성 요소가 있는 아케이드 게임물 등 대통령령으로 정한 게임물에 대하여 운영정보 표시장치를 부착토록 의무화하고 있다.

Section 04

확률형 아이템 확률 정보표시의무

01 도입 배경

2021년 이래로 다수의 게임이용자들이 특정 게임 내 불공정에 대한 의견을 적극적이고 집단적으로 개진하였으며, 게임사와 간담회를 개최하거나 온오프라인을 통해 제도 개선을 촉구하는 등의 활동을 이어 나가 사회적으로 큰 논란이 야기되었으며, 결국은 「게임산업진흥에 관한 법률」 및 시행령의 개정이 이루어졌다.

그중에서도 가장 큰 주목을 받았던 이슈는 단연 '확률형 아이템의 확률 조작 사태'였다. 대표적인 사례로 한 대형 게임사가 게임 내에서 판매하는 확률형 아이템의 확률을 의도적으로 낮추고 특정 옵션은 아예 등장하지 않도록 설정한 후 이를 소비자에게 전혀 알리지 않음은 물론, 더 나아가 확률이 변동된 적 없다는 취지의 거짓 공지를 하는 등의 확률 조작 및 소비자 기만행위를 들 수 있을 것이다.

최근 공정거래위원회 또한 이러한 행태에 대해 해당 게임사에 전자상거래법 위반 사안으로는 역대 최대액인 116억 원의 과징금을 부과하고, 앞으로 동일한 행태에 대해 적극적으로 조사를 행할 것을 강조한 바 있다.

확률형 아이템에 관한 확률정보는 마치 식재료의 원산지나 의류의 소재, 영화의 출연진 등과 같이 소비자의 선택에 결정적인 영향을 미치는 요소이다. 왜냐하면 대부분의 게임 이용자가 가장 낮은 확률로 등장하는 특정 아이템을 획득하기 위해 확률형 아이템을 구매하고, 확률에 따라 그 아이템을 얻기 위해 실질적으로 지출하게 되는 비용이 달라지기 때문이다.

즉 확률형 아이템을 구입해서 특정 아이템을 획득할 확률이 낮아지면, 이는 곧 해당 아이템을 획득하기 위한 기대 비용이 올라가는 것과 같은 결과가 되는 것이다.

한편으로는 확률형 아이템을 제공하면서 확률을 조작한 후, 실제와 다르게 표시하여 판매하는 행위가 소비자에게 특정 아이템을 획득하기 위한 실질 가격을 속여 파는 것과 다름없는 결과를 낳는 것을 의미하기도 한다.

그래서 확률형 아이템의 확률정보가 투명하게 공개되는 것은 지나치게 낮은 확률이 적용되는 아이템의 구매를 선택하지 않을 수 있도록 소비자의 알 권리를 보장하는 차원에서 이루어지는 것이며, 게임 내 정보 비대칭 및 불공정 상태를 해소하고 게임 내 공정거래를 실현하는 중요한 요소이다.

위와 같은 배경에 기인하여, '게임 내 확률형 아이템의 확률 정보'를 투명하게 공개하는 것을 주요 내용으로 하는 「게임산업진흥에 관한 법률 및 시행령」 개정안이 2024년 3월 22일부터 시행되었다.

02 확률형 아이템의 정의

가 개념 및 요건

"확률형 아이템"이란 게임물 이용자가 직접적·간접적으로 유상으로 구매하는 게임아이템[유상으로 구매하는 게임아이템(게임의 진행을 위하여 게임 내에서 사용되는 도구를 말한다. 이하 같다)과 무상으로 얻는 게임아이템을 결합하여 얻는 게임아이템을 포함한다] 중 구체적 종류, 효과 및 성능 등이 우연적 요소에 의하여 결정되는 것을 말한다(게임산업법 제2조 제11호).

이를 보다 상세히 살펴보면, 확률형 아이템에 해당하려면 1) 게임아이템(대상), 2) 직접적·간접적 유상 및 유상+무상(형식), 3) 우연성(속성)의 요소들을 갖추어야 한다.

먼저 '게임아이템'이란 게임산업법 제2조 제11호에서는 '게임의 진행을 위하여 게임 내에서 사용되는 도구'라고 정의하고 있음에 따른다. 게임 내에서 사용되지 않는 이벤트 참여용 아이템, 아이템화되지 않은 쿠폰 등은 이에 해당하지 않을 것이다.

다음은 유상성의 문제이다. 확률형 아이템의 확률 정보 공개 제도는 결국 '소비자의 알 권리' 보장의 취지에서 도입된 것이므로, 이용자가 게임물에 현금을 투입하여 그 대가로 얻을 수 있는 아이템이어야 한다. 다만 반드시 현금과 직접적인 대가성을 가져야 하는 것은 아니므로, 간접적으로 유상성을 띠는 경우에도 확률 정보를 공개하여야 하는 확률형 아이템에 해당하게 된다. 구체적인 사례는 다음과 같다.

■ '무상'과 직접적·간접적 '유상' 및 '유상+무상'의 의미

온전히 무상으로 얻은 아이템만 확률정보공개 대상에서 제외되며, 여기서 무상으로 얻은 아이템이라 함은 다음과 같다.

- 게임 플레이를 통해 무상으로만 얻을 수 있는 아이템
- 게임 내·외에서 무상으로 진행되는 이벤트, 프로모션, 쿠폰 등을 통하여 얻은 것으로서 게임 내에서 이용 가능한 아이템
- 온전히 무상으로 얻을 수 있는 기본재화(예시: 골드 등)를 통해 구매할 수 있는 아이템[다만 기본재화라 하더라도 게임에서 직·간접적(유료 구매 시 보너스로 주는 것 등 포함)으로 유료로 구매할 수 있는 재화라면 온전히 무상으로 얻을 수 있는 기본재화에 포함되지 않음]

또한 이때의 '구매'란 게임물 이용자가 게임물을 제작, 배급 또는 제공하는 자로부터 구매하는 경우에 해당하며, 게임물 이용자 간 거래를 통해 구매하는 아이템의 경우에는 해당하지 않는다(다만, 게임물 이용자 간 거래라 하더라도 해당 아이템이 게임물을 제작, 배급 또는 제공하는 자로부터도 직·간접적으로 유상 구매 가능한 아

이템이라면 기본적으로 확률을 공개해야 하는 아이템에 해당).

마지막으로 확률형 아이템은 '우연성'에 의하여 획득 여부가 결정되는 아이템을 의미하는 것이므로 결과를 미리 알 수 없다는 사실을 전제로 한다. 비록 그 과정에 우연성이 존재하더라도 결과를 미리 알 수 있는 경우(확률을 미리 알 수 있는 경우는 결과를 미리 알 수 있는 것에 포함되지 않음)나 오로지 포인트의 획득이나 일정 시행 횟수에 도달하여야만 얻을 수 있는 아이템들은 우연성 요소가 없어 확률형 아이템에 해당하지 않는다.

나 종류

시행령 [별표 3의2]

1. 표시내용

확률형 아이템의 특성이나 제공방식 등에 따라 다음 각 목의 구분에 따른 사항을 표시해야 한다. 이 경우 하나의 확률형 아이템이 다음 각 목 중 둘 이상에 해당하면 해당 목에 따른 사항(제19조의2제1항제2호에 따라 문화체육관광부장관이 고시하는 사항을 포함한다)을 모두 표시해야 한다.

가. 구매 또는 사용 시 다른 게임아이템을 제공하는 확률형 아이템으로서 제공되는 게임아이템의 종류, 등급 또는 성능 등(이하 이 표에서 "종류·등급·성능"이라 한다)이 우연적 요소에 의하여 결정되는 확률형 아이템: 해당 확률형 아이템을 통해 제공되는 모든 게임아이템의 종류·등급·성능별 공급 확률정보

나. 구매 또는 사용 시 다른 게임아이템의 종류·등급·성능을 변화시키는 확률형 아이템으로서 그 변화 결과가 우연적 요소에 의하여 결정되는 확률형 아이템: 해당 확률형 아이템을 통해 제공되는 모든 종류·등급·성능의 변화 결과별 공급 확률정보

다. 복수의 게임아이템을 합성(특정 조합을 완성하거나 특정 조건을 충족하는 경우 등을 포함한다. 이하 이 표에서 같다)하여 종류·등급·성능이 다른 게임아이템을 제공하는 확률형 아이템으로서 합성의 결과로 제공되는 게임아이템의 종류·등급·성능이 우연적 요소에 의하여 결정되는 확률형 아이템: 해당 확률형 아이템의 모든 합성 결과별 공급 확률정보

1) 캡슐형 확률형 아이템

구매 또는 사용 시 다른 게임아이템을 제공하는 확률형 아이템으로서 제공되는 게임아이템의 종류, 등급 또는 성능 등(이하 "종류·등급·성능"이라 한다)이 우연적 요소에 의하여 결정되는 확률형 아이템(이하 "캡슐형 확률형 아이템"이라 함)을 의미한다. 예를 들자면 특정 캐릭터 뽑기, 특정 무기나 장비 뽑기 등이 있겠다.

2) 강화형 확률형 아이템

구매 또는 사용 시 다른 게임아이템의 종류·등급·성능을 변화시키는 확률형 아이템으로서 그 변화 결과가 우연적 요소에 의하여 결정되는 확률형 아이템(이하 "강화형 확률형 아이템"이라 함)을 의미한다. 예로서는 우연적으로 결과가 정해지는 강화 주문서, 축복 주문서, 성장 주문서 등이 있다.

3) 합성형 확률형 아이템

게임물 이용자가 직접적·간접적으로 유상 구매하는 게임아이템과 다른 게임아이템을 결합하여 획득하는 확률형 아이템으로서 해당 확률형 아이템의 종류·등급·성능이 우연적 요소에 의하여 결정되는 확률형 아이템(이하 "합성형 확률형 아이템"이라 함)을 의미한다. 예시로 유료로 구매한 캐릭터 간 합성, 무기와 재료의 합성 등 합성의 결과가 우연적으로 정해지는 경우를 들 수 있다.

합성형 확률형 아이템에는 특정 조합을 완성하거나 특정 조건을 충족하는 경우도 포함된다. 따라서 조합 완성 또는 특정 조건 충족에 따른 결과물(새로운 게임아이템)을 확률적으로 얻는 경우, 합성형 확률형 아이템(합성형 아이템)에 해당한다.

03 적용 범위

> **게임산업법 시행령 제19조의2(확률형 아이템의 종류별 공급 확률정보 등의 표시)** ② 법 제33조제2항에 따른 표시의무 대상 게임물은 정보통신망을 통하여 제공되는 게임물로서 확률형 아이템을 제공하는 것으로 한다. 다만, 다음 각 호의 게임물은 제외한다.
> 1. 청소년게임제공업과 일반게임제공업에 제공되는 게임물
> 2. 법 제21조제1항 각 호의 게임물
> 3. 해당 게임물을 제작, 배급 또는 제공하는 자가 각각 다음 각 목의 요건을 모두 갖춘 게임물
>   가. 영상, 방송통신 및 정보서비스 업종의 중소기업일 것
>   나. 최근 3년간 연 평균 매출액(신규사업, 휴업 등으로 인해 최근 3년간 연 평균 매출액을 산출할 수 없거나 최근 3년간 연 평균 매출액을 기준으로 하는 것이 불합리하다고 인정되는 경우에는 분기별·월별 또는 일별 매출금액을 3년간 연 평균 매출액으로 환산한 금액을 말한다)이 1억원 이하일 것

가 표시의무자

확률형 아이템의 확률 정보를 표시해야 하는 표시의무자는 '확률형 아이템이 포함되어 있는 게임물을 유통시키거나 이용에 제공할 목적으로 게임물을 제작, 배급 또는 제공하는 자로서 법령에서 정하는 정보사항을 표시하여야 할 의무가 있는 사람'을 의미한다. 다만 ① 정보통신망을 통하여 제작·배급·제공하지 아니한 자(아케이드 게임물 포함), ② 등급분류 의무면제 게임물을 제작·배급·제공하는 자, ③ 최근 3년간 연 평균 매출액이 1억 원 이하인 중소기업인 경우 등 표시의무자의 대상에서 제외되는 예외가 존재한다(게임산업법 제33조, 시행령 제19조의2).

나 표시 대상 게임물의 범위

게임산업법 시행령에 따르면 정보통신망을 통하여 공중의 이용에 제공되는 게임물 중 확률형 아이템을 제공하는 게임물은 표시의무 대상 게임물에 해당한다.

이때의 '정보통신망'이란 「전기통신사업법」 제2조제2호에 따른 전기통신설비

를 이용하거나 전기통신설비와 컴퓨터 및 컴퓨터의 이용기술을 활용하여 정보를 수집·가공·저장·검색·송신 또는 수신하는 정보통신체제를 의미한다(「정보통신망 이용촉진 및 정보보호 등에 관한 법률」 제2조제1항제1호).

위 표시의무자의 예외 사항과 마찬가지로, 아래 각 대상에 해당하는 게임물은 확률정보 표시의무 대상에서 제외된다.

1) 아케이드 게임물

법 제2조 제6의2호에 따라 게임제공업 중 일정한 물리적 장소에서 필요한 설비를 갖추고 게임물을 제공하는 영업인 청소년게임제공업과 일반게임제공업에 제공되는 게임물은 표시의무 대상 게임물에서 제외되는바, 정보통신망을 통하여 제공되지 않는다는 점에서도 표시의무의 적용 대상이 아니라고 할 수 있다.

2) 등급분류 의무면제 게임물

게임산업법 제21조 제1항 각 호에서는 등급분류 의무면제 게임물을 다음과 같이 규정하고 있다.

- 중앙행정기관의 장이 추천하는 게임대회 또는 전시회 등에 이용·전시할 목적으로 제작·배급하는 게임물
- 교육·학습·종교 또는 공익적 홍보활동 등의 용도로 제작·배급하는 게임물로서 대통령령으로 정하는 것
- 게임물 개발과정에서 성능·안전성·이용자만족도 등을 평가하기 위한 시험용 게임물로서 대통령령으로 정하는 대상·기준과 절차 등에 따른 게임물
- 영리를 목적으로 하지 아니하고 제작·배급하는 게임물로서 대통령령으로 정하는 것(법 제21조 제2항 제4호에 따른 청소년이용불가 등급의 기준에 해당하는 내용을 포함하는 게임물은 제외)

위 각 사항에 해당하는 경우의 게임물은 등급분류의무가 면제됨과 동시에 확률정보 표시의무 또한 부과되지 않는다.

3) 영세게임사업자

게임물을 제작, 배급 또는 제공하는 자가 모두 3년간 연 평균 매출액이 1억 원 이하인 중소기업이어야 하고, 제작, 배급 또는 제공하는 자 중 어느 하나라도 위의 중소기업 요건에 해당하지 않으면 해당 게임물은 표시의무자이자 표시대상 게임물이라 할 것이다.

신규사업, 휴업 등으로 인해 최근 3년간 연 평균 매출액을 산출할 수 없거나 최근 3년간 연평균 매출액을 기준으로 하는 것이 불합리하다고 인정되는 경우에는 분기별·월별 또는 일별 매출금액을 3년간 연평균 매출액으로 환산하여 의무 적용 여부를 결정하게 된다.

04 표시해야 할 정보

게임산업법 시행령 [별표3의2]

1. 표시내용

확률형 아이템의 특성이나 제공방식 등에 따라 다음 각 목의 구분에 따른 사항을 표시해야 한다. 이 경우 하나의 확률형 아이템이 다음 각 목 중 둘 이상에 해당하면 해당 목에 따른 사항(제19조의2제1항제2호에 따라 문화체육관광부장관이 고시하는 사항을 포함한다)을 모두 표시해야 한다.

가. 구매 또는 사용 시 다른 게임아이템을 제공하는 확률형 아이템으로서 제공되는 게임아이템의 종류, 등급 또는 성능 등(이하 이 표에서 "종류·등급·성능"이라 한다)이 우연적 요소에 의하여 결정되는 확률형 아이템: 해당 확률형 아이템을 통해 제공되는 모든 게임아이템의 종류·등급·성능별 공급 확률정보

라. 제공되는 총수 또는 기간이 한정된 확률형 아이템: 해당 확률형 아이템의 제공 총수 또는 기간

마. 게임아이템의 구매·사용·합성 등 게임 진행상황에 따라 확률형 아이템의 공급 확률정보가 변경되는 확률형 아이템: 게임아이템의 구매·사용·합성 등에 따른 공급 확률정보 변경 내용

바. 일정 횟수 이상 확률형 아이템을 구매·개봉·강화 또는 합성하는 등 특정 조건을 충족하면 확정적으로 획득할 수 있는 확률형 아이템: 해당 조건

가 캡슐형 아이템의 경우

해당 확률형 아이템을 통해 제공되는 모든 게임아이템의 종류·등급·성능별 공급 확률정보를 공개해야 한다. 또한 표시내용에는 게임물 내에서 사용되는 게임아이템의 종류·등급·성능이 그대로 반영되어야 한다.

나 강화형 아이템의 경우

해당 확률형 아이템을 통해 제공되는 모든 종류·등급·성능의 변화 결과별 공급 확률정보를 공개해야 하며, 이때의 '종류·등급·성능의 변화 결과'란 재료를 사용하여 보유한 캐릭터, 아이템, 펫 등의 종류·등급·성능이 정해진 확률에 따라 변경되는 것을 의미한다.

즉 강화형 확률형 아이템의 사용 결과에 따라 사용 대상인 아이템의 종류, 등급, 성능이 변화하는 결과 및 각 결과가 발생할 확률을 개별적으로 공개해야 하는 것이므로 강화 시도에 따라 종류·등급·성능의 변화(성공, 실패, 소멸, 유지, 수치 변화 등)가 있을 경우 해당 확률을 구체적으로 공개해야 하는 것이다.

강화형 아이템의 사용 대상이 우연적인 방법으로 결정되는 경우(워크래프트 럼블 등, "보유한 캐릭터 중 한 캐릭터의 등급이 상승합니다." 등의 사례) 각 대상이 선택될 확률에 대하여도 표시하여야 한다.

다 합성형 아이템의 경우

합성형 확률형 아이템에 투입되는 각 재료의 종류 및 등급에 따라 획득할 수 있는 결과물 리스트 및 각각의 획득 확률을 공개해야 하며, 결과물의 종류·등급·성능 등 합성 해당 확률형 아이템의 결과별 공급 확률정보를 공개해야 한다.

특정 재료를 모아 게임아이템을 제작하는 데 성공·실패 확률이 있는 경우에도 대성공이나 성공 또는 실패 확률을 상세하게 공개해야 할 것이다(캐릭터 합

성, 장비 제작 등의 사례).

라 기타 표시하여야 할 사항

확률형 아이템의 특성이나 방식은 개별 게임물별로 상이할 수밖에 없으며, 현재에도 다양한 형태의 확률형 아이템 비즈니스 모델(BM)이 생겨나고 있다. 따라서 상기 캡슐형, 강화형, 합성형 확률형 아이템 이외에도 새로운 유형의 확률형 아이템이 나타날 수 있으나 현실적으로 이를 법률과 시행령의 문언으로 모두 포섭하는 것은 사실상 불가능하다.

이러한 상황에 대비하기 위하여, 새로운 확률형 아이템의 특성이나 방식이 등장하면 문화체육관광부장관은 ㉠ 게임물 이용자의 확률형 아이템 구매 또는 사용 여부 판단에 결정적인 영향을 미칠 수 있는 사항, ㉡ 게임물 이용자의 합리적인 판단을 현저하게 그르칠 가능성이 있는 사항으로 이용자의 권익을 보호하기 위하여 표시할 필요가 있다고 인정하는 경우, 고시를 통해 표시해야 하는 사항을 정할 수 있다.

05 표시 방법

시행령 [별표3의2]

2. 표시방법
   가. 일반기준
      1) 법 제33조제2항에 따른 확률형 아이템의 종류와 종류별 공급 확률정보 등의 표시는 나목의 표시방법에 따라 게임물 이용자가 쉽게 알아볼 수 있는 방법으로 해야 한다.
         - 표시의무자가 확률형 아이템의 종류와 종류별 공급 확률정보 등을 표시할 때에는 이용자가 직관적으로 이해하기 쉽게 표시하여야 함
         - 현재 판매 중인 확률형 아이템에 한하여 표시의무 부과
            - 현재 판매 중인 확률형 아이템에 대한 정보를 공개해야 하며 판매가 종료된

확률형 아이템은 확률 공개 의무에서 제외됨

② 백분율 표시

시행령 [별표3의2]

2. 표시방법

가. 일반기준

2) 확률형 아이템의 공급 확률은 백분율로 표시해야 한다. 이 경우 소수점 이하 특정 자리(최초로 0이 아닌 숫자가 나오는 자리보다 네 자리 이상 낮은 소수점 자리로 한정한다)에서 반올림하여 표시할 수 있다.

3) 2)에도 불구하고 백분율로 표시하는 것보다 분수·함수 또는 문자 등의 방법으로 공급확률을 표시하는 것이 게임물 이용자가 공급 확률을 알아보기 쉬운 경우에는 분수·함수 또는 문자 등의 방법으로 표시할 수 있다.

가 표시방법의 일반원칙

표시의무자가 확률형 아이템의 종류와 종류별 공급 확률정보 등을 표시할 때에는 이용자가 직관적으로 이해하기 쉽게 표시하여야 한다.

한편 현재 판매 중인 확률형 아이템에 대한 정보를 공개해야 하며, 판매가 종료된 확률형 아이템은 확률 공개의무에서 제외하여도 된다.

나 확률 표기 방법

확률정보를 표시할 때에는 기본적으로 백분율로 표시하여야 한다. 다만, 확률형 아이템의 구성 확률이 무한소수의 경우 소수 자리를 모두 표시하기에는 한계가 있으므로 소수점 이하 네 자리 이상 낮은 소수점 자리에서 반올림하여 표시할 수 있다.

예시) 0.1111111 → 0.1111

0.01111111 → 0.01111

0.006666666 → 0.006667

0.0008432854 → 0.0008433

한편 부득이하게 확률형 아이템의 구성 확률을 개별 확률로 표기하기 어려운 경우 분수 또는 함수, 문자 등 이용자가 쉽게 이해할 수 있는 다른 방법으로 표시할 수 있다.

다 정보 변경 시 사전안내

표시의무자가 표시대상 정보를 변경하려는 경우에는 변경 내용 및 변경 시점을 미리 해당 게임물과 그 인터넷 홈페이지에 게시해야 하는 것이 원칙이며, 변경된 아이템의 판매개시 이전에 하여야 한다.

여기서의 인터넷 홈페이지란 게임사업자 또는 게임물의 공식 홈페이지를 의미하고, 공식 홈페이지가 없는 경우 공식 홈페이지에 준하여 표시의무자가 웹 기반으로 지속적으로 운영·활용하는 블로그·소셜네트워크서비스(SNS) 등으로 갈음할 수 있다.

시행령 [별표3의2]

2. 표시방법

가. 일반기준

4) 법 제33조제2항에 따라 확률형 아이템의 종류와 종류별 공급 확률정보 등을 표시해야 하는 자(이하 "표시의무자"라 한다)는 표시대상 정보를 변경하려는 경우에는 변경 내용 및 변경 시점을 미리 해당 게임물과 그 인터넷 홈페이지[해당 게임물과 관련하여 표시의무자가 지속적으로 운영·활용하는 블로그·소셜네트워크서비스(SNS) 등을 포함한다. 이하 같다]에 게시해야 한다. 다만, 긴급한 오류 수정 등 미리 게시하기 어려운 불가피한 사유가 있는 경우에는 그 사유가 해소된 후 지체 없이 게시해야 한다.

다 매체별 개별기준

1) 게임물 내 표시방법

> **시행령 [별표3의2]**
>
> 2. 표시방법
>   나. 개별기준
>   1) 게임물 내 표시방법: 확률형 아이템의 구매·조회 또는 사용 화면에 직접 표시해야 한다. 다만, 확률형 아이템의 구매·조회 또는 사용 화면의 크기에 비해 표시해야 하는 사항이 지나치게 많은 경우 등 확률을 직접 표시하기 어려운 불가피한 사유가 있는 경우에는 게임물 내에서 해당 확률 정보가 표시되어 있는 인터넷 홈페이지 화면으로 곧바로 연결되도록 하는 방식으로 표시할 수 있다.

일차적으로 확률형 아이템을 구매하는 화면에 확률 정보를 표시하여야 한다. 다만 구매 시의 화면에 표시할 수 없다면, 아이템을 조회하거나 사용할 때도 표시할 수 있다.

가장 중요한 점은 확률을 이용자가 게임을 하면서 반드시 볼 수 있는 곳에 확률이 표시되어야 한다는 점이다. 그래서 이용자가 임의로 그 정보를 숨기거나 삭제할 수 없도록 하여야 한다.

가) 구매 화면

구매 화면이란 게임 속 상점에서 아이템을 사려고 할 때 처음 보는 화면부터, 그 아이템을 구매하기 직전까지의 화면을 의미한다. 즉, 확률형 아이템을 구매하기 전에 확률을 안내하여야 한다.

만약 게임 안에 상점이 없고 홈페이지에서 아이템을 사야 한다면, 그 홈페이지의 구매 화면이 게임 속 상점 역할을 하는 것과 동일하여야 한다. 즉 게임의 내용마다 상점이 다를 수 있지만, 확률 정보는 아이템을 사기 전에 표기하여야 한다는 점은 변함이 없다.

마지막으로 게임사는 플랫폼과 UI 등 화면구조를 고려해서, 이용자가 쉽게 확률을 확인할 수 있는 방법을 사용해야 한다.

나) 조회·사용 화면

조회·사용 화면이라 함은 '게임화면에서의 조회·사용화면'을 의미한다. 각 게임물별로 구매 화면에 확률 정보를 표시하는 것 외에 조회·사용 화면에서도 확률 정보를 표시할 수 있다.

조회·사용 화면 등에 해당하기 위해서는 원칙적으로 이용자가 게임을 이용하기 위해 반드시 거쳐야 하는 곳에 위치하여야 하며, 게임 이용 시마다 확인할 수 있어야 함에 더하여 이용자가 임의로 생략하거나 삭제할 수 있는 곳이 아니어야 한다.

2) 인터넷 홈페이지 표시방법

시행령 [별표3의2]

2. 표시방법
   나. 개별기준
      2) 인터넷 홈페이지 표시방법: 문자열 또는 숫자열로 검색이 가능한 형태로 표시해야 한다. 다만, 특정 이용자의 게임 진행상황에 따라 실시간으로 변동되는 확률형 아이템의 공급확률 정보 중 해당 이용자에게만 적용되는 정보는 1) 본문에 따른 방법으로 게임물에 표시한 경우에는 인터넷 홈페이지에 표시하지 않을 수 있다.

표시의무자는 인터넷 홈페이지에서 확률형 아이템 정보를 문자열 또는 숫자열로 검색 가능한 형태로 제공해야 하는 것이 원칙이다.

단, 게임물 내 구매·조회 또는 사용화면 내에서 이용자의 게임 진행 상황에 따라 실시간으로 확률이 변하는 확률형 아이템의 확률 정보를 제공하는 경우에, 해당 정보에 한하여 인터넷 홈페이지 표시를 하지 않을 수 있다.

3) 광고·선전물 표시방법

> **시행령 [별표3의2]**
>
> 2. 표시방법
>   나. 개별기준
>   3) 광고·선전물 표시방법
>   가) 표시대상 광고·선전물의 범위
>   「옥외광고물 등의 관리와 옥외광고산업 진흥에 관한 법률」 제2조제1호에 따른 옥외광고물 또는 다음의 어느 하나의 매체 또는 수단을 이용한 광고·선전물
>   (1) 「정보통신망 이용촉진 및 정보보호 등에 관한 법률」 제2조제1항제1호에 따른 정보통신망
>   (2) 「신문 등의 진흥에 관한 법률」 제2조제1호 또는 제2호에 따른 신문 또는 인터넷신문
>   (3) 「잡지 등 정기간행물의 진흥에 관한 법률」 제2조제1호에 따른 정기간행물
>   (4) 「방송법」 제2조제1호에 따른 방송(라디오방송은 제외한다)
>   (5) 「전기통신기본법」 제2조제1호에 따른 전기통신
>   나) 표시방법
>   부호·문자·음성·음향·이미지·영상 또는 인터넷 홈페이지 연결화면 등의 방법으로 게임물 내에 확률형 아이템이 포함되어 있다는 사실을 표시해야 한다. 다만, 웹사이트 내 배너 광고 등 광고·선전물의 크기·형식 등을 고려할 때 표시가 어려운 불가피한 사유가 있는 경우에는 표시하지 않을 수 있다.

광고 또는 선전물 내에 게임물 내에 확률형 아이템이 포함되어 있다는 사실을 표시해야 하며, 이용자가 인식하기 쉬운 방식 및 크기로 표시하되, 확률형 아이템이 포함되어 있다는 "확률형 아이템 포함" 문구를 삽입하여야 한다.

웹페이지 내 배너 광고 등 광고물·선전물의 크기 및 형식, 특성상 게임물 내에 확률형 아이템이 포함되어 있다는 문구를 삽입하기 어려운 경우에는 이를 표시하지 않을 수 있다.

광고·선전물의 범위는 옥외광고물, 정보통신망, 신문·인터넷신문, 정기간행물, 방송(라디오 방송 제외), 전기통신을 이용한 광고물·선전물을 말한다. 광고·선전물에 정보를 표시하는 것은 이용자가 광고를 시청하여 게임을 해 보고자

할 때 해당 게임이 확률형 아이템을 포함하고 있음을 미리 인지할 수 있도록 하는 취지이며, 정보를 표시해야 하는 광고·선전물은 광고의 대상, 목적, 주체, 형태등을 고려할 필요가 있다.

05 표시의무 위반 시의 제재

가 게임산업진흥에 관한 법률상 제재

제38조(폐쇄 및 수거 등) ① 특별자치시장·특별자치도지사·시장·군수·구청장은 제25조 또는 제26조의 규정에 따른 허가를 받지 아니하거나 등록 또는 신고를 하지 아니하고 영업을 하는 자와 제35조제1항부터 제3항까지에 따라 영업폐쇄명령을 받거나 허가·등록 취소처분을 받고 계속하여 영업을 하는 자에 대하여는 관계 공무원으로 하여금 그 영업소를 폐쇄하기 위하여 다음 각 호의 조치를 하게 할 수 있다.

⑨ 문화체육관광부장관은 제33조제2항을 위반하여 확률형 아이템의 종류 및 종류별 공급 확률정보 등을 표시하지 아니하거나 거짓으로 표시한 게임물을 유통시키거나 이용에 제공한 자에 대하여 시정을 명할 수 있다. 이 경우 시정을 명하기 전에 문화체육관광부장관은 시정 방안을 정하여 이에 따를 것을 권고할 수 있다.

⑩ 제7항부터 제9항까지에 따라 시정권고나 시정명령을 받은 자는 7일 이내에 조치를 완료하고 그 결과를 게임물관리위원회위원장 또는 문화체육관광부장관에게 통보하여야 한다.

⑪ 게임물관리위원회위원장 또는 문화체육관광부장관은 제7항부터 제9항까지에 따른 시정권고나 시정명령의 대상이 되는 자에게 사전에 의견제출의 기회를 주어야 한다. 다만, 다음 각 호의 어느 하나에 해당하는 경우에는 그러하지 아니하다.

1. 공공의 안전 또는 복리를 위하여 긴급한 경우
2. 의견청취가 현저히 곤란하거나 명백히 불필요한 경우
3. 명백한 의사로 의견제출을 포기하거나, 정당한 이유 없이 의견제출을 지연하는 경우

제45조(벌칙) 다음 각 호의 어느 하나에 해당하는 자는 2년 이하의 징역 또는 2천만원 이하의 벌금에 처한다.

11. 제38조제9항 전단에 따른 문화체육관광부장관의 명령을 이행하지 아니한 자

확률형 아이템 표기의무를 행하지 않았을 때에는 상기 조항에 따라 문화체육관광부에 의한 시정권고를 거친 후 시정명령이 내려지거나 곧바로 시정명령이 이루어지며, 이를 이행하지 않는 경우에는 형사 처벌의 대상이 된다.

실무적으로는 게임물에 대한 전문성을 가지고 있는 공공기관인 게임물관리위원회가 문화체육관광부의 시정권고 전 시정요청을 행하여 위법 상태의 조기 해결과 예방을 위한 절차를 진행하고 있다.

따라서 결과적으로 확률형 아이템의 확률 정보를 제대로 표시하지 않은 경우, 게임물관리위원회의 시정요청 → 문화체육관광부장관의 시정권고 → 문화체육관광부장관의 시정명령 → 형사처벌 순의 행정 지도 및 제재절차가 진행된다.

게임물관리위원회는 확률형 아이템 확률 정보의 사후관리와 관련하여 게임정보관리팀을 신설하여 확률형 아이템이 포함된 게임의 모니터링과 시정 요청, 정책 연구 및 안내 등의 업무를 수행하고 있다.

나 징벌적 손해배상 및 입증책임전환 제도 도입

제33조의2(확률형 아이템 표시의무위반행위에 대한 손해배상책임 등)

① 게임물을 유통시키거나 이용에 제공할 목적으로 게임물을 제작, 배급 또는 제공하는 자(이하 이 조에서 "게임물사업자"라 한다)가 제33조제2항을 위반하여 확률형 아이템의 종류와 종류별 공급 확률정보를 표시하지 아니하거나 거짓으로 표시(이하 이 조에서 "확률형 아이템 표시의무위반행위"라 한다)함으로써 게임물 이용자에게 손해를 입힌 경우에는 해당 게임물 이용자에 대하여 손해배상의 책임을 진다. 다만, 게임물사업자가 고의 또는 과실이 없음을 입증한 경우에는 그러하지 아니하다.

② 법원은 확률형 아이템 표시의무위반행위로 손해가 발생한 것은 인정되나 그 손해액을 입증하기 위하여 필요한 사실을 입증하는 것이 해당 사실의 성질상 매우 곤란한 경우에는 변론 전체의 취지와 증거조사의 결과에 의하여 인정되는 모든 사정을 종합하여 상당한 손해액을 인정할 수 있다.

③ 법원은 확률형 아이템 표시의무위반행위가 고의적인 것으로 인정되는 경우에는 제2항에 따라 손해로 인정된 금액의 3배를 넘지 아니하는 범위에서 배상액을 정할 수 있다.

④ 법원은 제3항의 배상액을 정할 때에는 다음 각 호의 사항을 고려하여야 한다.

1. 고의 또는 손해 발생의 우려를 인식한 정도
2. 확률형 아이템 표시의무위반행위로 인하여 게임물 이용자가 입은 피해 규모

3. 확률형 아이템 표시의무위반행위로 인하여 게임물사업자가 취득한 경제적 이익
4. 확률형 아이템 표시의무위반행위의 기간·횟수 등
5. 확률형 아이템 표시의무위반행위에 따른 벌금 및 과징금
6. 게임물사업자의 피해구제 노력의 정도

⑤ 문화체육관광부장관은 제33조제2항을 위반한 행위로 인한 게임물 이용자의 피해구제를 지원하기 위하여 대통령령으로 정하는 바에 따라 신고 및 피해구제 센터를 운영할 수 있다.

2025. 1. 31. 일부 개정으로 인하여 게임산업법에 확률형 아이템 확률 정보 표시 의무 위반에 관한 소송 특례가 도입되었으며, 2025. 8. 1. 시행을 앞두고 있다.

2024년 3월에 시행된 '확률형 아이템 확률 정보공개 제도'의 후속 개정으로 진행된 이번 개정법률은 게임사와 이용자 간 분쟁이 발생하는 경우 이용자가 사실상 증거를 확보하기 어려운 반면, 게임사가 게임 내 로그를 비롯한 모든 정보를 독점하고 있는 '정보의 비대칭'이 발생하고 있다는 점과 피해를 입은 이용자가 분산되어 있는 경우가 많아 손해배상책임의 예방적 효과가 미미하다는 점을 보완하기 위하여 마련되었다.

개정 법률의 구체적인 내용을 살펴보자면, 먼저 게임산업법에 징벌적 손해배상제를 도입하였다. 따라서 법원은 게임물사업자가 의도적으로 확률을 사실과 다르게 표기하거나 표시하지 않는 등, 고의로 확률정보 표시의무를 위반한 경우 손해의 3배 범위에서 배상액을 정할 수 있는바, 보다 실효성 있는 예방효과를 기대할 수 있게 되었다.

다음으로 확률형 아이템 확률정보를 표기하지 않거나 거짓으로 표시하여 이용자에게 발생한 피해에 대한 배상 사건의 입증책임을 게임물사업자로 전환하여 이러한 손해배상의 경우 고의·과실이 없음을 게임물사업자가 스스로 입증해야 면책이 가능하도록 규정하고 있다.

또한 게임 이용자가 위와 같은 확률형 아이템 관련 피해를 입은 경우, 이로 인한 손해액 입증이 곤란한 경우에 법원이 변론 전체의 취지와 증거 조사 결과에 의해 인정되는 모든 사정을 종합적으로 검토해 결정할 수 있도록 하여 비교적 적은 액수로 장기간에 걸쳐 많은 아이템 구매가 이루어지는 게임 내 확률형

아이템의 특성을 고려한 입증 부담 완화가 이루어졌다.

한편 문화체육관광부 장관이 게임 이용자 피해 신고 및 구제를 전담하는 센터를 운영할 수 있는 근거도 마련되었다.

Section 05

관계법령에 의한 이용자 보호

01 「전자상거래 등에서의 소비자보호에 관한 법률」상 소비자 보호

> **제21조(금지행위)** ① 전자상거래를 하는 사업자 또는 통신판매업자는 다음 각 호의 어느 하나에 해당하는 행위를 하여서는 아니 된다.
> 1. 거짓 또는 과장된 사실을 알리거나 기만적 방법을 사용하여 소비자를 유인 또는 소비자와 거래하거나 청약철회등 또는 계약의 해지를 방해하는 행위

2024년 1월, 공정거래위원회는 N사에 대하여 자사가 서비스하는 두 게임과 관련하여 확률형 아이템의 확률을 소비자에게 불리하게 변경하고도 이를 누락하여 알리지 않고, 거짓으로 알린 행위에 대하여 「전자상거래 등에서의 소비자보호에 관한 법률」(이하 '전자상거래법') 제21조를 위반하였음을 근거로 시정명령과 과징금 116억 원(잠정)을 부과하기로 결정하였다.

한편 위 사건에 관하여 게임 이용자 717명은 게임사를 상대로 전자상거래법 위반 등에 따른 손해배상책임과 계약의 취소를 구하는 취지의 공동 소송을 제기하였으며, 현재 다수의 원고와 관련하여 일정 금액의 배상책임을 인정하는 취지의 화해권고결정이 이루어진 후, 이의신청을 제기한 원고들에 대한 심리가 진행 중인 상황이다.

공정거래위원회는 이후 2025년 4월 14일과 21일 연이어 세 곳의 게임사에

대해 전자상거래법 위반을 이유로 한 과징금과 과태료를 부과하였는바, 확률형 아이템의 확률을 사실과 다르게 표기한 채 장기간 판매한 사안은 전자상거래법 위반 사례로 취급하고 있다.

02 민법상 계약의 취소에 따른 반환 책임 및 손해배상책임

가 사기에 의한 계약의 취소 및 환불 책임

수원지방법원 2023. 1. 19. 선고 2021나71106 판결 내용 중

"피고가 L아이템을 통하여 생성되는 수많은 D 조합 중 유독 이용가치 내지 선호도가 높은 극히 일부의 D 조합인 이 사건 옵션조합의 생성만을 차단하고도 장기간 이를 공지하지 아니한 일련의 행위는 단순한 부작위 내지 침묵이 아니라 이 사건 게임 이용자들로 하여금 이 사건 옵션조합의 생성이 가능하다는 그릇된 관념을 갖도록 하고 나아가 확률형 아이템 거래에 필연적으로 수반될 수밖에 없는 폐단인 일부 이용자들의 사행심리 내지 매몰비용에 대한 집착 등을 유도·자극·방치한 의도적이고 적극적인 기망행위로 평가된다."

앞서 살펴본 N사의 사례와 동일한 사안에서, 항소심 법원은 MMORPG 장르 게임에서 게임 소비자에게 중요한 정보를 의도적으로 알리지 않은 상태로 이루어진 확률형 아이템 구매 계약에 대해 기망에 의한 계약 취소를 인정하였으며 대법원은 2024. 11. 28. 2023다216883 사건에서 위 판결에 대한 게임사의 상고를 기각하여 최종적으로 확률형 아이템 확률 조작에 대한 게임사의 계약 취소에 따른 환불 책임을 인정하였다.

이러한 점에 비추어, 확률형 아이템의 확률을 단순히 표시하지 않은 경우는 제외하고, 표기된 확률을 조작하였음에도 이러한 사항을 소비자들에게 알리지 않은 채 판매하는 행위는 민법상 계약 취소의 대상이 될 수 있다는 점을 유념하여야 한다.

나 채무불이행에 따른 손해배상 책임

서울남부지방법원 2023. 2. 28. 선고 2018가단234942 손해배상(기)

피고들은 원고들을 비롯한 이용자들의 아이템 구매 선택에 중요한 영향을 미칠 수 있는 스킬 간 우열관계에 관하여 잘못된 정보를 2017. 10. 31. 수치화 정보 발표 전까지 제공해 왔고, 이용자들의 이 사건 게임 이용 특성이나 아이템 구매 경향 등에 비추어 볼 때 이러한 피고들의 잘못으로 말미암아 원고들은 실제로는 상대적으로 우월한 스킬('Q' 등)을 가지고 있는데도 이보다 열등한 스킬('P' 등)을 우월한 스킬로 오인하여 이를 얻기 위하여 비용을 지출하는 손해를 입게 되었다고 보아야 한다. 따라서 피고들은 채무불이행 책임에 기하여 원고들이 이와 관련하여 입은 손해를 배상할 책임이 있다.
(중략)
피고들은 이 사건 게임과 관련한 오류가 발생한 경우 이를 신속하게 처리하여야 하고 만일 처리가 지연되거나 장기간이 소요되는 경우 그 사유와 처리일정을 적절한 방법으로 공지함으로써 이용자들의 불편을 최소화하여야 한다. 그런데 피고들은 이 부분 오류 확인 및 수정에 최대 10일 정도의 시간이 소요될 분인데도, 4) 21일 만에 이르러서야 이를 완료하였고, 지연 사유와 처리일정을 공식카페 등을 통하여 공지하지도 않았다. 이로 말미암아 원고들은 레코드보너스를 기대하고 O 조합 구성을 위하여 아이템 구입비용을 지출하는 손해를 입게 되었다. 따라서 피고들은 채무불이행 책임에 기하여 원고들이 이와 관련하여 입은 손해를 배상할 책임이 있다.

위와 같이 게임 내에서 유료로 판매되는 스킬과 관련하여, 실제 성능과 표기된 설명이 다름에도 이를 방치하였던 사안이나 유상으로 판매한 스킬, 아이템, 캐릭터 등과 관련하여 오류가 발생한 경우 신속하게 이를 수정하여야 함에도, 이를 지연하거나 수정에 관한 계획을 공지하지 않은 부분이 채무불이행에 이른다고 보아 게임사의 배상책임을 인정한 판결례가 존재한다.

다만 위 사안에 관한 항소심이 아직 진행 중에 있으므로, 이러한 게임사의 손해배상 책임이 인정되는가에 대한 결론은 향후 추이를 지켜보아야 할 것이다.

다 계정이용정지조치와 그에 대한 해제 청구

게임제공업자 등 게임사가 해당 게임을 이용하는 이용자에 대해 이용약관이나 운영정책을 근거로 하여 계정이용정지조치를 부과하는 경우가 빈번하게 발생하는바, 사실상 이용자는 그동안 해당 게임에 투입한 시간과 비용을 모두 잃는 결과가 되므로 계정이용정지조치해제청구소송을 제기하는 사례가 존재한다.

이에 대해 법원이 이용자의 청구를 인용하여 계정이용정지 또는 제한조치를 해제하는 판결을 내린 판결례도 존재하는바(수원고등법원 2024. 12. 5. 선고 2024나20887 판결 등), 이러한 계정이용제한조치 또는 계정이용정지조치는 게임사의 일방적인 판단에 따라 이루어지므로 이용자로서는 본인의 계정에 대한 조치가 약관 및 운영정책상 제재사유에 부합하는지, 조치 과정에서 제시된 규정이 「약관의 규제에 관한 법률」상 현저하게 소비자에게 불공정한 약관에 해당하여 효력을 다툴 수 있는지 등을 살펴보아 이의신청 및 소송 제기 여부를 결정하여야 할 것이다.

03 기타 법령에 의한 소비자 보호

기타 게임의 콘텐츠나 확률형 아이템의 확률 등과 관련하여 허위 또는 과장광고에 해당할 여지가 있는 광고를 게시한 경우, 「표시·광고의 공정화에 관한 법률」 제3조 제1항 제1호의 거짓·과장의 표시·광고로 보아 공정거래위원회의 과징금 부과 등 행정처분과 제11조에 따른 손해배상책임이 발생할 수 있다.

한편 모바일게임 표준약관, 콘텐츠 이용자 보호지침 등에도 소비자 보호를 위한 규정이 존재하나 이러한 규정의 경우에는 법적 구속력이 없다는 점에서 명확한 한계가 있다.

제10장

해외등급분류기관

해외에서도 한국의 등급분류제도와 유사한 제도를 운영하고 있다. 미국, 유럽, 독일, 일본 등에서 게임물 등급분류제도가 체계를 갖추기 시작하였으나, 게임물 유통시장이 글로벌화되면서 게임물 등급분류제도도 큰 체계에서는 공통성을 가지게 되었다.

Section

01

국제등급분류연합(IARC, International Age Rating Coalition)

그림 10.1

출처: http://www.globalratings.com

국제등급분류연합(International Age Rating Coalition, IARC)은 디지털 게임 및 모바일 어플리케이션의 보편화에 따라 국가 간의 경계가 허물어지면서, 전 세계 이용자들에게 신뢰할 수 있는 등급정보를 제공하기 위해 주요 등급분류기관인 ESRB(북미), PEGI(유럽), USK(독일)가 연합하여 2013년도에 설립하였다. 이후 ClassInd(브라질)와 ACB(호주)가 합류하고 우리나라의 게임물관리위원회가 2017년 12월에 가입하면서, IARC에 참여하고 있는 등급분류기관은 총 6곳이 되었다.[1]

IARC는 게임물에 대한 신속하고 간편한 등급분류를 위하여, 등급분류기관별로 고유한 등급분류기준과 연령체계가 반영된 설문형 등급분류 시스템(이하

1 게임물관리위원회, 2024 게임물 등급분류 및 사후관리연감, 238면.

IARC 시스템)을 도입·운영하고 있다. 게임 개발자가 게임을 온라인 마켓에 등록할 때 IARC의 등급분류 설문을 수행하면, 그 설문 결과에 따라 각 국가나 권역에 적정한 등급이 산출된다. 이러한 IARC 시스템은 기관별로 상이한 등급분류 절차를 일원화·간소화할 뿐만 아니라, 한 차례의 설문 응답으로 세계 여러 지역에서 활용 가능한 등급을 취득할 수 있고, 등급분류신청에 따른 개발자의 비용 및 시간 부담을 경감할 수 있다는 장점이 있다.

IARC에 가입한 마켓 사업자(이하 IARC 사업자)의 경우, IARC 시스템을 온라인 마켓에 적용하여 등급분류를 진행하므로 이를 위한 별도의 온라인 업무처리 시스템을 구축해야하는 부담을 해소할 수 있다. 또한 글로벌 마켓을 운영하는 사업자는 IARC 시스템을 통해 각 등급분류기관의 등급분류 및 사후관리 관련 규정을 준수하는 것이 용이하다. 현재 IARC 시스템을 적용하고 있는 온라인 마켓은 아래 표와 같으며, 국내에서는 2025년 1월 기준 자체등급분류사업자 총 10개 사 중 일부(구글, 마이크로소프트, 닌텐도, 소니, 원스토어 등)가 IARC 시스템을 활용하여 자체등급분류 업무를 수행하고 있다.

그림 10.2 IARC에 가입한 온라인 마켓과 등급분류기관 현황

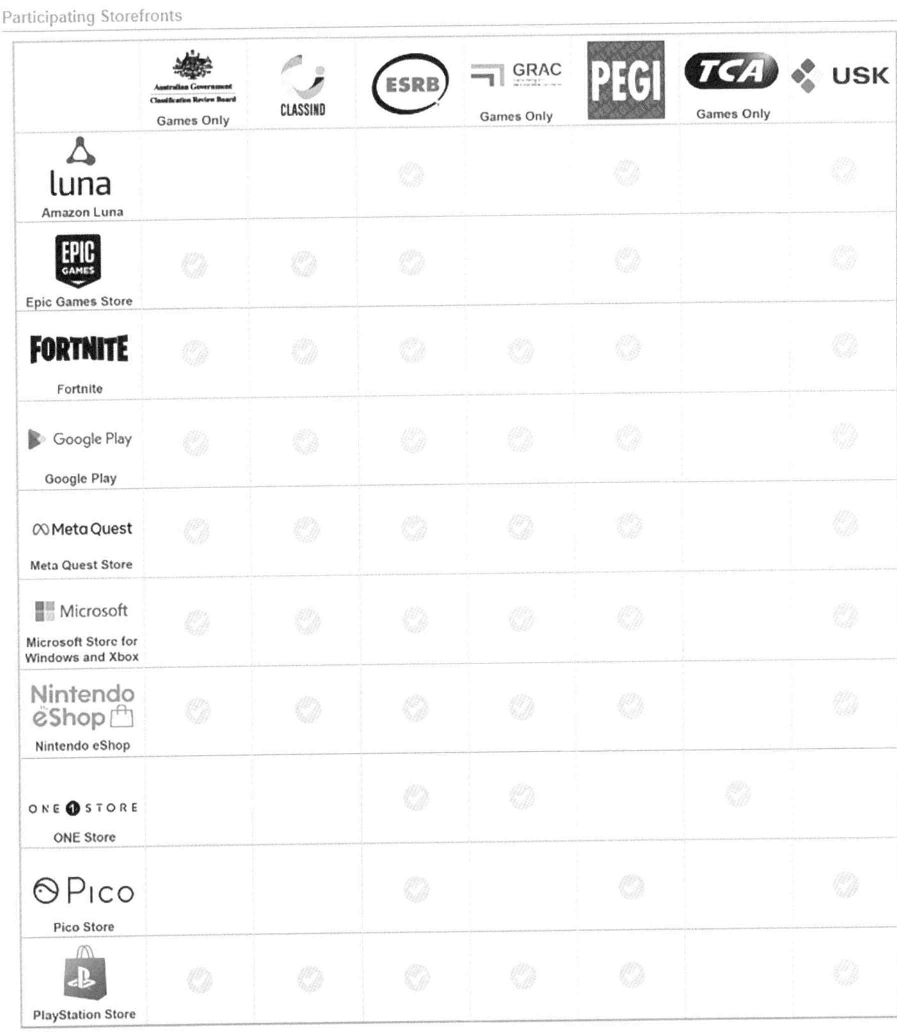

Participating Storefronts

	Australian Government Classification Review Board Games Only	CLASSIND	ESRB	GRAC Games Only	PEGI	TCA Games Only	USK
luna Amazon Luna			✓		✓		✓
EPIC GAMES Epic Games Store	✓	✓	✓		✓		✓
FORTNITE Fortnite	✓	✓	✓	✓	✓		✓
Google Play Google Play	✓	✓	✓	✓	✓		✓
Meta Quest Meta Quest Store	✓	✓	✓	✓	✓		✓
Microsoft Microsoft Store for Windows and Xbox	✓	✓	✓	✓	✓		✓
Nintendo eShop Nintendo eShop	✓	✓	✓	✓	✓		✓
ONE STORE ONE Store			✓	✓		✓	
Pico Pico Store			✓		✓		✓
PlayStation Store	✓	✓	✓	✓	✓		✓

출처: http://www.globalratings.com/about.aspx

Section 02 해외의 주요 등급분류기관

해외의 게임물 등급분류는 미국 ESRB와 같은 민간심의기구가 관리하기도 하고, 독일 USK와 같이 국가 산하기구가 관리하는 경우도 있다. 해외의 주요 등급분류기관들이 게임물을 관리하는 공통된 이유는 게임이용자들에게 적합한 내용의 게임을 제공하기 위해서이다.

표 10.1 해외 주요 등급분류기관의 이용등급 비교

<table>
<tr><th>연령
분류기관</th><th>1</th><th>2</th><th>3</th><th>4</th><th>5</th><th>6</th><th>7</th><th>8</th><th>9</th><th>10</th><th>11</th><th>12</th><th>13</th><th>14</th><th>15</th><th>16</th><th>17</th><th>청소년
이용불가</th></tr>
<tr><td>한국
GRAC</td><td colspan="11">전체이용가</td><td colspan="3">12세
이용가</td><td colspan="3">15세
이용가</td><td>청소년
이용불가</td></tr>
<tr><td>미국
ESRB</td><td colspan="9">E</td><td colspan="3">E10+</td><td colspan="4">T</td><td>M</td><td>AO</td></tr>
<tr><td>유럽
PEGI</td><td colspan="3"></td><td colspan="3">3+</td><td colspan="5">7+</td><td colspan="4">12+</td><td colspan="2">16+</td><td>18+</td></tr>
<tr><td>독일
USK</td><td colspan="5">0</td><td colspan="6">6</td><td colspan="4">12</td><td colspan="2">16</td><td>18</td></tr>
<tr><td>일본
CERO</td><td colspan="11">A</td><td colspan="3">B</td><td colspan="2">C</td><td>D</td><td>Z</td></tr>
<tr><td>호주
ACB</td><td colspan="7">G</td><td colspan="4">PG</td><td colspan="3">M</td><td colspan="3">MA15+</td><td>R18+</td></tr>
</table>

출처: 2024 게임물 등급분류 및 사후관리 연감(242면)

2023년을 해외 주요 등급분류기관들의 등급분류결과를 살펴보면, 미국 ESRB가 4,088건으로 가장 많고, 독일 USK가 1,666건, 유럽 PEGI 1,876건, 일본 CERO 1,307건, 호주 ACB 298건 순이다.[2]

01 ESRB(북미, Entertainment Software Rating Board, 엔터테인먼트 소프트웨어 등급 위원회)

미국은 1994년에 설립된 비영리 민간자율심의기구인 엔터테인먼트 소프트웨어 등급 위원회(Entertainment Software Rating Board, 이하 ESRB)가 게임물 등급을 심의한다.[3]

ESRB의 등급정보는 나이에 따라 총 6개의 연령등급을 부여하는데, E등급(전체 연령, Everyone), E10+등급(10세 이상, Everyone 10+), T등급(13세 이상, Teen), M등급(17세 이상, Mature), AO등급(18세 이상, Adult Only), RP등급(등급분류 중, Rating Pending), RP-Likely Mature 17+(등급분류 중, M등급 예상) 등 7단계이다.[4]

등급의 강제성과 관련하여, ESRB는 전적으로 자율적인 조직이므로 행정벌, 형사벌에 의한 법률적 강제력은 없어 게임업체가 반드시 등급분류를 받아야만 하는 의무는 없으나, 미국의 게임 도·소매상들이 등급을 받지 않은 게임은 판매를 하지 않기 때문에 거의 모든 게임업체들이 자발적으로 등급분류를 받는다고 한다.[5]

2 게임물관리위원회, 2024 게임물 등급분류 및 사후관리연감, 242~243면.

3 https://www.esrb.org (2025. 1. 5. 방문)

4 https://www.esrb.org/ratings-guide/ (2025. 1. 5. 방문)

5 김종일, “게임물 등급분류 제도의 문제점 및 개선의 방향”, 외법논집 제41권 제4호, 한국외국어대학교 법학연구소, 2017, 95면.

ESRB 연령라벨	표기	의미
EVERYONE E ESRB	Everyone (전체 연령)	- 모든 연령대에 적합 - 최소한의 만화, 판타지 또는 가벼운 폭력, 연속적이지 않은 약한 비속어 등을 포함할 수 있음
EVERYONE 10+ E 10+ ESRB	Everyone 10+ (10세 이상)	- 10세 이상에 적합 좀 더 많은 만화, 판타지 또는 가벼운 폭력, 비속어, 최소한의 외설적 묘사
TEEN T ESRB	Teen (13세 이상)	- 13세 이상에 적합 폭력, 외설적 묘사, 최소한의 유혈 묘사, 저속한 유머, 도박 시뮬레이션, 연속적이지 않은 욕설
MATURE 17+ M ESRB	Mature (17세 이상)	- 17세 이상에 적합 강한 폭력, 유혈 및 고어물, 성적인 컨텐츠, 욕설

ADULTS ONLY 18+ AO ESRB	Adult Only (18세 이상)	- 18세 이상에 적합 계속되는 격렬한 폭력 장면, 노골적인 성적 컨텐츠, 실제 화폐를 통한 도박
RATING PENDING RP ESRB	Rating Pending (등급분류 중)	- 아직 최종 ESRB 등급평가가 이루어지지 않은 상태 광고, 마케팅, 홍보자료 등에서 사용됨(향후 등급을 받게 되면 교체되어야 함)
RATING PENDING RP LIKELY MATURE 17+ ESRB	Rating Pending - Likely Mature 17+ (등급분류 중, M등급 예상)	- 아직 최종 ESRB 등급평가가 이루어지지 않은 상태이지만, 17세 이상(M등급) 등급이 예상되는 경우 광고, 마케팅, 홍보자료 등에서 사용됨

02 PEGI(유럽, Pan European Game Information, 범유럽 게임정보)

유럽상호작용소프트웨어연맹(The Interactive Software Federation of Europe, 이하 ISFE)[6]이 전 유럽지역의 공통된 등급체계를 구축하기 위하여 2003년 4월 유럽의

6 https://www.videogameseurope.eu/responsible-gameplay/pegi-the-european-content-rating-system/ (2025. 1. 5. 방문)

컴퓨터·비디오 게임 등급 심의단체인 범유럽게임정보(Pan European Game Information, 이하 PEGI)[7]를 설립하였다. PEGI 등급 제품은 유럽 전역의 40개국에서 유통되는 등 유럽 전역에서 사용되고 있다.

PEGI의 연령등급은 총 6개(3세 이상, 7세 이상, 12세 이상, 16세 이상, 18세 이상, 보호자 지도권장)이고, 9개의 내용정보(폭력성, 욕설, 공포, 도박, 성, 약물, 차별, 게임 내 결제, 유료 랜덤 아이템)를 표기한다.[8]

PEGI 연령라벨	표기	의미
	PEGI 3 (3세 이상)	- 모든 연령대에 적합 - 게임에는 어린 아이들을 놀라게 할 수 있는 소리나 그림이 포함되어서는 안 됨 - 매우 가벼운 형태의 폭력(우스꽝스러운 상황이나 어린아이 같은 환경에서)은 용인됨 - 욕설이 포함되면 안 됨
	PEGI 7 (7세 이상)	- 어린 아이들에게 무서울 수 있는 장면이나 소리가 있는 게임 콘텐츠 - 매우 가벼운 형태의 폭력(암시적, 상세하지 않거나 비현실적인 폭력)
	PEGI 12 (12세 이상)	- 판타지 캐릭터에 대한 약간 노골적인 폭력을 보여 주거나 인간과 같은 캐릭터에 대한 비현실적인 폭력 - 성적인 풍자나 성적인 자세가 있을 수 있지만 욕설은 순화되어야 함
	PEGI 16 (16세 이상)	- 폭력(또는 성적 행위)에 대한 묘사가 실생활에서 예상되는 것과 동일하게 보이는 단계 - 욕설이 좀 더 극단적일 수 있고, 담배, 알코올 또는 불법 약물의 사용도 존재할 수 있음

7 https://pegi.info/ (2025. 1. 5. 방문)

8 https://pegi.info/what-do-the-labels-mean (2025. 1. 5. 방문)

	PEGI 18 (18세 이상)	- 심각한 폭력, 명백한 동기없는 살인 또는 무방비한 캐릭터에 대한 폭력의 묘사 - 불법 약물 사용, 도박 시뮬레이션에 대한 미화, 노골적인 성행위
	PEGI ! (보호자 지도권장)	- 숫자로 표시된 PEGI 등급 외에도 IARC를 사용하는 상점을 위해 PEGI에서 도입한 일부 비게임 앱에 대한 “보호자 지도 권장” 등급도 표시됨 - 이는 이러한 앱이 다양한 사용자 생성 또는 선별된 콘텐츠를 제공할 수 있다는 경고 역할을 함

내용정보		
폭력성	욕설	공포
도박	성	약물

차별	게임 내 결제	

03 USK(독일, Unterhaltungssoftware Selbstkontrolle, 게임소프트웨어 자율심의기구)

독일 연방청소년보호법 제14조는 모든 게임물에 대해서 사전 심사와 연령 등급 분류에 대한 사항을 규율하고, 이러한 업무를 자율기구에 위탁하고 있다. 이를 근거로 게임업계는 1994년 자율심의기구인 게임소프트웨어자율심의기구(Unterhaltungssoftware Selbstkontrolle, USK)를 설립했다.[9] USK는 컴퓨터 게임산업 협회가 설립한 기관으로, 사무소는 베를린에 있다.

USK의 등급정보는 나이에 따라 USK0(0세 이상), USK6(6세 이상), USK12(12세 이상), USK16(16세 이상), USK18(18세 이상) 등 5단계이다.[10]

USK 등급정보	표기	의미
	USK 0 (0세 이상)	- 모든 연령대에 적합 - 보드게임과 같은 가족 친화적 게임뿐만 아니라 스포츠 게임, 두뇌게임, 모험 및 RPG도 포함될 수 있음 - 폭력묘사를 포함하지 않고 어린이에게 지속적인 공포를 유발하지 아니함

9 게임물관리위원회, 전게 보고서, 266면.

10 https://usk.de/en/the-usk/faqs/age-categories/ (2024. 8. 31. 방문)

		- 게임세계는 친근하고 다채로운 이상을 주며 아이들이 압박감을 느끼지 아니함
	USK 6 (6세 이상)	- 주로 가족 친화적인 게임으로, 레이싱 게임, 전략 게임, 어드벤처 및 롤플레잉 게임이 포함될 수 있음 - 6세~11세 사이의 어린이는 게임세계와 현실을 구별하는데 점점 더 많은 것을 배움 - 6세 아동을 불합리한 스트레스에 노출시키거나, 지속적인 불안 또는 정서적 과부하를 유발하거나, 청각 또는 시각적으로 과도하게 흥분시키는 게임은 제외됨
	USK 12 (12세 이상)	- 훨씬 경쟁이 치열해지며, 아케이드, 전략, 롤플레잉 게임, 일부 군사 시뮬레이션이 포함될 수 있음 - 줄거리에 의해 구성되고 너무 자세하게 표시되지 않는 한 좀 더 현실적인 폭력 행위도 다룰 수 있음 - 폭력이나 섹스와 같은 주제가 다루어질 수 있음 - 그러나 불안하거나 사회윤리적, 성적으로 혼란스럽게 하면 안됨
	USK 16 (16세 이상)	- 폭력이 포함되므로 성인이 구매자 그룹에 해당할 수 있음. 액션 어드벤처, 슈팅게임, 오픈 월드 게임, 롤플레잉 게임, 격투게임, 군사전략게임 포함 - 폭력적인 콘텐츠가 더 많이 부각되므로 어린이에게 적합하지 않음
	USK 18 (18세 이상)	- 대부분 폭력적인 게임컨셉을 포함하며 위협적인 분위기 조성, 성인에게만 적합 - 18세 미만의 청소년에게 적합하지 않는 범주이므로, 미성년자에게 부정적인 영향을 미칠 가능성을 나타냄

04 CERO(일본, Computer Entertainment Rating Organization, 컴퓨터 엔터테인먼트 심의 기구)

일본 컴퓨터 엔터테인먼트 공급 협회(이하 CESA)는 미국의 ESRB를 모델로 하여 자율규제기관인 컴퓨터엔터테인먼트 등급 기구(이하 CERO)를 2002년 6월에 설립했다. CERO는 도쿄도가 인정한 NPO(Non Profit Organization: 특정 비영리 활동)법인이며, 한국의 GRAC와 달리 공공기관이 아니다. CERO는 게임의 연령별 등급분류를 실시하여 게임소프트 구매 시 필요한 연령 정보를 제공하고, 청소년의 건전한 육성에 이바지하는 것을 목적으로 하고 있다. 이를 위해 게임소프트 심사 및 심사원 모집·연수·육성, 게임소프트 환경 조사·연구 및 심사체재 개선·확충, 게임소프트의 등급제도 보급·개발 등을 주요 사업으로 하고 있다.[11]

CERO의 등급정보는 나이에 따라 A(전체이용가), B(12세 이상), C(15세 이상), D(17세 이상), Z(18세 이상) 등 5단계이다.[12]

CERO 등급정보	표기
전체이용가	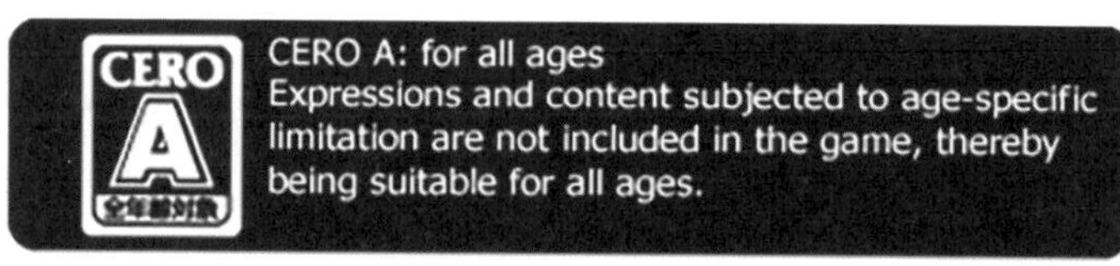
12세이용가	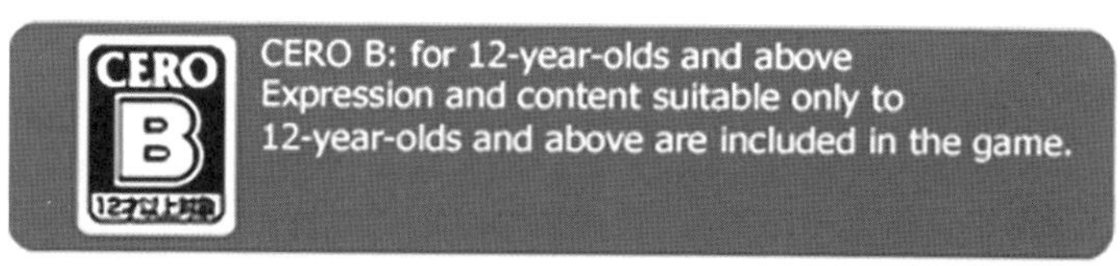

11 게임물관리위원회, 전게 보고서, 310면.

12 https://www.cero.gr.jp/en/publics/index/17/#block47 (2025. 1. 5. 방문)

15세이용가	CERO C: for 15-year-olds and above Expression and content suitable only to 15-year-olds and above are included in the game.
17세이용가	CERO D: for 17-year-olds and above Expression and content suitable only to 17-year-olds and above are included in the game.
18세이용가	CERO Z: for 18-year-olds and above only Expression and content suitable only to 18-year-olds and above are included in the game. (This assumes that the game should not be sold or distributed to those younger than 18 years old.)

CERO 기타마크		의미
CERO 教育・データベース	교육 · 데이터베이스	다양한 교육용 소프트웨어 및 데이터베이스와 같은 소프트웨어(드로잉 소프트웨어 등)에 표시됨
CERO 規定適合	규정적합(체험용)	사전 상품화 소프트웨어(체험판 소프트웨어 등)는 CERO가 정하는 금지 표현의 유무에 대해서만 심사하고, 금지 표현이 없는 것으로 확인된 소프트웨어를 표시함(공식 평가 리뷰에서는 A부터 Z까지 등급 중 하나가 부여됨)
CERO 審査予定 レーティング	심사예정	게임 제작자가 제작 중인 소프트웨어를 홍보할 때 홍보 자료에 표시됨

05 ACB(호주, Australian Classification Board, 등급심사위원회)

호주등급심사위원회(Australia Classification Board, 이하 ACB)는 호주에서 전시, 판매 또는 고용을 위한 영화, 비디오 게임 및 출판물의 분류 및 검열을 담당하는 호주 정부 법정 기관이다.

ACB는 게임을 아래와 같이 6개의 등급으로 분류하고 있다.[13]

ACB 등급정보	표기	의미
G	General (G)	- 모든 연령대에 적합 - 매우 어린 유아에게는 공포를 일으키는 내용을 포함할 수 있음
PG	Parental Guidance (PG)	- 어린이가 혼란스러워하거나 화나게 할 수 있는 콘텐츠가 있을 수 있으며 부모 또는 보호자의 지도가 필요할 수 있음 - 15세 미만의 어린이가 부모나 보호자의 지도 없이 관람하는 것은 권장하지 않음
M	Mature (M)	- 15세 미만의 어린이에게 권장되지 않음. 폭력과 성숙한 관점이 필요한 주제와 같은 콘텐츠를 가질 수 있음 - 15세 미만의 어린이는 이 콘텐츠에 법적으로 접근할 수 있음 - 부모와 보호자는 자신이 돌보는 어린이에게 적합한지 여부를 결정하기 전에 컴퓨터 게임의 콘텐츠에 대해 검토할 필요가 있음

13 https://www.classification.gov.au/classification-ratings/what-are-ratings#CTC(2025. 1. 5. 방문)

MA 15+ RESTRICTED	Mature Accompanied (MA 15+)	- MA 15+로 분류된 영화 및 컴퓨터 게임은 법적으로 15세 이상만 이용할 수 있음 - 시청자에게 강한 영향을 미칠 수 있는 성적 묘사 및 약물 사용과 같은 콘텐츠가 포함될 수 있음 - MA 15+ 영화 및 컴퓨터 게임을 구매, 고용 또는 관람하기 전에 연령 증명서를 제시해야 할 수 있음 - 부모 또는 성인 보호자는 티켓을 구매하고 15세 미만의 미성년자와 영화관에서 영화를 관람하는 동안 동행하거나 MA 15+ 영화 또는 게임을 구매하기 위해 보호자와 동행해야 함
R 18+ RESTRICTED	Restricted (R 18+)	- R 18+로 분류된 영화 및 컴퓨터 게임은 법적으로 18세 이상의 성인으로 제한됨 - 성인 커뮤니티의 일부에 불쾌감을 줄 수 있는 콘텐츠가 포함될 수 있음 - R 18+ 영화 또는 컴퓨터 게임을 구매하거나 시청하기 전에 나이를 증명할 수 있는 서류를 제시해야 할 수도 있음
CTC	Check the Classification (CTC)	등급분류되지 않은 영화 또는 컴퓨터 게임 광고에는 '분류 확인'(CTC)이 표시됨

부록. 이슈로 보는 게임 관련 법적 쟁점

01 E스포츠 산업의 진흥을 위한 법제도 정비 방안

가 대한민국 E스포츠 산업의 현황

대한민국은 세계 최초로 'E스포츠'를 콘텐츠로서 산업화하고 확장하여 'E스포츠 종주국'으로서의 위상을 갖추고, 지난 2023 항저우 아시안게임에서 전 종목 메달을 석권하는 등 세계 최고 수준의 선수층과 팬덤을 동시에 갖춘 유일한 나라이다.

E스포츠 시장은 지속적으로 성장하고 있다. 한국콘텐츠진흥원에서 실시한 '2024 E스포츠 실태조사'에 따르면, 2023년 기준 국내 E스포츠 산업 규모는 2,569억 원으로, 전년 대비 7.8% 성장했고, 시청자 수는 3년 만에 24% 가까이 늘었다.

특히 대한민국은 2025년 5월부터 세계 최초로 'E스포츠 지역리그'를 개최하면서, 지역연고제와의 결합이라는 새로운 도전에 나서고 있는바, 사우디와 인도가 E스포츠 및 게임 관련 산업을 유치하기 위해 막대한 투자를 진행하는 가운데 종주국으로스의 위상을 지켜내기 위해서는 E스포츠 산업의 육성화 진흥에 관한 법정책적 뒷받침이 시급한 상황이라고 할 수 있다.

나 현행 E스포츠산업 관련 법령 정비 필요성

당면해서는 현재 'E스포츠'의 용어부터 'E스포츠', 'E－스포츠', '이스포츠', 'Esports', '전자스포츠' 등 통일이 되지 않은 상태이고, 한국e스포츠협회가 대한체육회 소속으로서 기본적으로 체육 종목의 하나로 여겨지면서도 정책의 연구나 실태조사 등에 있어서는 문화 콘텐츠로서 취급되는 등 그 경계 또한 법적으로 명확하지 않은 상태라고 볼 수 있는바, E스포츠 산업 진흥을 위해 법령의 정비가 필요한 사항들에 대해 간략하게 살펴보고자 한다.

우선 「이스포츠(전자스포츠) 진흥에 관한 법률」이 시행되고 있으며, 문화체육관광부는 중장기 진흥 기본계획을 수립·시행하고 실태조사, 투자 등을 진행하도록 규정하고 있음에 더하여 '이스포츠산업지원센터'를 지정하여 지방자치단체와의 협조, 연구개발 및 상담 등 지원업무를 수행하게 할 수 있도록 하고 있다.

다만 위 법령에도 불구하고, 현재 한국콘텐츠진흥원, 대한체육회, 한국e스포츠협회(이스포츠산업지원센터로 지정되어 있기도 하다), 개별 지자체 산하의 정보산업진흥원 등 각각의 업무가 분산되어 있는 한계가 명확하다.

다 E스포츠 산업 진흥을 위한 법령 개정 방향

따라서 최근의 개정 논의와 같이, 'E스포츠 진흥재단', 'E스포츠 진흥원' 등이 설립되어 중장기적이고 일관성있는 정책 추진과 함께 전문성을 갖춘 전담 기관 또는 기구로서 한국e스포츠협회, 게임 관련 기관 및 협단체, 개별 지자체와의 협력을 주도적으로 해 나갈 수 있는 컨트롤 타워로서의 기능을 갖추는 것이 바람직할 것으로 보인다.

이러한 내용 이외에도 현재 E스포츠 선수들의 전지훈련, 대규모 대회 참가 등을 위해 마련한 숙소에서 훈련을 하는 것을 사실상 어렵게 하는 '게임제공업소 등이 아닌 영업소의 게임물 설치 대수' 문화체육관광부 고시의 개정을 통하여 E스포츠와 관련한 시설의 경우, 게임제공업소가 아니더라도 설치가능한 기기의 대수를 제한하지 않는다던가, 더 나아가 E스포츠 시설제공업, E스포츠 용품판매업 등 특수성을 반영한 영업형태를 규정하는 것도 도움이 될 수 있을 것이다.

한편 E스포츠 산업의 생활체육화와 지역화를 진행하고자 한다면, 인터넷컴퓨터게임시설제공업(PC방)과의 연계를 고려하지 않을 수 없다. 이러한 사항과 관련하여서는 '복합유통게임제공업'의 주류 반입 금지 제한 규정과 소규모 게임대회 중 우연성 요소가 포함된 게임의 경우 '경품 제공 규제'(게임산업법 제28조 제3호)의 예외로 정하는 방안 등을 고려해 볼 필요가 있다.

마지막으로 E스포츠 산업의 잠재력에도 불구하고, 그 지속가능성에 가장 큰 장애물이 되는 부분 중 하나는 E스포츠의 종목이 되는 게임의 저작권과 관련하여, E스포츠 콘텐츠의 2차적 저작물에 관한 권리 분쟁이다.

이러한 부분에 있어서는 저작권법상 영상저작물 특례를 참고하여, E스포츠 주관사에 E스포츠 콘텐츠에 관한 저작재산권을 부여하거나, 대상 게임을 E스포츠 종목으로 지정할 때 게임의 2차적 저작물 작성권에 대한 공동 보유 또는 반영구적 이용 허락을 표준 계약서 등으로 관행화하는 방향을 검토해 보아야 할 것이다.

02 P2E 게임의 의의와 유통 차단의 법적 근거

가 P2E 게임의 정의

한때 게임업계에 'P2E(Play to Earn) 게임' 광풍이 몰아닥친 시절이 있으며, 대한민국도 예외는 아니었다. 이는 문언 그대로 "플레이하고 재산상 이익을 얻는", 보다 구체적으로는 '게임 이용의 결과물이 NFT(대체 불가능한 토큰, 디지털 파일에 블록체인 기술에 기반한 고유값을 부여한 것) 또는 가상화폐토큰 등으로 변환되어 이용자가 전자지갑을 통해 소유하고 유상으로 거래할 수 있는 형태'로 나타났다.

당시 '엑시인피니티', '크립토 키티'를 비롯하여, 국내 게임사인 위메이드의 '미르의 전설4'까지 폭발적인 성장세를 경험하며 게임이 나아가야 할 새로운 방향성으로 여겨지기까지 하였으나, 일각에서는 '게임의 발전'이 아니라 해당 게임과 연관된 'NFT' 또는 '가상화폐'의 투기를 불러일으킬 뿐, 게임성의 발전과는 무관한 영역이라는 비관론도 존재하였다.

P2E 게임의 향후 흥망에 대해서는 별론으로 하고, 현재 국내에서는 P2E 게임의 유통이 제한되어 있다. 게임물관리위원회는 대표적 P2E 게임인 '파이브스타즈 for Klaytn'과 '무한돌파 삼국지 리버스' 등에 대하여 등급분류거부 및 자체등급분류결정취소처분을 행하였으며, 이러한 처분에 대한 행정소송에서 법원이 최종적으로 P2E 게임의 위법성을 확인함에 따라 국내 게임산업법이 개정되지

않는 한 이러한 게임의 출시는 불가능하게 되었다.

이하에서는 게임물관리위원회의 등급분류거부 및 취소 사유와 행정법원의 판시사항을 기초로, P2E 게임이 국내 게임산업법 위반으로 판단된 법리적 근거를 살펴보고자 한다.

나 게임산업법상 경품 제공 규제

게임산업법은 게임물 관련사업자가 경품 등을 제공하여 사행성을 조장하는 것을 원칙적으로 금지하면서, 예외적으로 아래와 같이 시행령에서 정한 기준을 충족하는 경우에만 경품 제공을 허용하고 있다(게임산업법 제28조 제3호).

동법 시행령 제16조의 2에 따르면, 게임물의 이용을 통한 경품제공이 적법하기 위해서는, ① "게임제공업소용 전체이용가 등급의 게임물"에 대하여, ② 소비자가 1만 원 이내 범위에서 ③ 완구류, 문구류, 문화상품류 등 게임산업법 시행령 제16조의2제1호에서 정하는 종류의 경품을, ④ 심의된 경품지급장치를 통해 제공하여야 한다.

따라서 위와 같은 요건 중 어느 하나라도 충족하지 못한 경우의 '게임과 관련한 경품 지급'은, 결과적으로 위 제28조제3호에 위반되는 '경품 등을 제공하여 사행성을 조장하는 행위'에 해당하는 것이다.

게임물관리위원회는 'P2E 게임'으로 분류되는 '파이브스타즈 for Klaytn'에 대하여 등급분류거부 및 자체등급분류결정취소처분을 행하면서 위 게임산업법 제28조제3호와 더불어 제28조제2호(게임물을 이용한 사행행위 방조), 제32조제1항제7호(환전행위 금지)를 처분 사유로 제시하였다.

다 관련 판결 및 결정례

상기 게임물관리위원회의 등급분류결정취소처분을 다툰 소송에서 서울행정법원은, '게임의 결과물을 NFT(대체불가능토큰) 형태로 제공하는 게임물'에 관하여 아래와 같이 판시함으로써 결과적으로 P2E 게임이 게임산업법 제28조제3호를 위반하는 것으로 해석하였다.

서울행정법원 2023. 1. 13. 선고 2021구합65484 판결

이 사건 게임에서 제공하는 NFT화 할 수 있는 아이템은 게임산업법 제28조 제3호가 금지하고 있는 경품에 해당한다고 할 것이고, 이 사건 게임에서 경품을 제공하는 것은 그 자체로 사행성을 조장하는 행위라고 봄이 상당하다.

① 일반적인 게임에서 이용자가 획득하는 아이템은 이용자가 그것을 소유하고 있는 것처럼 보이지만 그 게임이 계속 제공되고 이용자가 그 게임의 계정을 갖고 게임을 이용하는 한도 내에서만 의미가 있다는 점에서 이용자에게는 게임 내에서의 이용권만이 있을 뿐이고, 그 소유권은 게임 저작권의 일부로서 게임사에 속한다. 그런데 이 사건 게임에서 제공하는 일부 아이템, 즉 NFT화 할 수 있는 아이템의 경우 이용자가 이를 NFT화하는 경우 이 사건 게임 서비스의 제공 여부나 이용자가 이 사건 게임의 계정을 유지하고 있는지 여부와 무관하게 영구적으로 이용자에게 소유권이 귀속되며, 이 사건 게임의 계정이 없는 자도 NFT를 구매함으로써 이를 소유할 수 있다.

② 원고는 NFT가 디지털 자산에 고유값을 부여한 것이므로 대체 불가능한 성질을 갖고 그러한 점에서 가상화폐와는 다르다고 주장하지만, 이는 해당 디지털 자산 자체가 고유하고 단일한 성격을 가진 경우에 적용될 수 있는 것으로서 사실상 디지털 자산에 대하여 많은 수의 NFT가 부여되는 경우에는 일반적인 토큰과 마찬가지로 대체가능성 내지 환가성이 인정될 수 있는데, 이를 이 사건에 적용하여 보면 NFT화할 수 있는 아이템이 다수 제공되는 경우로 볼 수 있고 이는 게임의 속성상 필연적이므로(즉, 이용자가 계속 게임을 하여 아이템을 다수 취득할 수도 있고, 이용자가 증가하는 경우에도 제공되는 아이템이 증가한다), 결국 이 사건 게임에서 문제되는 NFT는 일반적인 토큰과 마찬가지의 대체가능성 내지 환가성을 인정할 수 있다.

③ 이용자에게 귀속되는 NFT는 단순히 아이템으로 존재할 때와는 달리 외부 거래소를 통해 용이하게 거래·유통될 수 있고, 실제로도 자유로운 거래가 이루어지고 있다(원고도 자유로운 거래를 의도하고 아이템에 NFT 기능을 부여하였다).

④ 위와 같은 NFT의 대체가능성, 환가성, 유통가능성에 비추어 이 사건 게임을 통해 이용자들이 얻는 NFT 내지 NFT가 화체된 아이템의 경우 단순히 디지털 자산의 고유한 주소로서의 의미만을 가지는 것이 아니라 그 자체로 재산상 가치를 인정할 수 있다.

특히 해당 사건에서 쟁점이 되었던 부분은, ① NFT로 변환된 아이템이 '경품'에 해당하는지의 여부와 ② 시행령의 예외 사항에 해당하지 않는 경품을 제공하는 그 자체만으로 위법인지 또는 경품제공행위에 더하여 우연성과 유상성 등 별도의 사행성 조장행위가 가미되어야 비로소 위법에 이르는지와 관련한 내용이었다.

해당 사건에 대하여 법원은 NFT화 할 수 있는 아이템을 이용자가 소유할 수 있다는 점을 게임사 스스로 강조하여 왔던 점, 대체가능성과 환가성이 인정되는 점, 외부거래소를 통한 거래·유통이 이루어지는 점 등을 지적하며 NFT가 법령에서 정하는 '경품'에 해당한다고 보았다.

또한 법원은 헌법재판소가 게임산업법 제28조 제3호가 예외적으로 허용되는 경품의 범위를 벗어난 경품 제공이 그 자체로 사행성을 조장하는 행위라고 해석한 아래 결정례의 내용을 참고하여, 예외적인 허용 사유에 해당하지 않는 '경품 등을 제공하는 행위'면 게임산업법 제28조제3호 위반에 해당하고, 이러한 행위가 별도로 우연성 및 유상성 등 사행성을 조장하여야 하는 것은 아니라고 해석하였다.

헌법재판소 2020. 12. 23.자 2017헌바463 전원합의체 결정

위와 같은 입법연혁과 게임물의 사행화 방지라는 이 사건 의무조항의 입법목적 및 본문과 단서형식의 규범 구조를 종합하여 보면, 이 사건 의무조항은 '경품 등의 제공'이 곧 '사행성을 조장하는 행위'라고 전제하여, 모든 게임물에 대하여 원칙적으로 '경품 등을 제공하는 것'을 금지한 것이다. 다만, 청소년이용불가 게임물에 비해 사행화할 가능성이 비교적 경미하다고 판단되는 청소년게임제공업의 전체이용가 게임물에 한해서만 예외적인 요건 하에 경품의 제공을 허용하고 있는 것이다. 따라서 게임물관련 사업자가 이 사건 시행령조항이 정하는 경품지급기준을 초과하는 경품을 제공하는 등 이 사건 의무조항 중 단서부분을 위반하여 경품을 제공하였다면, 이는 곧 이 사건 의무조항이 금지하는 '사행성을 조장하는 경품제공행위'에 해당한다. 즉, 이 사건 의무조항이 '경품 등을 제공하는 행위' 이외에 추가적인 요건으로 그 경품제공행위가 '사행성을 조장하는 행위에 해당할 것'을 두고 있는 것은 아니라고 할 것이다.

따라서 게임물 관련사업자가 게임산업법 제28조제3호 단서 및 동법 시행령 제16조의2에서 정하고 있는 경품지급기준을 초과하는 경품을 제공하였다면, 이는 곧 "사행성을 조장하는 경품제공행위"에 해당하게 된다.

라 결론

게임산업진흥에 관한 법률의 경품 규제가 도입된 계기가 되어있었던 '바다이야기 사태' 이후 오랜 기간이 지났지만, 여전히 일선 영업장에서 점수 보관증과 고가의 경품을 제공하는 사례는 물론이고 논란의 대상이 되었던 P2E 게임 또한 각 게임의 목적이 결과적으로 연관된 가상화폐의 시세를 펌핑하기 위한 목적이 개입되어 있었다는 점을 생각하면, P2E 게임에 대해서도 게임산업법 제28조제3호를 적용할 당위성은 여전히 있다.

다만 P2E 게임의 새로운 유형은 물론 앞으로도 전에 없던 유형의 게임들이 등장하게 될 것임을 고려한다면, 경품 제공 규제에 관한 허용 범위를 사회적 합의를 거쳐 합리적으로 조정하여야 할 필요가 있음은 분명하다.

03 게임산업진흥에 관한 법률 제32조제2항제3호에 대한 헌법소원

가 헌법소원심판청구의 배경

2024년 10월, 게임물 관련사업자 및 게임 이용자 210,751명이 「게임산업진흥에 관한 법률」 제32조제2항제3호에 대한 헌법소원을 청구하였다.

이는 헌법재판소 설립 이래 역대 최대 규모의 헌법소원심판사건으로서, 심판대상조항의 "범죄·폭력·음란 등을 지나치게 묘사하여 범죄심리 또는 모방심리를 부추기는 등 사회질서를 문란하게 할 우려가 있는 것"이라는 조항의 내용이 표현이 모호하여 명확성의 원칙에 위배될 수 있다는 점과, 문화예술 창작의 자유, 표현의 자유, 직업의 자유 등의 기본권을 침해하고 있다는 점을 골자로 하고 있다.

청구인들은 이러한 헌법소원의 취지가 "문화예술진흥법의 개정에 따라 게임도 문화·예술로 인정받은 만큼, 게임에 대해서만 엄격한 잣대를 들이밀지 말고 영화, 드라마, 웹툰 등 다른 매체와 동일한 기준으로 바라봐 달라"는 것이라고 설명하고 있다.

나 헌법소원심판의 쟁점

심판대상조항에 해당하는 게임물을 제작 또는 반입한 자는 언제든 '2년 이하의 징역 또는 2천만 원 이하의 벌금'이라는 형사처벌을 받을 가능성이 있다는 점에서, 형벌의 근거가 되는 규정은 예측가능성이 더 강하게 요구된다는 죄형법정주의하 명확성의 원칙 위반이 쟁점이 될 수 있다.

한편 청구인들은 '게임' 또한 문화예술의 범주에 속하기 때문에 게임 창작자들의 표현에 관하여 포괄적인 제한이 이루어지는 것이 게임제작업자의 '창작의 자유'를 침해함과 동시에 게임 이용자들이 '문화향유권'을 침해하는 것이라는 주장을 제기하며, 영화, 영상물 등 여타 문화 콘텐츠와 비교하여 볼 때 게임물 관련사업자와 게임 이용자의 평등권을 침해한 것이라는 주장도 전개하고 있다.

다만 게임 분야의 소관부처인 문화체육관광부는 이해관계인 의견서를 통해, 게임물을 통한 표현에 대한 제32조제2항의 제한은 매체의 특성을 고려해 볼 때 필수 불가결한 제한이며 제한의 내용 또한 사용된 문구의 사전적 의미, 입법 취지, 법규범의 체계적 구조 등에 비추어 볼 때 수범자와 법집행자에게 적정한 판단기준 또는 해석기준을 제시하고 있다고 볼 수 있고 이와 같은 기준에 따라 자의적인 법해석이나 법집행을 배제할 수 있으므로, 명확성의 원칙에 위배되지 않는다라 주장한다.

다 사건의 전망

해당 헌법소원 사건은 청구인들의 숫자 그 자체만으로도 언론과 정치권의 주목을 받았으며, 등급분류 민간이양과 관련한 게임산업법 개정안이 국회 본회의를 통과하는 동력이 되기도 하였다.

한편 청구인들의 숫자가 210,751명으로 유래 없는 수준인 점은 분명하지만 기본권침해의 자기관련성과 직접성의 관점에서 본다면 일반 게임 이용자들이 헌법소원의 적법 요건을 충족하였다고 보기 어려운 부분도 존재하기에 실제 사건의 초점은 게임물 관련사업자에 맞추어질 것으로 보인다.

명확성의 원칙 위반 소지 부분에 있어서는 각 정당의 국회의원, 헌법재판연구원 등이 이를 지적한 바 있어 헌법적 관점에서 검토가 충분히 이루어질 것으로 보이며, 예술 창작의 자유와 문화향유권 침해 주장과 관련하여서는 인용 여부를 떠나 '게임'이라는 콘텐츠를 헌법적 관점에서의 문화예술의 범주로 볼 것인지에 관하여 다루어진다는 점에서 결과를 떠나 사회적 의미가 클 것이라 예상한다.

04 국내대리인 지정제도의 도입 및 제도 개선 방향

가 국내대리인 지정제도의 도입 배경 및 필요성

대한민국의 게임 시장은 과거 해외 게임사가 국내 진출 시 국내 게임사를 퍼블리싱 업체로 두어야 했던 환경에서, 모바일 게임과 PC게임 모두 구글 플레이스토어, 애플 앱스토어, 스팀과 같은 정보통신망 기반 플랫폼을 통해 직접 서비스를 제공하는 환경으로 급변하였다.

이러한 변화로 국내 퍼블리싱 업체 없이 게임 플랫폼을 통해서만 게임을 제공하는 해외게임사들이 급증하게 되었는데, 이는 게임 이용자들이 보다 손쉽게 다양한 게임을 접할 수 있는 장점을 가진 동시에 소비자 보호를 비롯한 법과 제도의 준수 여부를 일일이 확인하기 어려운 문제를 야기하였으며, 직접적인 제재가 이루어질 가능성이 있는 국내 게임사와 달리 해외 게임사 일부에 대하여는 법률상 의무 위반이 존재함에도 이를 제재하기 어려운 역차별 우려를 낳았다.

특히 2024년 3월, 게임산업법 개정으로 제33조제2항에 따른 확률형 아이템 확률정보공개제도가 마련되었음에도 해외게임사가 위반할 경우 규제가 어려워 국내 게임사와의 역차별 문제가 더욱 불거졌다. 이는 게임 이용자의 관점에서는 해외 게임을 이용하는 경우 소비자 보호 제도의 적용에 따른 보호가 미비하게 이루어진다는 점에서 '해외 게임 이용자 차별' 문제로도 볼 수 있을 것이다.

나 국내 대리인 지정 제도의 도입

위와 같은 해외 게임사 역차별 문제에 대한 대비책으로 2024. 10. 22. 개정되어 2025년 10월 23일부터 시행되는 국내 대리인제도(게임산업법 제31조의2)는, '국내에 주소 또는 영업장이 없는 게임배급업 또는 게임제공업을 영위하는 자' 중 일정 기준에 해당하는 자에게 국내 대리인 지정 의무를 부과하는 것을 골자로 하고 있다.

국내 대리인 지정제도는 해외게임사의 게임산업법상 의무 이행과 게임이용자의 권익을 보장하기 위한 두 가지 측면에서 도입되었다. 이는 해외 게임사들이 국내 법규를 준수하고 이용자 보호 의무를 이행하도록 하는 법적 장치로 기능하게 된다.

다 국내 대리인 지정 제도의 내용

보다 구체적으로 살펴보자면, 해외 게임사는 국내에 주소 또는 영업장을 두고 있는 '국내 대리인'을 지정하여 게임물 관련사업자의 보고의무(게임산업법 제31조 제2항)와, 확률형 아이템의 확률 정보를 포함한 게임물 관련 표시의무(게임산업법 제33조)를 이행토록 하여야 한다.

한편 국내 대리인을 지정한 경우, 국내 대리인의 성명(법인의 경우 명칭 및 대표자 성명), 국내 대리인의 주소(법인의 경우 영업장 소재지), 전화번호 및 전자우편주소 등을 게임물의 이용 약관에 표시하여야 한다.

라 국내 대리인과 관련한 법적 책임

지정된 국내 대리인이 게임산업법 제31조의2제1항 각 호와 관련하여 법을 위반한 경우, 해당 게임물 관련사업자가 그 행위를 한 것으로 간주된다.

한편 해외 게임 제작업자 또는 배급업자가 국내 대리인 지정의무가 있음에도 이를 이행하지 않은 경우 2천만 원 이하의 과태료가 부과된다(게임산업법 제48조 제1항).

마 국내 대리인 지정 제도의 기대효과 및 한계

국내 대리인 지정 제도가 시행되는 경우, 해외 게임사들의 게임산업법상 의무 이행 가능성이 증가할 것으로 보인다. 마찬가지로 문화체육관광부와 각 지방자치단체, 게임물관리위원회 등에 의한 시정 관련 절차 이행이 용이해질 것임은 물론 게임 이용자 측면에서도 해외 게임사를 대상으로 공정거래위원회 신고, 한국소비자원 집단분쟁조정신청, 환불 또는 손해배상 청구 등 법적 구제 절차 진행할 경우, 그 상대방을 국내 대리인으로 기재하여 절차를 진행할 수 있다는 점에서도 권리 구제에 도움이 되는 일면이 있다.

더하여 게임 이용자들이 게임 이용 과정에서 겪는 운영상 문제(버그 수정, 해킹, 결제 관련 문제 등)에 대해 국내 대리인에게 문의와 요청 등을 전달하도록 함으로써 소비자에 대해 종전보다 신속하고 효율적인 도움을 제공할 가능성도 높아질 것으로 보인다.

다만 해외 게임사가 형식적으로만 국내 대리인을 지정할 가능성이 여전히 남아 있다는 한계점은 명백하다. 또한 국내 대리인 지정 제도만으로는 해외 게임사들의 의무 위반 상황을 해결하는 궁극적 해결책이 될 수 없다.

바 결론

게임산업법상 국내 대리인 지정 제도는 해외게임사의 게임산업법상 의무 이행과 게임이용자의 권익을 보장하기 위한 중요한 제도적 장치이다. 그러나 이 제도만으로는 모든 문제를 해결할 수 없으므로, 제도의 실효성을 높이기 위한 추가적인 보완 장치와 지속적인 논의가 필요하다.

따라서 제도의 안착을 위한 추가적 제재 수단의 도입(미지정 시 결제 기능 제한, 등급분류의 정지 또는 조건부 취소), 구체적인 시행령의 마련과 가이드라인의 배부를 통한 지정 제도의 유도 및 홍보 등 다양한 관점에서의 노력이 이루어져야 할 것이다.

05 등급분류 민간위탁 범위 확대 및 내용수정신고 간소화

가 서설

문화체육관광위원회는 2025년 3월 5일 제423회 국회(임시회) 제1차 회의에서 게임산업진흥에 관한 법률 일부개정법률안 6건을 심사한 결과, 이를 본회의에 부의하지 않고 국회법 제51조에 따라 위원회 대안으로 제안하기로 결정하였다. 이 대안은 이재정의원, 김윤덕의원, 박정하의원 등이 각각 발의한 법률안들을 통합·조정한 것으로서, 같은 해 3월 20일 국회 본 회의를 통과하여 4월 8일 공포되어 10월 9일 시행을 앞두고 있는바, 개정된 내용을 요약하여 살펴보고자 한다.

나 등급분류 업무의 민간이양 확대

1) 개정 내용

게임물관리위원회에서 민간등급분류기관에 등급분류를 위탁할 수 있는 게임물의 범위는 게임제공업소용 게임물(아케이드 게임물)을 제외한 '전체이용가', '12세이용가', '15세이용가' 각 등급의 게임물로 한정되었으나, 이러한 민간위탁 대상 게임물의 범위에 '청소년이용불가' 등급의 게임물을 추가하는 것이 그 핵심이다.

단, 여전히 게임제공업소용 게임물이나 사행성 모사 게임물과 같이 사행성 우려가 있는 게임은 민간위탁이 불가능하며, 게임물관리위원회가 직접 등급심의를 진행하게 된다.

2) 개선의 취지

게임콘텐츠에 대한 민간 부분의 자율성을 확대하되, 영업장에서의 개변조 또는 사행적 영업방식과 결합할 우려가 있으며, 현장 점검이 전문성 있는 기관에 의하여야만 가능한 게임제공업소용 게임물과 사행성 우려가 있는 게임물에 대해서는 여전히 공공영역에서의 관리를 유지하는 취지라 볼 수 있다.

3) 한계점

다만 사행성 게임물 또는 사행성 유기기구의 '사행성'을 판단하는 두 요건인 ① 사행성 모사 또는 우연적 방법에 의하여 결과가 결정될 것, ② 이용자에게 재산상 이익 또는 손실을 가져올 것의 두 가지 요건 중 '사행성 모사'의 사례에 대해서만 민간위탁의 범위에서 제외해 놓아, 고도의 확률형 아이템으로 구성된 게임 등 '전적으로 우연에 의하여 결과가 결정되는 게임물'이나 P2E 게임, 현금 아이템 거래소 등 '이용자에게 재산상 손익이 발생하는 게임물'의 경우에는 민간위탁이 무분별하게 진행될 수 있다는 우려가 존재한다.

위와 같은 우려가 게임업계의 이익을 위하여 의도된 것이 아닌 입법미비라면, 상기 두 사례에 대해서도 세부 기준을 마련하여 일부를 민간위탁의 범위에서 제외하는 방향의 보완이 이루어져야 할 것으로 사료된다.

다 게임물 내용수정신고 간소화

1) 현행 내용수정신고 제도의 문제점

현행 규정은 등급분류를 받은 게임물의 내용을 수정하는 경우, 수정의 정도와 내용을 불문하고 모두 신고할 의무를 부과하고 있어, 게임물 관련사업자에게 불필요한 부담을 주고 행정력 낭비를 초래한다는 지적이 있었다.

2) 개선 내용

개정법률에 따른 내용수정신고 개선의 가장 큰 개선점은, '경미한 내용수정'의 경우 신고의무가 면제되는 부분이다. 기존 제도의 경우 경미한 게임 업데이트는 물론, 게임 내 오탈자 수정이나 배경음악 교체 등 게임물의 주된 내용과 관련이 없는 사항의 수정에 대해서도 내용수정신고 의무가 있었다고 볼 여지가 존재하였으나, 이러한 법률 개정에 따라 신고를 하지 않을 수 있게 되었다.

다만 '경미한 정도'에 관하여 시행규칙을 통해 구체화한다고 하더라도 여전히 판단이 제각기 다를 수 있고, 악용될 우려도 있다는 점을 고려해 본다면 확률형 아이템 정보공개 제도와 같이 이러한 부분의 의미를 보다 명확하게 설명하여 주는 '가이드 라인' 또는 '해설서'를 배부하는등, 해석의 보충이 추가로 이루어져야 할 것이다.

그 외에 24시간 이내 사후신고의 방법으로만 이루어질 수 있었던 내용수정신고를 사전에 진행하는 방향의 선택지가 추가된 부분도 기존 사업자들의 부담을 완화하여 주는 방향의 개선이 이루어진 것으로 보인다.

라 자체등급분류 제도 개선

자체등급분류 사업자 재지정 기간을 3년에서 5년으로 확대하고, 게임제공업자의 범위 확대 및 매출액 외에 자본금도 기준으로 인정하는 등으로 지정 요건을 완화하였다.

이는 자체등급분류사업자의 수를 늘리고, 사업자의 의무 부담도 완화함으로써 궁극적으로 민간부문의 게임물 자체등급분류 활성화를 도모하기 위한 것으로 이해된다.

다만 자체등급분류사업자의 진입장벽을 낮추고 자격 유지 요건을 완화하는 만큼, 자체등급분류 오용 및 악용의 사례를 예방하지 못하거나 자체등급분류가 잘못 이루어지는 사례가 빈번한 경우에 주어지는 시정조치 등 제재에 관하여도 보완이 이루어져야 할 필요가 있다.

그래야만 등급분류업무를 민간으로 이양하되, 게임물관리위원회와 문화체육관광부는 사후관리에 집중한다는 제도 개선 방향의 취지를 더욱 잘 살릴 수 있을 것으로 보인다.

라 폐업신고 제도 개선

1) 현행 제도의 문제점

현행 제도하에서 특히 사행적 영업방식이 결부된 게임제공업소의 경우, 위법행위가 적발되었을 때 행정제재 등 처분을 피하고자 폐업 신고를 하는 사례가 빈번히 발생해 왔다.

2) 개선 내용

영업정지 등 행정제재처분 기간과 그 절차가 진행 중인 기간에는 폐업 신고를 할 수 없도록 제한하여 폐업 신고 제도의 악용을 막고, 폐업 신고 기간을 기존 7일에서 30일로 연장하여 민원인의 부담을 완화하였다.

06 게임 저작권 관련 판결례 동향(저작권법, 부정경쟁방지법)

가 법원에서 판단한 최초의 게임 저작권 분쟁, 포트리스 2 블루 v 건바운드 사건

서울지방법원 2002.2.19. 선고 2002카합1989 결정에서, 재판부는 포트리스 2 블루에 사용된 애니메이션 효과는 독창성이 인정될 소지가 있으나, 캐릭터가 포탄이나 무기를 바람과 파워 게이지에 따라 발사하는 등의 요소는 독창성이 인정될 수 없다고 보았다.

게임저작물의 구성요소 중 시각적 표현 이외에 규칙과 진행방식과 같은 부분은 아이디어에 해당하여 보호범위에 포함하지 않겠다는 취지로 보이나, 구체적인 저작권 보호대상 여부의 구분기준을 적시하지는 않았다.

나 아이디어와 표현의 이분법 강조, 봄버맨 v 크레이지 아케이드 사건

서울중앙지방법원 2007. 1. 17. 선고 2005가합65093 판결에서 법원은, "게임 방식이나 규칙은 특정인에게 독점권이 있는 것이 아니라 누구나 자유롭게 사용하여 다양한 표현으로 다양한 게임을 만들 수 있도록 하여야 한다."라 판시하면서, 추상적인 게임의 장르, 기본적인 게임의 배경, 게임의 전개방식, 규칙, 게임의 단계변화 등은 아이디어에 불과하므로 저작권법에 의한 보호를 받을 수 없고, 아이디어를 게임화하는 데 있어 필수불가결하거나 공통적 또는 전형적으로 수반되는 표현 등은 저작권법에 의한 보호대상이 될 수 없다.라 하여 게임의 진행방식, 규칙, 배경설정, 장르 등의 아이디어 영역과 캐릭터 및 아이템, 맵 등의 디자인 표현 간의 구분을 강조하였다.

따라서 '봄버맨' 게임의 설정이나 진행방식 및 규칙 등은 판단의 대상이 되지 않았으며, 명백한 시각적 표현의 영역인 플레이필드, 맵, 캐릭터, 아이템, 폭탄 등의 요소만 가지고 보았을 때, '크레이지 아케이드' 내 캐릭터 등 각 요소와 실질적 유사성이 인정되지 않음으로서 해당 사안은 결과적으로 저작권법 침해 사안이 아니라는 판단을 받게 되었다.

다 아이디어와 표현의 이분법 재확인, 모바일 부루마불 v 모두의 마블 사건

서울고등법원 2018. 4. 26. 선고 2017나2064157 판결에서 법원은, 위 봄버맨 사건에서와 마찬가지로 "게임의 규칙이나 표현의 선택, 배열 및 조합은 대부분 저작권의 보호대상이 될 수 없는 사상의 영역에 해당하거나, 기존 보드게임의 변형의 선택, 배열 및 조합에 불과하여 같은 장르의 다른 게임들과 확연히 구별되는 특징이나 개성이 나타나 있다고 보기는 어렵고, 다른 요소들도 규칙을 따르는 과정에서 필수불가결하거나 전형적으로 수반되는 표현형식, 누가 하더라도 같거나 비슷할 수밖에 없는 표현형식 등에 불과하다."라 하여 '세계의 주요 도시들을 지칭한 칸을 배열하고, 캐릭터가 주사위를 던진 결과에 따라 이러한 칸들을 이동하면서 토지를 매입하거나 그 위에 건물을 지은 뒤, 다른 캐릭터가 해당 칸을 밟게 되는 경우 그로부터 이용료를 받는 방식으로 경쟁'하는 게임의 규칙과 진행방식 및 배경설정 자체를 저작권 보호대상으로 보지 않았다.

다만 이 판결에서 법원이 이와 같이 판단하게 된 배경에는, 위 보드게임 규칙 자체가 원고의 '부루마불'의 독창적 요소가 아니고, 해외 고전 보드게임 '모노폴리'에서 기인한 것이라는 점이 반영된 것으로 보이며, "게임은 게임규칙, 게임에 등장하는 캐릭터, 게임 맵의 디자인 등 다양한 요소들로 구성되고, 이러한 요소들이 일정한 의도나 방침에 따라 선택되고 배열됨으로써 다른 게임과 확연히 구별되는 특징이나 개성이 나타나 창작적 개성을 가지고 있는 경우에는 저작물로서 보호받을 수 있다"라 설시하여, 게임 내 시각적 표현 요소들뿐 아니라, 창작적 개성이 인정되는 경우 게임 그 자체가 저작물로서 보호받을 수 있게 될 가능성을 열어두었다는 점에서 의의가 있으며, 대법원이 원고의 상고를 기각하여 최종적으로 이러한 판결을 확정하였다.

라 게임물 자체를 보호받는 저작물로서 인정한 기념비적인 사례, 팜히어로 사가 v 포레스트 매니아 사건(대법원 2019. 6. 27. 선고 2017다212095 판결)

몰타공화국에 있는 게임회사인 킹닷컴(King.com)이 국내 게임사 아보카도엔터테인먼트를 상대로, 동 회사가 출시한 모바일 게임 '포레스트 매니아'가 자사의 게임 '팜히어로 사가'의 저작권을 침해한다는 이유로 침해행위 금지 등을 구한 사안에서, 대법원은 기존 저작권 침해를 인정하지 않았던 고등법원의 판단을 뒤집었다.

특히 위 판결은 "원고 회사의 게임물은 개발자가 축적된 게임 개발 경험과 지식을 바탕으로 게임물의 성격에 비추어 필요하다고 판단된 요소들을 선택하여 나름대로의 제작 의도에 따라 배열·조합함으로써, 개별 구성요소의 창작성 인정 여부와 별개로 특정한 제작 의도와 시나리오에 따라 기술적으로 구현된 주요한 구성요소들이 선택·배열되고 유기적인 조합을 이루어 선행 게임물과 확연히 구별되는 창작적 개성을 갖추고 있으므로 저작물로서 보호 대상이 될 수 있다."라 하여, 게임의 규칙성과 진행방식, 시나리오 등의 구성요소가 기술적으로 구현되어 배열 및 조합됨으로써 창작적 개성이 발현되는 경우라면 게임물 그 자체가 보호 대상인 저작물에 해당될 수 있다는 취지의 판시를 하였다는 점에서, 기존 게임 저작권 분쟁에서 캐릭터 등 게임 내 시각적 표현 요소들에만 초점을 맞추어 실질적 유사성을 판단해 오던 법원의 입장에서 보다 진일보하였다고 볼 수 있다.

마 보호받는 저작물에 해당하는 게임물 범위의 확장, 뮤 온라인 v 블랙엔젤 사건

서울중앙지방법원 2022. 7. 7.선고 2019가합585730 판결은, 위 '팜히어로 사가'에 관한 대법원 판결례의 법리를 현재 우리나라 모바일 게임의 주류 장르인 MMORPG 장르 게임물에도 적용하였다.

주식회사 웹젠이 자사가 개발한 게임 '뮤 온라인'을 중국 게임사 유주게임즈 코리아가 모방하여 '블랙엔젤'이라는 게임으로 출시하였다는 취지의 저작권 침해 중지 등 청구에 대해, 해당 재판부는 피고 회사가 "'뮤 온라인'의 캐릭터, 스킬 이펙트, 탈 것 등 개발자의 제작 의도에 따라 기술적으로 구현된 핵심적인 구성요소들의 선택·배열 및 유기적인 조합에 따른 창작적인 표현형식을 그대로 포함하고 있으므로, 양 게임물은 실질적으로 유사하다."라 판단하여 앞서 소개하였던 대법원 판결에서의 법리를 다른 장르 게임, 스킬 이펙트 등의 요소도 고려하는 방식으로 적용하였다.

일반적으로 저작권 침해가 성립하기 위해서는, ① 창작성이 인정되며 저작권의 보호범위에 포함되는 저작물과 ② 의거관계에 있는 저작물 사이에 ③ 실질적 유사성이 인정되어야 한다.

그동안 함께 살펴본 내용을 다시 정리해 보자면, 과거 게임 저작권 침해 사건에서는 게임의 장르, 진행방식, 규칙, 시나리오(배경) 등은 아이디어의 영역으로서 저작권의 보호 대상이 아니라고 본 후 캐릭터나 맵 디자인 등 게임 내 시각적 표현으로 볼 수 있는 요소들만 비교하여 실질적 유사성 여부를 판단하였으며 결과적으로는 대부분 저작권 침해가 인정되지 않았다. 기본적으로 게임을 모방해오는 회사는, 양심적으로 적어도 시각적인 부분만이라도 바꾸는 것이 보통이기 때문이다.

하지만 위 '팜히어로 사가' 판결과 그 이후 판결에서는 점차 게임 내 개별 구성요소 각각이 아니라, 이러한 구성요소의 선택과 배열, 그리고 유기적인 조합과 결합 형태에 있어서도 창작자의 개성이 드러날 수 있다고 보아 게임물 자체, 그 전체를 하나의 보호받는 저작물로서 인정하고 있는 추세로 변화하고 있는 것이라 정리할 수 있다.

다만 최근 선고된 엔씨소프트와 카카오게임즈 간 '아키에이지 워' 사건이나 엔씨소프트 및 웹젠 사이의 'R2M' 사건의 경우, 「부정경쟁방지 및 영업비밀보호에 관한 법률」에 대한 판단은 각각 다르게 이루어졌으나 결과적으로 각 게임물 내 구성요소의 저작물성 또는 저작권법의 보호 대상 여부에 관하여 부정하였기 때문에 아직까지도 게임물의 저작권 관련 법리가 확립된 것은 아니라고 평가할 수 있을 것인바, 두 사건의 확정 판결을 기다려 볼 필요가 있다.

참고판례 목록

헌법재판소 2002. 12. 18. 선고 2000헌마764 결정
헌법재판소 2009. 6. 25. 선고 2007헌마451 결정
헌법재판소 2010. 7. 29. 선고 2009헌가14, 2010헌가18, 2009헌가16, 2010헌가9, 2009헌가35, 2010헌가4, 5, 34 결정
헌법재판소 2012. 6. 27. 선고 2011헌마288 전원재판부 결정
헌법재판소 2020. 12. 23. 선고 2017헌바463 전원재판부 결정
헌법재판소 2022. 2. 24. 선고 2017헌바438 전원재판부 결정
헌법재판소 2024. 7. 18. 선고 2022헌마1632 전원재판부 결정

대법원 1980. 5. 13. 선고 79누251 판결
대법원 1991. 7. 12. 선고 90누8350 판결
대법원 1993. 5. 25. 선고 92누18726 판결
대법원 1995. 6. 21. 선고 95두26 판결
대법원 1999. 3. 9. 선고 98두19070 판결
대법원 2000. 5. 26. 선고 98두5972 판결
대법원 2003. 9. 2. 선고 2002두5177 판결
대법원 2005. 4. 15. 선고 2004두10883 판결
대법원 2006. 9. 14. 선고 2006도4075 판결
대법원 2006. 12. 8. 선고 2006도6400 판결
대법원 2007. 10. 26. 선고 2007도4702 판결
대법원 2008. 3. 27. 선고 2008도89 판결
대법원 2008. 10. 23. 선고 2008도3970 판결
대법원 2010. 1. 28. 선고 2009도11666 판결
대법원 2010. 2. 25. 선고 2009도12117 판결

대법원 2010. 4. 29. 선고 2009도13435 판결
대법원 2010. 9. 9. 선고 2010다43054 판결
대법원 2010. 6. 24. 선고 2010도3358 판결
대법원 2011. 11. 10. 선고 2010도11631 판결
대법원 2012. 3. 29. 선고 2011도1985 판결
대법원 2012. 12. 13. 선고 2012도11505 판결
대법원 2013. 10. 24. 선고 2013도5800 판결
대법원 2014. 5. 29. 선고 2014도12 판결
대법원 2014. 6. 12. 선고 2012두13122 판결
대법원 2014. 10. 30. 선고 2013도13930 판결
대법원 2014. 11. 13. 선고 2013도9831 판결
대법원 2015. 11. 27. 선고 2014도10551 판결
대법원 2017. 5. 11. 선고 2014두8773 판결
대법원 2017. 11. 14. 선고 2017도7492 판결
대법원 2021. 7. 21. 선고 2021도4785 판결
대법원 2021. 12. 16. 선고 2021도7951 판결
대법원 2023. 12. 14. 선고 2023두43501 판결
대법원 2024. 2. 15. 선고 2023도16356 판결
대법원 2024. 11. 28. 선고 2023다216883 판결
대법원 2024. 12. 24. 선고 2022도7294 판결

서울지방법원 2002. 2. 19. 선고 2002카합1989 결정
서울행정법원 2002. 5. 17. 선고 2002구합829 판결
서울중앙지방법원 2007. 1. 17. 선고 2005가합65093 판결
서울행정법원 2007. 12. 12. 선고 2007구합30635 판결
서울고등법원 2010. 2. 3. 선고 2009누9859 판결
수원지방법원 2013. 1. 19. 선고 2021나71106 판결
광주지방법원 2013. 4. 26. 선고 2012노2525 판결
제주지방법원 2013. 10. 24. 선고 2013노275 판결
서울행정법원 2014. 12. 18. 선고 2014구합64681 판결
서울행정법원 2015. 1. 9. 선고 2014구합9486 판결

서울행정법원 2015. 1. 29. 선고 2014구합11427 판결

부산지방법원 2015. 4. 9. 선고 2014구합22770 판결

서울행정법원 2017. 2. 3. 선고 2016구합60430 판결

서울행정법원 2017. 2. 3. 선고 2016구합68069 판결

의정부지방법원 2017. 4. 26. 선고 2016아3157 결정

대구지방법원 2017. 6. 16. 선고 2017구단10307 판결

서울고등법원 2018. 4. 26. 선고 2017나2064157 판결

서울행정법원 2018. 8. 16. 선고 2018구합54163판결

서울북부지방법원 2019. 5. 3. 선고 2018노2305 판결

서울행정법원 2020. 12. 17. 선고 2020구합59314 판결

대구지방법원 2021. 6. 11. 선고 2020구단11416 판결

대전지방법원 2021. 7. 15. 선고 2021구단100436 판결

부산고등법원 2021. 7. 23. 선고 2021누21330 판결

서울행정법원 2021. 8. 19. 선고 2020구합70786 판결

서울행정법원 2021. 8. 20. 선고 2020구합72720 판결

서울중앙지방법원 2021. 11. 19. 선고 2021나12918 판결

광주고등법원 2022. 2. 10. 선고 2021누11745 판결

서울고등법원 2022. 4. 5. 선고 2021누54431 판결

대전지방법원 2022. 4. 26. 선고 2021구합105056 판결

서울중앙지방법원 2022. 7. 7. 선고 2019가합585730 판결

제주지방법원 2022. 9. 22. 선고 2022노95 판결

서울고등법원 2022. 12. 14. 선고 2022누31411 판결

서울행정법원 2023. 1. 13. 선고 2021구합65484 판결

서울행정법원 2023. 4. 20. 선고 2022구합57763 판결

서울고등법원 2024. 2. 2. 선고 2023누43046 판결

수원고등법원 2024. 12. 5. 선고 2024나20887 판결

참고문헌

게임물관리위원회, 「2024 게임물 등급분류 및 사후관리 연감」, 2024. 11.

김성원, 정해상, 이환수, "게임물 등급분류제도의 개선방안에 관한 연구", 한국게임학회 논문지 제19권 제5호, 2019. 5.

김윤명, "확률형 게임아이템의 법률문제", 법학논총, 제38권 제1호, 2014. 1.

문기탁, "게임물 등급분류의 문제점과 법적 과제", 법학연구 통권 제54집, 전북대학교 법학연구소, 2017. 11.

문화체육관광부 · 한국콘텐츠진흥원, "2022년 게임백서", 2023. 1.

장호정, "게임산업의 발전과 규제에 관한 소고 - 게임물 등급분류제도의 현황 및 개선방향을 중심으로", 공법학연구 제24권 제2호, 2023. 6.

정해상, "확률형 게임아이템에 관한 사행성 규제의 한계", 법학논총, 제21권 제2호, 2014. 1.

조선영, "영업자 지위승계 및 제재승계와 행정기본법 반영에 관하여", 아주법학 제17권 제1호, 2023. 5.

저자 약력

박병훈 변호사

(현) 게임물관리위원회 등급재분류자문위원
게임물관리위원회 외부법률자문 및 외부위원
부산광역시 게임·문화콘텐츠 융복합타운조성 자문위원
부산지방변호사회 게임법실무연구회
(전) 게임물관리위원회 등급분류위원 및 이사

성수민 변호사

(현) 문화체육관광부 고문변호사
게임물관리위원회 청원심의위원회 위원
게임물관리위원회 직권등급재분류 분과위원회 위원
부산지방변호사회 게임법실무연구회
(전) 게임물관리위원회 법무담당관

이용민 변호사

(현) 게임물관리위원회 이사
부산지방변호사회 국제상임이사
게임물관리위원회 등급분류위원
게임물관리위원회 직권등급재분류 분과위원회 위원
(전) 게임물 등급분류 기준정비 자문위원

이정훈 변호사

(현) 부산고등법원 및 부산지방법원 상임조정위원
게임물관리위원회 자체등급분류사업자 지정심사위원회 및 평가위원회 위원
대한상사중재원 중재인
부산광역시 행정심판위원회 위원
(전) 게임물관리위원회 이의신청자문회의 위원

이철우 변호사

(현) 대한변호사협회 엔터테인먼트 전문분야 등록 변호사
한국게임이용자협회장
부산지방변호사회 게임법실무연구회 회장
게임법 헌법소원 및 소비자 단체소송 대리인
(전) 게임물관리위원회 직권등급재분류 분과위원회 위원

게임법 실무

초판발행 2025년 7월 10일

지은이 박병훈 · 성수민 · 이용민 · 이정훈 · 이철우
펴낸이 안종만 · 안상준

편 집 박세연
기획/마케팅 정성혁
표지디자인 BEN STORY
제 작 고철민 · 김원표

펴낸곳 (주) 박영사
서울특별시 금천구 가산디지털2로 53, 210호(가산동, 한라시그마밸리)
등록 1959. 3. 11. 제300-1959-1호(倫)
전 화 02)733-6771
f a x 02)736-4818
e-mail pys@pybook.co.kr
homepage www.pybook.co.kr
ISBN 979-11-303-2437-1 93360

정 가 25,000원